पंचायती राज में महिला भागीदारी

पंचायती राज में महिला भागीदारी

वंदना बंसल

Publications

KALPAZ PUBLICATIONS

DELHI - 110 052

पंचायती राज में महिला भागीदारी

मूल्य : 390

ISBN : 81-7835-347-4

भारत में सन् 2004 में प्रकाशित
कल्पाज पब्लिकेशन,
सी-30, सरस्वती नगर,
दिल्ली-110052
ईमेल : kalpaz@hotmail.com

लेजर टाइपसेटिंग: *टैक्ट कम्प्यूटर ग्राफिक्स*, दिल्ली
मुद्रित: मेहरा ऑफसेट प्रेस, दिल्ली

समर्पण

कर्मयोगी
स्व. श्री श्रीराम जी बंसल
पूज्य पितामह
जिनके आशीष
मेरे इस शोधकार्य के
वैज्ञानिक संबल रहे
स्वर्गारोहित
आत्मा के
प्रति
असीम आशक्ति एवं
विश्वास के साथ

डॉ. बंदना बंसल
पौत्री

अनुक्रमणिका

प्रस्तावना 11

आभार 15

1. परिचयात्मक - जिला मुरैना का सामान्य परिचय 17
2. पंचायती राज का संगठनात्मक ढांचा 41
3. मुरैना जिले में महिला प्रतिनिधियों के व्यक्तित्व एवं स्थिति का विश्लेषण 89
4. जनमत एवं महिला नेतृत्व 127
5. सारांश, निष्कर्ष एवं सुझाव 157

संदर्भ ग्रन्थ सूची 181

दिग्विजय सिंह
मुख्य मंत्री

मध्यप्रदेश शासन
भोपाल—462 004
6 सितम्बर 2003

संदेश

प्रसन्नता का विषय है कि डॉ. वन्दना बंसल द्वारा पंचायती राज पर पुस्तक का प्रकाशन किया जा रहा है।

पंचायत राज के बाद ग्राम स्वराज की अवधारणा का मूल उद्देश्य है कि लोगों की भागीदारी से हर गांव का विकास हो और ग्रामीण जीवन में खुशहाली लाई जा सके। हमारी अर्थव्यवस्था और देश के विकास के लिए यह जरूरी है कि गांवों का संपूर्ण विकास हो। ग्राम स्वराज गांधीजी का सपना था। मध्यप्रदेश में इस दिशा में ठोस पहल प्रारंभ हुई है। आवश्यकता इस बात की है कि इसमें शासकीय ऊर्जा के साथ आम लोगों की भागीदारी प्रभावी हो तभी इसकी सफलता संभव है। इसके लिए यह भी जरूरी है कि इस नई अवधारणा के बारे में संबंधितों को प्रशिक्षित किया जाए ताकि वे पूरी दक्षता के साथ इस नई प्रक्रिया में सहभागी बन सकें।

मुझे आशा है कि प्रकाशित पुस्तक पंचायत राज एवं ग्राम स्वराज व्यवस्था से जुड़े लोगों का सही अर्थों में मार्गदर्शन करेगी।

शुभकामनाओं सहित ।

(दिग्विजय सिंह)

प्रस्तावना

भारत गांवों का देश है। यहां की अधिकांश आबादी गांवों में निवास करती है जो निर्धन एवं निरक्षर है। गांव के लोगों का जीवन खेती एवं श्रम पर निर्भर है। कृषि मानसून का जुआ है। कभी अति वृष्टि तो कभी अनावृष्टि। परिणामस्वरूप गांवों के लोग निर्धनता से ऊपर नहीं उठ पाते और गरीबी रेखा से नीचे जीवन यापन कर रहे हैं। इन परिस्थितियों में किसी भी कल्याणकारी राज्य का कर्त्तव्य होता है कि वह समाज के इस कमजोर वर्ग के जीवन यापन की व्यवस्था करे। उसका दायित्व है कि गांवों में साक्षरता बढ़े, खुशहाली हो और गांवों में रहने वाले लोग भी आज के प्रगतिशील युग में कदम से कदम मिलाकर आगे बढ़ने को तत्पर हों।

साथ ही, हमारे देश का एक वर्ग जिसे हम अनुसूचित जाति एवं जनजाति और महिलाओं का वर्ग कह सकते हैं, सत्ता से दूर रहा है। यद्यपि लोकतांत्रिक शासन प्रणानी में सत्ता का विकेंद्रीकरण रहता है लेकिन इसी विकेंद्रीकरण में समाज के कमजोर वर्ग की भागीदारी को अभी तक आवश्यक नहीं माना जाता रहा है। कालातांर में यह महसूस किया गया कि समाज के इन वर्गो की भागीदारी सुनिश्चित होनी चाहिए। इसी दृष्टि से पंचायती राज में पुन: प्रतिष्ठा स्थपित करने के लिए संविधान में 73वां संशोधन किया गया। इस संशोधन ने पंचायती राज को संवैधानिक दर्जा प्रदान किया, महिलाओं एवं अनुसूचित जाति और जनजाति के लोगों व पिछड़े वर्गो के लिए सत्ता में भागीदारी सुनिश्चित की।

नए पंचायती राज संशोधन अधिनियम (73वां) का सबसे महत्वपूर्ण पहलू पंचायती संस्थाओं में महिलाओं के लिए एक तिहाई स्थान आरक्षित करना है। पंचायत समितियों के तीनों स्तरों पर कम से कम 33 प्रतिशत स्थान महिलाओं के लिए आरक्षित है। महिलाएं अपने क्षेत्र की

अपने गांव की व देश की कल्याणकारी गतिविधियों में अपनी भागीदारी निश्चित करेंगी। आवश्यकता इस बात है कि कानूनी प्रावधानों का क्रियान्वन उचित रूप से हो। कानूनों के प्रति जनता कितनी सजग है यह चुनौती महिलाओं के समक्ष है।

मुरैना एक कृषि प्रधान जिला है। इसकी अधिकांश आबादी ग्रामीण परिसर में रहती है और जीवन यापन के लिए कृषि पर निर्भर है। जिले के अधिकांश अंचलों में महिलाओं की बड़ी संख्या है। मुरैना जिले की सामाजिक सांस्कृतिक व आर्थिक संरचना में महिलाओं का प्रतिशत पुरुषों के लगभग समकक्ष है। इतने बड़े समुदाय में महिलाओं का होना राष्ट्र निर्माण व समाज के आधार स्तम्भ के रूप में दिखाई पड़ता है जो राष्ट्र निर्माण व विकास का आधार है। इस महत्वपूर्ण वर्ग के अन्त: अध्ययन के बिना किसी राष्ट्र जिले या प्रदेश की सामाजिक व आर्थिक दशाओं का पता लगाना कठिन कार्य है। अत: महिलाओं के विकास का अध्ययन महत्वपूर्ण हो जाता हैं। इसके अभाव में राष्ट्र के विकास का सही विश्लेषण नहीं हो सकता। मुरैना जिले में महिलाओं की आर्थिक, सामाजिक दशा राज़नैतिक पहलू पर प्रभाव डालती है जिसे पंचायती राज के माध्यम से मूल्यांकित करना नितांत आवश्यक है। इस तथ्य को ध्यान में रखते हुए विषय को शोध के लिए चुना गया है।

प्रस्तुत शोध का उद्देश्य पंचायती राज में महिलाओं की भूमिका का अध्ययन करना है। यह उनकी राजनीतिक क्षमता और दशा इंगित करता है। पंचायती राज के अभिनव प्रयोग को सफल बनाने में महिलाओं का क्या योगदान है? पंचायतों में निर्णय निर्माण को महिलाओं ने किस सीमा तक प्रभावित किया है? ग्रामीण क्षेत्रों में राजनैतिक नेतृत्व के स्वरूप में क्या परिवर्तन हुए है? इन सभी प्रश्नों का उत्तर इस शोध द्वारा ज्ञात करने का प्रयास किया गया है। पंचायतों में महिलाओं की भागीदारी का विस्तार उनकी राजनीतिक क्षमता और दशा का परिचायक है। उनके नेतृत्व ने गांवों की राजनीति को निश्चित ही नए आयाम प्रदान किए हैं जबकि पूर्व में महिलाओं में नेतृत्व की कला विकसित करने की आवश्यकता ही नहीं समझी गई। महिलाओं की राजनीति में सहभागिता उनमें राजनीतिक चेतना एवं उनके उत्थान में पंचायती राज व्यवस्था कहां तक सहायक सिद्व हुई है, उनके समक्ष कौन सी चुनौतियां है, उनका सामना कैसे किया जा सकता है इन सभी पक्षों पर शोध में प्रकाश डाला गया है। इस शोध की अभिकल्पना यह है कि पंचायती राज महिलाओं

के राजनैतिक नेतृत्व के विकास में सहायक हुआ है और महिलाओं ने पंचायती राज को सफल बनाने में समुचित योगदान दिया है।

शोध प्रबंध को अध्ययन की सुविधा की दृष्टि से पांच अध्यायों में विभाजित किया गया है। प्रथम अध्याय परिचयात्मक है जिसमें मुरैना जिले का सामान्य परिचय दिया गया है। जिले में महिलाओं की राजनीतिक भागीदारी की परम्परा नहीं है। लोकसभा और राज्य विधान सभा चुनावों में एक लम्बे समय तक महिलाअें को प्रत्याशी ही नही बनाया गया। महिलाओं की भागीदारी पंचायती राज में उनके लिए आरक्षण से प्रारम्भ हुई।

दूसरे अध्याय में पंचायती राज के संगठनात्मक स्वरूप, उसके इतिहास तथा विकास पर प्रकाश डाला गया है। मध्य प्रदेश देश का प्रथम प्रदेश बना जिसमें 73वें संवैधानिक संशोधन के परिपेक्ष्य में महिलाओं के लिए पंचायतों में 33 प्रतिशत स्थान आरक्षित किए गए। तृतीय अध्याय में म. प्र. पंचायती राज अधिनियम के अन्तर्गत चुनाव एवं मुरैना जिले की पंचायतों में महिला प्रतिनिधियों की राजनीतिक, आर्थिक, सामाजिक, पारिवारिक एवं शैक्षिक पृष्ठभूमि का अध्ययन किया गया है। चतुर्थ अध्याय में जनमत एवं महिला नेतृत्व के स्वरूप पर प्रकाश डाला गया है। पंचम अध्याय में पूर्वगामी अध्यायों के प्रमुख पक्षों का सारांश प्रस्तुत कर निष्कर्ष निकाले गए हैं तथा व्यवस्था को सफल बनाने के लिए सुझाव प्रस्तुत किए गए हैं।

प्रस्तुत शोध प्रबंध में शोधार्थी ने प्रमुख रूप से वैज्ञानिक पद्धति का अनुगमन करते हुए प्रश्नावली, अर्द्ध सहभागी अवलोकन, संबंधित सभी प्राथमिक एवं द्वैतयिक स्रोतों से प्राप्त सामग्री का वैज्ञानिक अध्ययन किया है। अर्द्ध सहभागी अवलोकन, निरीक्षण, परीक्षण तथा प्रश्नावली के समायोजन द्वारा महिला प्रतिनिधियों से साक्षात्कार कर वास्तविक तथ्यों का वैज्ञानिक रूप से तटस्थ रहकर विश्लेषण कर निष्कर्ष निकालने का प्रयास किया गया है।

इस अध्ययन हेतु दस्तावेजी सूचना, पंचायत की बैठकों की कार्रवाई, रिकार्ड, जिला पंचायत कार्यालय के वार्षिक प्रतिवेदन से संग्रहीत की गई है। पंचायतों के बारे में समाचार पत्रों में समाचार तथा लेखों के अलावा पुस्तकें, जनगणना आंकड़े, राजनैतिक दलों के न्यूजलैटर, जिला गजेटियर का सहारा लिया गया। परन्तु अध्ययन के स्वरूप के कारण बहुत से प्रश्नों का उत्तर प्रश्नावली से साक्षात्कार तथा व्यक्तिगत अवलोकन से ही प्राप्त हो सकता था।

आभार

प्रस्तुत शोध प्रबंध अनेक स्रोतों से प्राप्त प्रेरणा, उत्साहवर्धन एवं सहयोग का प्रतिफल है। विशेषकर मेरे परिवारजनों के आर्शीवाद एवं शुभकामनाओं के बिना यह प्रयास सफल नहीं होता। सर्वप्रथम, मेरे दादा श्री श्रीराम सराफ तथा दादी श्रीमती शान्ती देवी बंसल, पिता श्री ब्रजमोहन बंसल एवं माता श्रीमती मीरा बंसल की कृतज्ञ हूं जिन्होंने अपने स्नेहपूर्ण सान्निध्य में मुझे इस योग्य बनाया। आदरणीय जीजाजी श्री दामोदर गुप्ता एवं जीजी श्रीमती कल्पना गुप्ता, जीजाजी श्री नरेन्द्र मित्तल एवं जीजी श्रीमती अर्चना मित्तल, जीजाजी श्री ललित गोयल एवं जीजी श्रीमती रेनु गोयल की आभारी हूं जिनके स्नेह पूर्ण सहयोग से यह कार्य सम्पन्न हो पाया। मेरी बहनें शालू, उमा, सोनल, आकांक्षा तथा भैया पलाश बंसल ने समय समय पर मेरा उत्साह वर्धन किया जो मेरे स्नेह के पात्र हैं।

मैं चाचाजी श्री विजय बंसल एवं चाची श्रीमती सुमन बंसल की ह्दय से आभारी हूं जिन्होने हमेशा मेरा मनोबल बढ़ाया। मैं इस अवसर पर नानी श्रीमती भगवती बाई बंसल एवं मामा श्री विनोद बंसल को स्मरण किये बिना नहीं रह सकती जिनकी शोध कार्य की प्रगति के बारे में जिज्ञासा मेरा मनोबल बढ़ाते रहे।

डा. श्रीमती सरोज अग्रवाल, सहायक प्राध्यापक, राजनीति विज्ञान, शासकीय कन्या महाविद्यालय मुरैना (म.प्र.) की ह्दय से आभारी हूं जिनके बहुमूल्य सुझाव शोध संबंधी अनेक कठिनाईयों को दूर करने में सहायक हुये।

शोध कार्य में अनेकानेक कठिनाईयां का आना स्वाभाविक है परन्तु उन्हें दूर करने में श्री राजीव सक्सेना एवं श्री बबलू मिश्रा ने मेरी अथक सहायता की है। मैं उनकी अत्यन्त आभारी हूं।

मुझे अनेक पुस्तकालयों से शोध सामग्री की सुविधाएं प्राप्त हुई।

शोध सामग्री सुलभतापूर्वक उपलब्ध कराने में इन पुस्तकालयों के प्रमुख एवं अन्य कर्मचारियों ने जो मेरी सहायता की है वो मेरे लिए अविस्मरणीय है। इंडियन इन्स्टीयूट ऑफ पब्लिक एडमिनिस्ट्रेशन, नई दिल्ली, के उपग्रंथ पाल श्री मजूमदार, इंडियन कौंसिल ऑफ वर्ल्ड अफ़ेयर्स, सप्रू हाऊस, नई दिल्ली के कार्यकारी ग्रंथपाल श्री एम. एस. देवड़ा, जीवाजी विश्वविद्यालय, ग्वालियर, के ग्रंथपाल एवं पुस्तकालय विज्ञान विभाग के अध्यक्ष, डा. जे. एन. गौतम तथा शासकीय म.ल.ब. (स्वशासी) महाविद्यालय,ग्वालियर के ग्रंथपाल श्री दुबे की हृदय से आभारी हूं।

कम्प्यूटर कार्य के लिए श्री रवि मलिक एवं दिनेश अग्रवाल की आभारी हूं जिन्होने अथक परिश्रम एवं लगन से कार्य कर शोध प्रबंध को समयान्तर्गत प्रस्तुत करने में सहयोग प्रदान किया।

मेरे पति डा. लोकेश ने शोध प्रबंध को प्रकाशित कराने में जो सहयोग प्रदान किया है उसके लिए मैं हृदय से उनकी आभारी हूं।

अपने शोध मार्गदर्शक डा. महेन्द्र गौड़ के प्रति आभार व्यक्त करना उनकी कृपा को कम करके आंकना होगा। मैं उनके प्रति अपने सम्मान को निम्नलिखित श्लोक द्वारा व्यक्त करना चाहूंगी –

यद्यपिधीता निगमाः षाडंगा आगमाः प्रिये।
अध्यात्मादिनि शास्त्राणि ज्ञानं नास्ति गुरुं बिना।।

(गुरु गीता, श्लोक 98)

मनुष्य चाहे चारों वेद पढ़ ले, वेद के छहः अंग पढ़ ले, अध्यात्म शास्त्र आदि अन्य सर्व शास्त्र पढ़ ले फिर भी गुरू के बिना ज्ञान नहीं मिलता।

–वंदना बंसल

अध्याय प्रथम

परिचयात्मक जिला मुरैना का सामान्य परिचय

भारत की शस्य श्यामला धरा के हृदय स्थल के नाम से विख्यात मध्यप्रदेश राज्य का गठन 1 नवम्बर 1956 को भारत के सबसे बड़े राज्य के रूप में हुआ। मध्यप्रदेश राज्य के नवीन गठन के साथ ही मुरैना जिला भी अस्तित्व में आ गया। 1998 में मुरैना जिले की दो तहसीलों- विजयपुर एवं श्योपुर कलां को प्रथक कर एक नया जिला श्योपुर बनाया गया है। मुरैना चम्बल घाटी का सबसे अधिक जनसंख्या वाला जिला है। जिले का मुख्यालय एवं संभागीय मुख्यालय मुरैना स्थित है।

इतिहास

महात्मा ऋषि गालब की कर्मस्थली तथा अनेक तपस्वियों की आध्यात्मिक स्थली रहा यह क्षेत्र पौराणिक काल से ही अपना एक विशेष स्थान रखता है। यहाँ स्थित पांण्डव कालीन कुआं, कमनगढ़ आदि इसके प्रमाण हैं। भारतीय इतिहास का अध्ययन करने से ज्ञात होता है कि इस क्षेत्र का ऐतिहासिक, सामाजिक, राजनैतिक, आर्थिक तथा प्रशासनिक दृष्टि से अत्यंत महत्वपूर्ण स्थान रहा है। मुरैना नाम ''मोर'' शब्द से लिया गया है जो मुरैना नाम के गाँव में बहुतायत से पाये जाते थे। वर्तमान मुरैना जिला बीसवीं शताब्दी के सिकरवारी एवं तंवरगढ़ एवं भूतपूर्व ग्वालियर रियासत के श्योपुर जिले से बना है। देशी रियासतों के भारतीय संघ में विलय तथा मध्यभारत राज्य (1948 में 'ब' राज्य) के निर्माण के पश्चात् जिले की सीमाएं वर्तमान रूप में पुर्ननिर्धारित की गई। 1 नवम्बर 1956 को भाषायी आधार पर राज्यों के पुर्नगठन होने पर

मध्य भारत का नए राज्य मध्य प्रदेश के जिले के रूप में मुरैना अस्तित्व में बना रहा।

यहाँ यह उल्लेख करना अप्रासांगिक न होगा कि किसी न किसी रूप में डकैती इस जिले के जीवन का निरन्तर अंग बना रहा है। इस समस्या को बनाए रखने में प्रकृति का भी योगदान रहा है। जिले की भोगोलिक स्थिति डकैती समस्या के सहायक कारणों में से एक है।

वर्तमान मुरैना जिले के उत्तरी भाग में पिछली शताब्दी में अस्तित्व में रहे तंवरगढ़ और सिकरवारी जिले सम्मिलित हैं। ये दोनों प्रथक पहचान वाले क्षेत्र है। तंवरगढ़ राजपूत राजाओं का क्षेत्र था। ग्याहरवीं शताब्दी में दिल्ली पर तोमर राजपूतों का शासन था। लेकिन सन् 1151 में चौहानों ने उन्हें दिल्ली से खदेढ़ दिया। उसके पश्चात् अलाउद्दीन ख़िलजी के शासन काल में बीर सिंह देव तोमर ने ग्वालियर के किले पर कब्ज़ा कर लिया। इसके तत्काल बाद क्या हुआ यह ज्ञात नहीं क्योंकि इस वंश का कोई लिखित वर्णन उपलब्ध नहीं है परन्तु यह निश्चित है कि पानीपत के युद्व (सन् 1526) के समय तोमर राजपूतों का आखिरी राजा मारा गया था। इसके बाद तोमर राजपूतों के पास छोटी छोटी जागीरे ही रह गई।

इसी प्रकार सिकरवारी क्षेत्र का नामकरण सिकरवार राजपूतों के नाम पर हुआ। 1904 में सिकरवारी जिले का तंवरघार जिले में विलय हो गया तथा इस जिले का मुख्यालय जौरा अलापुर रखा गया जो वर्तमान में मुरैना जिले की एक तहसील है।

श्योपुर परगने का इतिहास कुछ भिन्न है। राजा बच्छराज, जिसने 12वीं शताब्दी में अजमेर में अपना शासन स्थापित किया था, द्वारा श्योपुर परगने पर शासन करने के प्रमाण मिलते है। मुस्लिमों के आक्रमण के कारण उसे अजमेर छोड़ने पर विवश होना पड़ा। उसने दिल्ली सल्तनत के प्रति की गई सेवाओं के बदले मे प्राप्त जागीरों पर अपना शासन स्थापित किया तथा श्योपुर को अपनी राजधानी बनाया। 18वीं शताब्दी में मराठों के हमलों के परिणामस्वरूप यह क्षेत्र ग्वालियर के महाराजा के हाथ में चला गया। महाराजा दौलतराव सिंधिया ने इस क्षेत्र को जनरल फीरोज़ को भेंट कर दिया जिसके फलस्वरूप राजा बच्छराज के वंशज राजा को यह क्षेत्र छोड़कर जाना पड़ा। श्योपुर से जाने पर कुछ गांव उसे दे दिए गए तथा वह बड़ौदा कस्बे में रहने लगा। सन् 1857 में स्वतंत्रता संग्राम के समय उसके द्वारा विद्रोह करने पर

उसे अपनी जागीर से हाथ धोना पड़ा। ग्वालियर के ब्रिटिश रेजीडेन्ट की अनुशंसा पर राजा को जागीरें लौटा दी गई

सन् 1857 के स्वाधीनता संग्राम की छाप इस क्षेत्र की आम जनता के मस्तिष्क पर गहरी पड़ी। जनता में राष्ट्रीय जागरण एवं देश भक्ति की भावना विकसित हुई। इससे यह क्षेत्र भी अछूता नहीं रहा। मुरैना के नेताओं ने राष्ट्रीय आन्दोलन में सक्रिय भाग लिया तथा उसे गति प्रदान की।[1]

भौगोलिक स्वरूप

मानचित्र के अनुसार वर्तमान जिला मुरैना मध्य प्रदेश राज्य के नितान्त उत्तर में स्थित चम्बल सभांग में 77^0 से 78^0-42' पूर्वी देशान्तर तथा 25-15 से $26-52^0$ उत्तरी अक्षांश के मध्य विस्तृत है। (देखिए सारणी क्र. 1)

जिला मुरैना का कुल भौगोलिक क्षेत्रफल श्योपुर कलां प्रथक जिला बनने के पश्चात 5016.86 वर्ग कि.मी. है जो मध्य के प्रदेश क्षेत्रफल का 0.88 प्रतिशत है। (देखिए सारणी क्र. 2)

इसके उत्तर में उत्तर प्रदेश, पश्चिम दिशा में राजस्थान की प्रादेशिक सीमाएं, पूर्व दिशा में जिला भिण्ड, दक्षिण दिशा में ग्वालियर, शिवपुरी तथा श्योपुरकलाँ की सीमाएं इसका सीमांकन करती है। (देखिए संलग्न मानचित्र) इस जिले के पश्चिम में चम्बल नदी तथा दक्षिण में आसन नदी पश्चिम दिशा से पूर्व की ओर प्रवाहित होती है जो इसकी प्राकृतिक जनपदीय सीमाओं का निर्धारण करती है।

भूआकृतिक एवं धरातलीय बनावट के अनुसार यह सम्पूर्ण क्षेत्र भारत के प्राय:दीपीय पठार का भाग है जो प्राचीनतम कठोर चट्टानो से निर्मित है इसकी उत्पत्ति आज से लगभग 50 करोड़ वर्ष पूर्व मानी जाती है जिसका क्षरण मौसमी क्षति की क्रियाओं द्वारा होता रहा है। यह क्षेत्र नदियों के प्रवाह के कारण स्थान-स्थान पर टूटा है जिसमें चम्बल नदी द्वारा निर्मित बडे-बडे बीहड (Ravines) पाये जाते है जिनके कारण अधिकांश भूमि कृषि के अयोग्य हो गयी है शेष समतल एवं ऊपजाउ भूमि के भाग पर ही कृषि कार्य किया जाता है, विभिन्न भौगोलिक-भू-आकृतियों वाले जिला मुरैना की समुद्र तल से औसतन उंचाई 150 से 300 मीटर है। चम्बल के गहन बीहड का यह क्षेत्र दुर्दान्त डकैतो की शरण स्थली भी रहा है। यह क्षेत्र शीतकाल में ठण्डा

तथ ग्रीष्मकाल में गर्म रहता है यहां शीतकाल में न्यूनतम तापमान 2.2^0 से ग्रे^{0} तक पहुंच जाता है। ग्रीष्मकाल में यहां गर्म हवा लू (Loo) भी चलती है जिसकी कभी-कभी गति 110 से 125 मि.मी. प्रति घण्टा होती है। यहाँ वर्षा का वार्षिक ओसत 682 कि.मी. रिकार्ड की गयी। इस क्षेत्र में अनेक नदियां प्रवाहित होती है जो वृक्षाकार आकार बनाती हुई दक्षिण पश्चिम दिशा से दक्षिण पूर्व की ओर प्रवाहित होती है। यहाँ अनेक प्रकार के वृक्ष पाये जाते है।

प्रशासनिक एंव जनसंख्यात्मक स्वरूप

प्रशासनिक दृष्टिकोण से जिला मुरैना मध्य प्रदेश राज्य का महत्वपूर्ण जिला है। इसे मध्य प्रदेश का प्रवेश द्वार भी कहते है क्योंकि इसके पश्चिम में राजस्थान तथा उत्तर में उत्तर प्रदेश राज्य की प्रादेशिक सीमाएं है। वर्ष 1998 से पूर्व तक इसकी सीमाएं श्योपुर कलाँ तक फैली थीं तथा इसका कुल भौगोलिक क्षेत्रफल 11683.36 वर्ग कि.मी. था जिसमें 8 तहसीले, 1293 आवाद ग्राम, 694 ग्राम पंचायतें 10 जनपद पंचायत सम्मिलित थी परन्तु वर्ष 1998 में तहसील विजयपुर एंव श्योपुर कलाँ को मिलाकर जिला श्योपुर कलाँ का गठन किया गया। अतः वर्तमान में जिला मुरैना के अन्तर्गत 6 तहसीलें तथा 7 विकासखण्ड आते है जिसमें 760 आबाद ग्राम 460 ग्राम पंचायते तथा 7 जनपद पंचायते सम्मिलित हैं। (देखिए सारणी क्रमांक 3) कि जिला मुरैना में सर्वाधिक ग्राम पंचायते विकास खण्ड मुरैना में (101) तथा सबसे कम ग्राम पंचायते विकासखण्ड पोरसा में (53) हैं।

जनसंख्यात्मक स्वरूप

किसी भी देश या राज्य की उन्नति के साधनों में जनसंख्या का महत्व अधिक होता है। प्राकृतिक साधनो का उपयोग और देश की आर्थिक एंव व्यापारिक उन्नति वहाँ पाये जाने वाली जनसंख्या के वितरण, उसके जनघनत्व तथा व्यक्तियों के स्वभाव पर निर्भर करती है। अतः जनसंख्या के क्षेत्रीय वितरण को जानना आवश्यक हो जाता है। भारतीय जनगणना वर्ष 1991 के प्रकाशित आँकड़ों का अध्ययन करने से ज्ञात होता है (देखिए सारणी क्र. 4) कि वर्ष 1991 में जिला मुरैना की कुल जनसंख्या 12,55,793 व्यक्ति थी, जिसमें पुरूष जनसंख्या

6,94,632 तथा स्त्री जनसंख्या 5,61,161 थी, सर्वाधिक जनसंख्या मुरैना विकासखंड में 3,70,936 व्यक्ति थी। इसमें पुरुष जनसंख्या 2,07,191 तथा स्त्री जनसंख्या 1,63,745 थी। जबकि न्यूनतम जनसंख्या पहाडगढ़ विकासखण्ड में 1,10,585 व्यक्ति थी जिसमें पुरुष जनसंख्या 61,232 एंव स्त्री जनसंख्या 49,353 थी। इसके अतिरिक्त पोरसा विकासखण्ड में 1,67,193 कुल व्यक्ति निवास करते है जिसमें 91,378 पुरुष, तथा 75,815 स्त्री जनसंख्या है। अम्बाह विकासखण्ड की कुल जनसंख्या 1,83,105 व्यक्ति थी जिसमे 1,01,033 पुरुष जनसंख्या, 82,072 स्त्री जनसंख्या थी। जौरा विकासखण्ड में 1,55,960 व्यक्ति थे जिसमें 87,203 पुरुष जनसंख्या, 68,757 स्त्री जनसंख्या थी। सबलगढ़ में 1,45,3[illegible]9 व्यक्ति थे जिसमे 79,224 पुरुष एंव 66,085 स्त्री जनसंख्या निवास करती थी।

जनसंख्या का घनत्व

जनघनत्व की दृष्टि से जिला मुरैना का जनघनत्व 250 व्यक्ति प्रति वर्ग कि.मी. था जिसमें सर्वाधिक जनघनत्व मुरैना विकासखण्ड में 348 व्यक्ति प्रति वर्ग कि.मी. था एंव न्यूनतम जनघनत्व विकासखण्ड पहाडगढ में 119 व्यक्ति प्रति वर्ग कि.मी. था। विकासखण्ड पोरसा में 304 व्यक्ति प्रति वर्ग कि.मी., विकासखण्ड अम्बाह में 308 व्यक्ति प्रति वर्ग कि.मी., विकासखण्ड जौरा में 223 व्यक्ति प्रति वर्ग कि.मी. , तथा विकासखण्ड सबलगढ में 188 व्यक्ति प्रतिवर्ग कि.मी. जनघनत्व था। (देखिए सारणी क्र. 4)

वर्ष 2001 में सम्पन्न जनगणना के अप्रकाशित आंकड़े उपलब्ध हैं। विवरण निम्नानुसार है-

सन् 2001 की जनगणना मुरैना जिले का विवरण

मुरैना जिले की कुल जनसंख्या

पुरुष	स्त्री	योग
8,71,243	7,16,021	15,87,264

0-6 साल तक के बच्चों की संख्या

लड़के	लड़कियां	योग
1,58,897	1,31,773	2,90,670

स्रोत: जिला जनगणना कार्यालय, मुरैना, (सांख्यिकी विभाग)

जनसंख्या का वितरण

मुरैना जिले में पंचायती राज के अध्ययन में ग्रामीण एवं नगरीय जनसंख्या के वितरण पर एक दृष्टि डालना आवश्यक है। सारणी क्रमांक 5 इस वितरण को स्पष्ट करती है (देखिए सारणी क्रमांक 5)

मुरैना जिले की अनुसूचित जाति जनसंख्या

जिले में अनुसूचित जाति जनसंख्या एक महत्वपूर्ण स्थान रखती है। मुरैना संसदीय निर्वाचन क्षेत्र अनुसूचित जाति निर्वाचन क्षेत्र घोषित किया गया है। अनुसूचित जाति जनसंख्या लोकसभा एवं राज्य विधानसभा चुनाव में प्रत्याशियों के भाग्य का फैसला करने में निर्णायक भूमिका का निर्वाह करती है (देखिए सारणी क्र. 6)

मुरैना जिले की अनुसूचित जन-जाति जनसंख्या

जिले की कुल जनसंख्या का साढ़े पांच प्रतिशत से अधिक अनुसूचित जन-जाति जनसंख्या है। जो जिले की राजनीति में महत्वपूर्ण स्थान रखती है। चुनाव में अनुसूचित जनजातियों की समस्याएं मुद्दा बन जाती है। (जनसंख्या वितरण के लिए देखिए सारणी क्र. 7)

मुरैना जिले में साक्षरता का प्रतिशत

जिले की साक्षरता का प्रतिशत 1991 की जनगणना के अनुसार 32.41 है। (देखिए सारणी क्र. 8)

जहां तक साक्षरता के प्रसार का प्रश्न है मुरैना जिले के 81. 59% गांवों में एक या एक से अधिक शैक्षिक संस्थाएं हैं। तहसीलों में अम्बाह के गांव शैक्षिक सुविधाओं की दृष्टि से सबसे ऊपर है, उसके पश्चात् मुरैना एवं सबलगढ़ तहसीलों का क्रम आता है।

2001 की जनगणना के अनुसार मुरैना जिले की कुल साक्षर जनसंख्या इस प्रकार है।

पु. साक्षर	स्त्री साक्षर	कुल साक्षर
5,76,809	2,73,511	8,50,320

आवागमन के साधन

जिला मुख्यालय मुरैना राष्ट्रीय राजमार्ग न. 3 पर स्थित सर्वाधिक जनसंख्या वाला नगर है जो सड़क मार्ग एंव रेलमार्ग द्वारा देश के महत्वपूर्ण नगरो तथा महानगरों से सीधा जुडा हुआ है। वायु मार्ग के लिए निकटतम हवाई अड्डा 35 कि.मी. दूर ग्वालियर नगर में स्थित है जो भारत के अनेक महत्वपूर्ण नगरों से वायु मार्ग द्वारा सीधा जुड़ा है। ग्वालियर श्योपुर कलाँ की छोटी रेलवे लाइन जिला मुरैना के पश्चिमी विकासखण्डों को जिला श्योपुर कलाँ से सीधा जोडती है जिले के सभी विकासखण्ड एंव ग्राम पंचायतें पक्के एंव मिश्रित सड़क मार्गो द्वारा जिला भुख्यालय एंव विकासखण्ड मुख्यालय से सीधे जुड़े हुए हैं।

व्यापार एवं वाणिज्य एवं निर्यात

तेल, अलसी, सोयाबीन, राई, सरसों, मूंगफली मुरैना जिले के प्रमुख उत्पाद हैं। सरसों का तेल इस क्षेत्र से भारत के हर क्षेत्र को भेजा जाता है तथा अम्बाह, मुरैना एवं सबलगढ़ प्रमुख उत्पादन केंद्र हैं। कैलारस कस्बा गन्ने की खेती वाले क्षेत्र में स्थित है तथा यहां के शक्कर कारखाने से शकूर का निर्यात भी होता है। बामौर स्थित सीमेंट कारखाना एवं जे. के. इन्डस्ट्रीज का टायर कारखाना प्रसिद्व है।

राजनैतिक स्वरूप

भारत के राजनैतिक मानचित्र में मध्य प्रदेश राज्य का उदय 1 नवम्बर 1956 को महाकौशल, छत्तीसगढ, मध्यभारत, भोपाल, विन्धयाचल तथा सिरोंज सब डिवीजन को गठित करके किया गया। स्वतन्त्रता के पश्चात् इस प्रदेश में भी अन्य प्रदेशो की भांति विधानसभा तथा लोकसभा चुनाव की व्यवस्था की गई जिसमें अनेक राजनीतिक दलों ने भाग लिया। विभिन्न चुनावों में यहाँ भिन्न भिन्न राजनैतिक दलों का प्रतिनिधित्व उभर कर सामने आया। इसी तारतम्य में यदि विगत दशक के विभिन्न स्तरीय चुनाव परिणामों का अध्ययन करें तो ज्ञात होता है कि विधानसभा चुनाव में जिला मुरैना के विभिन्न विधानसभा क्षेत्रो में अलग-अलग राजनैतिक दलों के प्रत्याशियों ने चुनाव लड़ा। वर्ष 1993

में विधानसभा क्षेत्र जौरा एंव मुरैना में महिलाओं प्रत्याशियों की संख्या क्रमशः 4 एवं 1 थी। परन्तु जिले में सभी पुरुष प्रत्याशी ही विजयी हुई। अतः महिला नेतृत्व निरंक रहा। इसी प्रकार वर्ष 1998 के विधानसभा चुनाव में समस्त विधानसभा क्षेत्रों से किसी भी राजनैतिक दल ने एक भी महिला प्रत्याशी को चुनाव के मैदान में नहीं उतारा। सभी विधानसभा क्षेत्रो में पुरुष प्रत्याशी ही विजयी घोषित किये गए। (देखिए सारणी क्रमांक 9)

इसी प्रकार 1996 लोकसभा चुनाव में विधिमान्य चुनाव लड़ने वाले प्रत्याशियों की संख्या 7 थी। जिसमें महिला प्रत्याशी की संख्या शून्य थी जबकि वर्ष 1998 के चुनाव में विभिन्न राजनैतिक दलों के 25 पुरुष प्रत्याशी तथा 1 महिला प्रत्याशी ने चुनाव लड़ा परन्तु विजय पुरुष प्रत्याशी को प्राप्त हुई। इसी प्रकार वर्ष 1999 के चुनाव में विभिन्न राजनैतिक दलो के पुरुष प्रत्याशियों की संख्या 10 थी तथा महिलाओं की संख्या शून्य ही रही। (देखिए सारणी क्रमांक 10)

इस प्रकार विधानसभा तथा लोकसभा के विभिन्न वर्षो के चुनाव में पुरुषो की तुलना में महिला नेतृत्व नगण्य रहा। राजनीतिक दलों की महिलाओं के प्रति राजनैतिक उदासीनता, योग्य महिला प्रत्याशियों का अभाव, महिला नेतृत्व में कमी, राजनीति के प्रति महिलाओं की अरूचि, महिला साक्षरता की कमी, महिला आरक्षण का अभाव आदि कुछ महत्वपूर्ण कारण है।

लोकसभा तथा विधानसभा चुनावों की राजनीति एंव विजयी प्रत्याशियों की स्थिति से यह स्पष्ट है कि इस क्षेत्र में राजनीति में महिलाओं की सहभागिता की स्थिति शोचनीय तथा विचारणीय है। लगभग यही स्थिति राष्ट्र तथा राज्य स्तर पर पायी जाती है। राजनीति में महिलाओं के सक्रिय योगदान तथा सहभागिता के महत्व को सभी राजनीति दल सैद्धांतिक रूप से तो स्वीकार करते है परन्तु उनका व्यवहार इसके विपरीत होता है। इसे ध्यान में रखते हुए निम्न स्तर से ही महिलाओं को राजनीति की मुख्यधारा से जोड़ने, पुरुषों के समान अधिकार प्रदान करने, सत्ता में सहभागिता तथा सत्ता में गुणात्मक परिवर्तन के दृष्टिकोण को अपनाते हुए मध्यप्रदेश में पंचायती राज्य अधिनियम को लागू करते समय महिला आरक्षण का भी प्रावधान किया गया।

वैसे तो मध्यप्रदेश में पंचायती राज का इतिहास पुराना है। जातिगत पंचायत, कबायली पंचायत के ऐतिहासिक प्रमाण उपलब्ध हैं। ये पंचायतें न केवल राजनैतिक व्यवस्था करती थीं अपितु सामाजिक, आर्थिक व्यवस्थाओं को भी निर्मित करती थीं। स्वतंत्रता के पश्चात् राजनेताओं, तथा समाजविदों को यह विचार आया कि भारत एक ग्रामीण देश है अतः इसकी समस्याओं का समाधान ग्रामीण परिवेश में ही संभव है। अतः महात्मा गाँधी की कल्पना को आधार मान कर तथा विभिन्न सामाजिक व्यवस्थाओं में समानता लाने के उद्देश्य से वर्ष 1962 में मध्यप्रदेश में पंचायती राज अधिनियम बनाया गया जिसमें पंचायती राज्य के उद्देश्यों की पूर्ति करने हेतु ग्राम पंचायत, जनपद पंचायत तथा जिला पंचायत के गठन की त्रिस्तरीय व्यवस्था की गयी थी।

प्रारम्भ में मध्यप्रदेश में पंचायती राज का आरम्भ तीन प्रमुख उद्देश्यों की पूर्ति के लिए किया गया। ये उद्देश्य थे- पंचायती राज की सहायता से सामुदायिक विकास के उद्देश्यों की पूर्ति, राज्य सरकारों द्वारा सामुदायिक विकास कार्यक्रम और उनको सौंपी जाने वाली अन्य परियाजनाओं का कार्यान्वयन एंव पंचायती राज द्वारा अन्ततः एक ऐसें पारम्परिक स्वायत्त शासन की स्थापना जिससे यह एक वास्तविक लोकतंत्र का प्रतीक बन सके तथा ग्रामीण स्तर से ही लोकतंत्र का विकास हो सके। यह हमारी जनता को ग्राम सभा से लोकसभा तक एक कड़ी के रूप में व्यवस्थित कर देगा

इस संदर्भ में हमें पंचायती राज के तीन विभिन्न सिद्धांत बताये है। यह सिद्धांतों का ध्यान रखना चाहिए।

प्रथम, पंचायती राज व्यक्ति और समाज के बीच की विशेष समस्याओं के प्रबंध द्वारा अच्छे सम्बन्ध स्थापित करता है, व्यक्ति में समाज में भाग लेने की भावना का विकास करता है। ग्रामीणों को राजनीतिक शिक्षा देता है और देश के नागरिक को उपयोगी बनने में अत्यंत महत्वपूर्ण भूमिका निभाता है।

द्वितीय, पंचायती राज सरकार के लिए स्वंय शासित इकाई के रूप में कार्य कर सकें। यह उसकी स्थापना की दिशा में एक प्रयास है। उद्देश्य यह है कि लोक कल्याण के लिए लोक प्रशासन की मशीनरी को उपयोगी बनाया जा सके और उसका विकास किया जा सके ताकि विस्तृत रूप में फैले हुए कार्यो को लोक कल्याणकारी सरकार नियोजित अर्थव्यवस्था के द्वारा पूरा कर सके।

तृतीय, पंचायती राज लोगों का ध्यान प्रशासन के स्वामियों से हटाने के लिए राजनैतिक पद्धति के रूप में कार्य कर सके। इसका वास्तविक उद्देश्य जनता को अधिक शक्ति का हस्तांतरण नहीं है अपितु राजनैतिक पार्टियों के अभाव का गांव तक विकास करना है। पंचायती राज की स्थापना जिला प्रशासन को प्रजातांत्रिक करने के प्रयास की ओर एक कदम माना जा सकता है इसके द्वारा संस्थाओं को निर्णय लेने निरीक्षण करने तथा योजनाओं को लागू करने का उत्तरदायित्व सौपा गया है।

वस्तुतः पंचायती राज व्यवस्था को जिस रूप में स्वीकार किया गया उससे यह स्पष्ट होता है कि वह विकास का एक अभिकरण भी है तथा स्थानीय स्वराज व्यवस्था भी है इसके द्वारा स्थानीय शासन प्रणाली एंव न्याय व्यवस्था तो बनती ही है साथ-साथ विकास की प्रक्रिया भी निचले स्तर से आरम्भ हो जाती है। जिसका सीधा लाभ सम्बन्धित व्यक्ति को प्राप्त होता है। वास्तव में पंचायती राज भारत के प्रजातंत्र की आत्मा है। पंचायती राज व्यवस्था का उद्देश्य भारत के विशाल ग्रामीण जन समुदाय को वास्तविक प्रजातंत्र की शिक्षा देना तथा उन्हे प्रजातंत्र में सक्रिय नागरिक बनाने की क्षमता प्रदान करना है।

समाज के पुर्ननिर्माण और विकास की योजना सबसे निचले स्तर से आरम्भ होनी चाहिए। यदि हम चाहते हैं कि समाज में सभी को समान अवसर प्राप्त हो, समता बढ़े, शोषण समाप्त हो तथा स्त्री पुरुष में भेदभाव समाप्त हो तो विकास का यह कार्य इस विशाल जन समूह के अन्तिम व्यक्ति से ही आरम्भ करना होगा। अतः इस विचार को आधार मानते हुए 2 अक्टूबर 1959 को भारत के प्रथम प्रधानमंत्री जवाहरलाल नेहरू ने पंचायती राज के सपने को साकार किया। तभी से निरतंर सम्पूर्ण देश में प्रजातांत्रिक मूल्यों तथा आदर्शो की रक्षा तथा ग्रामीण विकास के लिए अनेक योजनाओं का क्रियान्वयन होता रहा है।

इसी तारतम्य में 2 अक्टूबर 1965 से मध्यप्रदेश में भी त्रिस्तरीय पंचायती राज व्यवस्था को लागू किया गया जिसमें अंतर्गत वास्तविक शक्तियाँ जनप्रतिनिधियों के हाथों में सौप दी गई जिससे ग्रामीण व्यक्ति की विकास तथा सत्ता में सीधी भागीदारी हो सके तथा उसका कम से कम शोषण हो। वर्ष 1965 में ग्राम पंचायतों के प्रथम सामान्य निर्वाचन सम्पन्न हुए। इसके पश्चात् वर्ष 1970 में पुनः ग्राम पंचायतों के सामान्य

निर्वाचन हुए तथा 1971 में विकासखण्ड स्तर पर जनपद पंचायतों के निर्वाचन हुए परन्तु इस बीच जिला पंचायतो का निर्वाचन नहीं हो सका।

मध्यप्रदेश में पंचायती राज की व्यवहारिक कठिनाई के कारण इसमें समय-समय पर अनेक महत्वपूर्ण संशोधन किए गए। परिणामतः नवीन मध्यप्रदेश पंचायती राज अधिनियम 1981 में लाया गया जो 7 अक्टूबर 1981 से प्रभावशील हुआ। संविधान के 73 वें संशोधन के पश्चात् मध्यप्रदेश पंचायत राज चुनाव करवाने वाला देश का प्रथम राज्य था।[2] पंचायती राज व्यवस्था के अंतर्गत मध्यप्रदेश में चुनाव के माध्यम से कुल 485865 जनप्रतिनिधियों का चयन किया गया जिसमें अनुसूचित जाति एंव अनुसूचित जनजाति के 144735 प्रतिनिधि तथा 48993 महिलाएं थीं। पिछड़े वर्गो के 82504 जनप्रतिनिधि विजयी हुये जिसमें 28735 महिलाएं थीं। सामान्य वर्ग की 61993 महिलाओं ने चुनाव में विजय श्री प्राप्त की। भारतीय संविधान में महिलाओं को पुरुषो के समान राजनैतिक अधिकार, समानता और स्वतंत्रता प्रदान की गई है इसी व्यवस्था के अंतर्गत पंचायती चुनावों में महिलाओं के लिए आरक्षण की व्यवस्था की गई।[3] जिला मुरैना में पंचायती राज चुनाव 1999 के प्राप्त आँकड़ों (देखिए सारणी क्रमांक 11) का अध्ययन करने ज्ञात होता है कि जिला मुरैना में वर्ष 1999 में 7 जनपद पंचायतों की 460 ग्राम पंचायतों में चुनाव कराये गए। इस चुनाव में कुल 651 प्रत्याशी निर्वाचित हुए जिसमें पुरुष संख्या 436 एंव महिला प्रतिनिधियों की संख्या 215 थी। उक्त तालिका से ज्ञात होता है कि कुल विजयी प्रत्याशियों में महिला प्रत्याशियों की प्रतिशत लगभग आधी रही। विगत वर्षो की अपेक्षा इस चुनाव में राजनीति के प्रति महिलाओं का रूझान बढ़ा है तथा महिलाएं सक्रिय राजनीति में भाग लेने की इच्छा रखती हैं परन्तु पुरुष वर्ग का वर्चस्व अभी भी बना हुआ है। पुरुष प्रधान समाज में महिलाओं को पुरुषों के समान सामाजिक स्थिति प्राप्त करने के लिए अभी और अधिक जागरूक, निर्भीक, योग्य तथा सुदृढ़ बनना होगा।

संदर्भ

1. *दि एनसायकलोपीडिक डिस्ट्रिकट गजेटियर आफ इंडिया*, पृ. 9-10 (मुरैना)
2. सी. पी. विट्ठल, न्यू पंचायती राज डिस्पेन्शेसन इन मध्य प्रदेश : एन नालिसिस, *कुरूक्षेत्र*, 46 (7), अप्रैल 1998, पृ. 5

3. निर्मला बुच, *पंचायतस् आफटर दि सेवन्टी थर्ड अमेन्डमेन्ट, ए स्टडी आफ दि पंचायती राज इन्स्टी टयूशन्स इन मध्य प्रदेश*, दिसम्बर 1996, महिला चेतना मंच, भोपाल

सारणी क्रमांक 1 : मुरैना जिले की भोगोलिक स्थिति

जिला/ तहसील	*उत्तरी अक्षांस विस्तार*	*पूर्वी देशातंर विस्तार*	*समुद्र तल से ऊंचाई (मीटर)*
जिला - मुरैना	25.15^{0} से 26.52^{0}	76.22^{0} से 78.42^{0}	150 से 300
तहसील-			
अम्बाह	26.28^{0} से 26.52^{0}	78.08^{0} से 78.42^{0}	150 से 300
मुरैना	26.16^{0} से 26.41^{0}	77.54^{0} से 78.21^{0}	150 से 300
जौरा	26.07^{0} से 26.36^{0}	77.33^{0} से 77.43^{0}	150 से 300
सबलगढ़	25.50^{0} से 26.24^{0}	77.10^{0} से 77.47^{0}	150 से 300
विजयपुर	25.44^{0} से 26.13^{0}	77.44^{0} से 77.64^{0}	150 से 300
श्योपुर	25.15^{0} से 25.45^{0}	76.22^{0} से 77.22^{0}	150 से 300

स्रोत :- ग्वालियर राज्य गजेटियर पृष्ठ क्रमांक 185, नेशनल एटलस पृष्ठ क्रमांक- 202

सारणी क्रमांक 2 : मुरैना जिले का क्षेत्रफल, जनसंख्या तथा जनसंख्या का घनत्व

जिला/तहसील विकासखंड	*ग्रामीण प्रपत्रें के अनुसार क्षेत्रफल (वर्ग किलो मीटर)*	*जनसंख्या 1991*
जिला-मुरैना	11683.36	1710574
तहसिल/ विकासखंड		
पोरसा	549.19	167193
अम्बाह	511.22	183105
मुरैना	1066.90	370936
जौरा तहसील	1593.42	289846
जौरा	668.47	155960
पहाड़गढ़	924.95	110585
कैलारस	521.15	122705
सबलगढ़	774.90	145309
विजयपुर	2893.30	144164
श्योपुर तहसील	3773.20	287316
श्योपुर	1413.18	166085
कराहल	2360.02	62567

स्रोत :- जिला सांख्यकी पुस्तिका जिला सांख्यकी कार्यालय, मुरैना (1999) पृष्ठ 5

सारणी क्रमांक 3 : मुरैना जिले का प्रशासनिक स्वरूप वर्ष 1999-2000

विकासखण्ड	कुल आबाद ग्राम	ग्राम पंचायत	जनपद पंचायत
पोरसा	72	53	1
अम्बाह	73	54	1
मुरैना	163	116	1
जौरा	105	69	1
पहाड़गढ	124	63	1
कैलारस	105	60	1
सवलगढ़	118	60	1
कुल योग	760	475	7

स्रोत :- जिला सांख्यिकी पुस्तिका, जिला सांख्यिकी कार्यालय मुरैना (1999) पृष्ठ. 8

सारणी क्रमांक 4 : मुरैना जिले की जनसंख्या-1991

विकासखण्ड	कुल व्यक्ति	कुल जनसंख्या		जनघनत्व
		पुरूष	स्त्री	
पोरसा	167193	91378	75815	304
अम्बाह	183105	101033	82072	308
मुरैना	370936	207191	163745	348
जौरा	155960	87203	68757	233
पहाडगढ़	110585	61232	49353	119
कैलारस	122705	67371	55334	235
सवलगढ़	145309	79224	66085	188
योग	12,55,793	6,94,632	5,61,161	250

स्रोत :- जिला सांख्यिकी पुस्तिका, जिला सांख्यिकी कार्यालय मुरैना (1999) पृष्ठ. 8

सारणी क्रमांक 5 : मुरैना जिले की लिंगानुसार ग्रामीण एवं नगरीय जनसंख्या

जिला/तहसील	ग्रामीण (1981)		ग्रामीण (1991)		नगरीय (1981)		नगरीय (1991)	
	पुरूष	स्त्री	पुरूष	स्त्री	पुरूष	स्त्री	पुरूष	स्त्री
जिला मुरैना	613185	511778	744760	614872	97557	80693	192233	158709
पोरसा	71370	60355	78741	65431	—	—	12637	10384
अम्बाह	66605	54849	85990	69841	9603	7778	15043	12231
मुरैना	108545	85450	115344	89252	45964	37195	91847	74493
जौरा तहसील	117087	94187	148435	118110	8653	7087	12845	10456
जौरा	68092	34853	87203	68757	8653	7087	12845	10456
पहाड़गढ़	48195	39334	61232	49353	—	—	—	—
कैलारस	44939	37615	58494	48072	5352	4379	8877	7262
सबलगढ़	51536	43672	61402	51383	9386	7802	17822	14702
विजयपुर	54840	46704	72345	61140	4267	3687	5846	4833
श्योपुर तहसील	98055	88991	124009	111643	14332	12765	27316	24348
श्योपुर	71070	64337	87373	78712	14332	12765	27316	24348
कराहल	26985	24654	36636	32931	—	—	—	—

स्रोत :- जिला सांख्यकी पुस्तिका, जिला सांख्यकी कार्यालय, मुरैना (1999) पृष्ठ 8, एवं जनगणना पुस्तक वर्ष 1981, 1991

सारणी क्रमांक 6 : मुरैना जिले की अनुसूचित जाति जनसंख्या (1991)

जिला/तहसील विकासखंड	कुल	पुरुष	स्त्री	ग्रामीण	नगरीय	कुल जनसंख्या में अनुसूचित जाति का प्रतिशत
जिला-मुरैना	340241	187707	152534	270099	70142	19.89
त./ विकासखंड						
पोरसा	35900	19727	16137	31441	4459	21.47
अम्बाह	41953	23175	18778	37360	4593	22.91
मुरैना	81090	45272	35818	41147	39943	21.86
जौरा तहसील	53684	30275	23409	50049	3635	18.52
जौरा	29033	16390	12643	29033	3635	18.62
पहाड़गढ़	21016	11842	9174	21016	—	19.00
कैलारस	23339	12872	10467	20341	2998	19.02
सबलगढ़	32439	17723	14716	26857	5582	22.32
विजयपुर	25983	14234	11749	24372	1611	11.02
श्योपुर तहसील	45853	24429	21424	38532	7321	15.96
श्योपुर	33934	18019	15915	33934	7321	20.43
कराहल	4598	2467	2131	4598	—	6.61

स्रोत :- जनगणना-1991

सारणी क्रमांक 7 : मुरैना जिले की अनुसूचित जनजाति जनसंख्या (1991)

जिला-मुरैना त./विकासखंड	कुल	पुरूष	स्त्री	ग्रांमीण	नगरीय	कुल जनसंख्या में अनु. जनजाति का प्रतिशत
जिला-मुरैना	95216	49373	45843	92914	2302	5.57
त./विकासखंड						
पोरसा	28	21	7	16	12	0.02
अम्बाह	131	66	65	32	99	0.27
मुरैना	1060	624	436	603	457	0.29
जौरा तहसील	3730	1944	1786	3668	62	1.29
जौरा	677	364	313	677	62	0.43
पहाड़गढ़	2991	1546	1445	2991	—	2.70
कैलारस	1864	941	923	1822	42	1.52
सबलगढ़	1765	923	842	1708	57	1.21
विजयपुर	25184	12977	12207	25130	54	17.47
श्योपुर तहसील	61454	31877	29577	59935	1519	21.39
श्योपुर	19448	10066	9382	19448	1519	11.71
कराहल	40487	20995	19492	40487	—	58.20

स्रोत :- जनगणना-1991

सारणी क्रमांक 8 : मुरैना जिले में साक्षरता का प्रतिशत (1991)

जिला/तहसील	ग्रामीण			नगरीय			कुल		
विकासखंड	पुरूष	स्त्री	कुल	पुरूष	स्त्री	कुल	पुरूष	स्त्री	कुल
जिला-मुरैना	41.98	11.48	28.19	60.67	34.29	48.74	45.82	16.17	32.41
विकासखंड									
पोरसा	52.28	21.59	38.35	65.71	40.39	54.29	54.13	24.16	40.54
अम्बाह	52.19	20.23	37.87	62.49	39.80	52.32	53.73	23.15	40.02
मुरैना	44.95	9.85	29.64	61.21	34.32	49.17	52.16	20.98	38.40
जौरा-तह.	44.94	11.38	30.07	61.18	35.80	49.84	46.24	13.37	31.66
जौरा	46.37	11.83	31.15	—	—	—	46.37	11.83	31.15
पहाड़गढ़	42.90	10.75	28.55	—	—	—	42.90	10.75	28.55
कैलारस	44.84	8.91	28.63	61.62	35.31	49.78	47.05	12.38	31.41
सबलगढ़	44.39	11.29	29.32	59.57	30.51	46.36	47.91	15.57	33.14
विजयपुर	31.41	6.68	20.09	58.11	27.54	44.27	33.41	8.21	21.86
श्योपुर-तह.	25.71	5.34	16.07	56.17	31.49	44.54	31.21	10.04	21.19
श्योपुर	28.97	5.46	17.83	—	—	—	28.97	5.46	17.83
कराहल	17.93	5.13	11.87	—	—	—	17.93	5.13	11.87

स्रोत :- जनगणना-1991

सारणी क्रमांक 9 : मुरैना जिले के विधानसभा चुनाव परिणाम

विधानसभा क्षेत्र	चुनाव वर्ष 1993 विधिमान्य चुनाव लड़ने वाले अभ्यर्थी			विजयी प्रत्याशी	चुनाव वर्ष 1998 विधिमान्य चुनाव लड़ने वाले अभ्यर्थी			विजयी प्रत्याशी
	पुरूष	स्त्री	योग		पुरूष	स्त्री	योग	
सबलगढ़	8	0	8	पुरूष	6	—	6	पुरूष
जौरा	14	4	18	पुरूष	10	—	10	पुरूष
सुमावली	13	0	13	पुरूष	11	—	11	पुरूष
मुरैना	19	1	20	पुरूष	12	—	12	पुरूष
दिमनी (अ.जा.)	13	0	13	पुरूष	7	—	7	पुरूष
अम्बाह (अ.जा.)	9	0	9	पुरूष	6	—	6	पुरूष
योग	76	5	81		52	—	52	

स्रोत :- जिला निर्वाचन कार्यालय मुरैना

सारणी क्रमांक 10 : मुरैना संसदीय क्षेत्र निर्वाचन परिणाम

लोकसभा चुनाव संसदीय निर्वाचन क्षेत्र	वर्ष 1996 चुनाव लड़ने वाले विधिमान्य प्रत्याशी			विजयी प्रत्याशी	वर्ष 1998 चुनाव लड़ने वाले विधिमान्य प्रत्याशी			विजयी प्रत्याशी	वर्ष 1999 चुनाव लड़ने वाले विधिमान्य प्रत्याशी			विजयी प्रत्याशी
	पुरूष	स्त्री	योग		पुरूष	स्त्री	योग		पुरूष	स्त्री	योग	
मुरैना	7	0	7	पुरूष	25	1	26	पुरूष	10		10	पुरूष

स्रोत :- जिला निर्वाचन कार्यालय मुरैना

सारणी क्रमांक 11 : मुरैना जिले में पंचायत चुनाव (1999) के परिणाम

जनपद पंचायत	ग्राम पंचायतों की संख्या	निर्वाचित प्रत्याशी		योग
		पुरूष	स्त्री	
पोरसा	53	54	24	78
अम्बाह	54	54	25	78
मुरैना	101	84	42	126
जौरा	69	64	30	94
कैलारस	60	51	29	80
पहाड़गढ़	63	57	28	85
सबलगढ़	60	54	28	82
कुल योग	460	436	215	651

स्रोत :- जिला निर्वायन कार्यलय, मुरैना (सांख्यिकी सेक्शन)

अध्याय द्वितीय

पंचायती राज का संगठनात्मक ढांचा

भारत के प्रथम प्रधान मंत्री जवाहर लाल नेहरू ने पंचायती राज को "भारत में सबसे बड़ी क्रान्ति" की संज्ञा दी तथा इसे जनतांत्रिक विकेन्द्रीकरण का एक क्रान्तिकारी परिवर्तन का प्रयोग निरूपित किया था, जिसके द्वारा भारतीय लोगों की विचारधारा, कार्य और समाज की बनावट बदली है।[1]

पंचायती राज को राजनेता, सामाजिक कार्यकर्त्ता, बुद्विजीवी और सरकारी कर्मचारी अपने अलग-अलग दृष्टिकोणों से परिभाषित करते है। कुछ विद्वानों के अनुसार पंचायती राज केवल सामुदायिक विकास के लक्ष्यों को प्राप्त करने का एक साधन है। कुछ राजनेता इस मत के समर्थक है कि पंचायती राज ग्राम तक जनतंत्र का एक विस्तार है। एक अन्य दृष्टिकोण के अनुसार पंचायती राज प्रशासन का नीचे ग्राम स्तर पर एक विस्तार है। गांधीवादी सामाजिक कार्यकर्त्ता और यहां तक कि कुछ राजनैतिक दलों द्वारा भी यह वकालत की जाती है, कि शक्ति के विकेन्द्रीकरण के साथ आर्थिक विकेंद्रीकरण भी होना चाहिए।[3]

जनतांत्रिक विकेंद्रीकरण से तात्पर्य केन्द्रीय सरकार द्वारा अपने अधीनस्थ अभिकर्त्ता इकाईयों की कुछ उत्तरदायित्वों के स्थानान्तरण से होता है, जो कि भौमिक अथवा कार्यकारी निर्वाचन क्षेत्रों से निर्वाचित किए जाते है, जिन्हें शक्तियों में से कुछ प्रशासनिक शक्तियां उच्च सत्ता अर्थात् विधायिका द्वारा सौंपे जाने से नहीं बल्कि सम्भवत: संवैधानिक प्रावधानों से प्राप्त होती है।

पंचायती राज योजना जनतांत्रिक विकेन्द्रीकरण के क्षेत्र में एक उल्लेखनीय प्रयोग गिनी जाती है। प्रशासन के क्षेत्र में पंचायती राज केवल एक विशिष्ट प्रशासकीय तकनीक का नया विचार है, जिसका जिला, विकास खण्ड और ग्राम स्तर पर अभ्यास किया जाता है।[4]

पंचायती राज योजना जनतांत्रिक प्रक्रिया द्वारा राजनैतिक शक्ति के अधिकतम विकेन्द्रीकरण किए जाने का एक प्रयास है। यह लोगो को अपने स्वयं के मामलों के प्रबन्ध करने के उत्तरदायित्व देने में एक उत्साहवर्धक साहसिक कदम है। देश के लाखों ग्रामों को पंचायती राज द्वारा एक ऐसी संस्था उपलब्ध कराना है, जहां वे सहभागी प्रजातंत्र का अभ्यास कर सकते है। वास्तव में यह एक विशाल परीक्षण है। यह क्रान्तिकारी साहसिक कार्य अर्थात् पंचायती राज अपनी अतीत की विकास योजनाओं में जनसहयोग ही तलाश की अपेक्षा अधिक व्यापक है।

इस प्रकार हम देखते है कि पंचायती राज राजनैतिक दृष्टिकोण से विकेन्द्रीकरण पर आधारित होकर निचले स्तर पर लोगों को जनतांत्रिक प्रणाली के अभ्यास करने का अवसर उपलब्ध कराता है, प्रशासनिक दृष्टिकोण से स्थानीय व्यक्तियों को उनके मामले स्वयं निपटाने की क्षमता प्रदान करता है, तथा सामाजिक आर्थिक दृष्टिकोण से ग्राम स्तर पर युवा नेतृत्व को जन्म देने व विकास की दिशा में अग्रसर होने के अवसर जुटाने की ओर एक व्यावहारिक प्रयोग है।

पंचायती राज व्यावहारिक दृष्टि से जनतांत्रिक पद्धति को लोगों के द्वार तक ले जाने का एक सशक्त प्रयास है, जहां वे अपनी विभिन्न समस्याओं एवं कार्यो में निरन्तर रूचि लेते है। जनतंत्र पद्धति में प्रयेक पुरुष अथ्वा महिला से यह आशा की जाती है, कि वह अधिकारों के प्रति सजग रहते हुए अपने कर्त्तव्य और उत्तरदायित्वों का भली-भांति अनुभव करता रहे, पंचायती राज का भी यही आशय है।

पंचायती राज संस्थाएं जनतंत्र की प्राथमिक शालाओं के रूप में कार्य करती है। सच्चे जनतंत्र में सरकार की भावना अपने से निचले स्तर की इकाइयों को अधिकतम शक्ति के विकेन्द्रीकरण की होती है, जिससे अधिकाधिक लोग प्रशासन में भाग लेकर प्रभावी भूमिका निभा सके। यह जन-सहभागी प्रजातंत्र की सफलता की कुंजी है।

इस प्रकार जनतांत्रिक राज्य प्रणाली स्थानीय स्वायत्त शासन अर्थात पंचायती राज का ही एक विराट राष्ट्रीय स्वरूप और संस्करण है। इस दृष्टि से देश की राष्ट्रीय संसद को राष्ट्रीय पंचायत कहा जा सकता है। अतएव जनतंत्र पद्धति और पंचायती राज पृथक न होकर समरूप कहे जा सकते हैं।

पंचायती राज और सामुदायिक विकास

सामुदायिक विकास कार्यक्रम और पंचायती राज दोनों ही भारतीय ग्राम विकास के आधारभूत स्तम्भ है, किन्तु दोनों के क्रियान्वयन और कार्यपद्वति में पर्याप्त अन्तर है। सामुदायिक विकास कार्यक्रम एक सरकारी कार्यक्रम, सरकारी प्रशासनिक यंत्र प्रणाली द्वारा ग्रामीणों के सहयोग की सम्भावना पर ग्रग्रमविकास के लिए, ऊपर से चालू किया गया कार्यक्रम है, जिसे लोगों की ओर से वांछित सक्रिय सहयोग न मिला। फलस्वरूप स्वयं सहायता की भावना जागृत करने के बजाय जिसने ग्रामीण-जनों की शासन पर निर्भरता और बढ़ा दी। शासकीय कर्मचारियों की रूचि का भी अभाव रहा, केवल कागज पर लक्ष्यों की पूर्ति उपलब्ध करना मात्र उद्देश्य रह गया। पंचायती राज प्रणाली उपरोक्त कमियों को दूर करने की दिशा में व्यावहारिक उनुभव व परीक्षण के बाद सुझाई गई प्रणाली है, जो कि ग्रग्रमीण समुदाय की कार्यक्षमता व योग्यता में भरपूर विश्वास रखते हुए ग्राम के सर्वागीण विकास की ओर उन्मुख नीचे से विकास का कार्यक्रम है।[5]

श्री बलबंतराय मेहता अध्ययन-दल की अनुशंसा अनुसार ग्रामीण क्षेत्रों के सभी विकास कार्यो को वहन करने के लिए एक व्यापक प्रतिनिधित्व वाली जनतांत्रिक संस्था की स्थापना हो, जो पराम्रागत, निर्वाचित अपने कार्य और कर्त्तव्यपालन में सक्षम तथा आवश्यक कार्यकारी यंत्र प्रणाली से युक्त पर्याप्त संसाधनों से सम्पन्न हो, जिस पर शासन अथवा इसकी अभिकर्त्ता किसी इकाई का बहुत अधिक नियंत्रण न हो। इस संस्था को त्रुटियां करके सीखते रहने की स्वतंत्रता के साथ-साथ भली-भांति मार्गदर्शन भी उपलब्ध कराया जाता रहे, ताकि भविष्य में त्रुटियां न होने पावें। अतएव पंचायती राज स्थानीय विकास में लोगों की इच्छाओं की अभिव्यक्ति के यंत्र के रूप में विकसित होना चाहिए। पंचायती राज देश में प्रजातंत्र के ठोस आधार के रूप में न केवल राजनैतिक बल्कि सामाजिक एवं आर्थिक क्षेत्रों में भी एक शक्तिशाली संयंत्र बन रहा है। पचायती राज में देश के ग्रामीण क्षेत्रों के लाखों अभाव ग्रस्त लोगो के लिए बहुत बड़ी सम्भावनाएं हैं, इनमें आत्मविश्वास जागृत कर प्रशासनिक एवं उन्य उत्तरदायित्वों के वहन करने को तैयार करना है। ग्रामीणें का सरकारी कर्मचारियों की दया पर निर्भर रहने वाला युग अब हमेशा के लिए समाप्त हो जाना चाहिए।[6]

इस प्रकार भली-भांति सुसंगठित ग्रामीण स्वायत्त शासन में अधिकतम उत्तरदायित्व और शक्तियों का विकेन्द्रीकरण किया जाना आवश्यक है। सरकार की परम्परागत और व्यावहारिक दृष्ठि से अधिकारपूर्ण केन्द्रीयकरण की प्रवृति रही है, इसे तोड़ा जाना चाहिए। आज शासन के राजनीतिक और प्रशासकीय वर्ग में ग्रामीण स्थानीय सत्ताओं के प्रति उनके मामलो के प्रबंध की स्वतंत्रता देने में विश्वास की कमी एवं नौकरशाही की दक्षता में उनकी असफलताओं के बावजूद भी अन्ध-विश्वास है। इसलिए पंचायती राज के माध्यम से ग्रामीण लोगों का अपने स्थानीय विषयों के प्रबंध में विश्वास जागृत करना आवश्यक है, तथा उचित मार्गदर्शन द्वारा देश की इस अपार ऊर्जा का सदुपयोग करते हुए विकास की ओर उन्मुख करना है। इस प्रकार पंचायती राज संस्थाएं विकेन्द्रित व्यवस्था का स्वरूप है, जो ग्रामीण जनसमुदाय को अपने स्वयं के विकास के लिए स्वयं की सूझ-बूझ द्वारा कार्य करने की स्वतंत्रता दिये जाने के उद्‌देश्य पर आधारित है। ये संस्थाएं ग्रामीण-जनों में उनकी प्रसुप्त कार्यक्षमता व दक्षता को जागृत करने की एक रचनात्मक पद्धति है।

पंचायती राज के वर्तमान स्वरूप को देखते हुए कहा जा सकता है कि पंचायती राज सरकार की एक पद्धति है, जो संघीय प्रकार की राष्ट्रीय सत्ता के ढांचे में प्रशासन की इकाई है। आज की पंचायत आवश्यक रूप से वृद्धों और बुद्धिमानों की ही एक संस्था नहीं है, निःसंदेह न्याय पंचायत पंचायती राज का ही एक अंग है किन्तु न्याय पंचायत का क्षेत्र सीमित है। आज की पंचायत शासन की एक पूर्ण इकाई है जिसमें इकाई के लोगों के कल्याण की सभी गतिविधियां सम्मिलित होती है। आज की पंचायत अपने पूर्वगामी ''यूनियन लोकल बोर्डस्'' और ''डिस्ट्रिक बोर्डस्'' के लक्ष्यो से भी आगे बढ़कर है, जो स्थानीय समुदाय के विकास हेतु जीवन से सम्बद्ध प्रगतिशील एवं उत्पादक आव्मविश्वासी, सामंजस्य युक्त समुदायों के निर्माण के लक्ष्य पर आधारित है। इस प्रकार निश्चित रूप से कहा जा सकता है कि पंचायत राज भारत में स्वाधीनता के पश्चात् विशाल जनसंख्या के सर्वांगीण विकास के लिए क्रियान्विति में आश्वस्त करने वाला तथा जोखिमों से भरा हुआ व्यापक कार्यक्रम है, जो राजनेताओं, नौकरशाही व प्रशासनिक अधिकारियों के बीच सर्वाधिक विवादास्पद बना हुआ है।

पंचायती राज के उद्देश्य

पंचायती राज कार्यक्रम अपने लक्ष्यों की विविधता एवं गहनता के कारण ही विवाद का विषय बना हुआ है। पचांयती राज के उद्‌देश्य के बारे में से व्यक्त करते, कुछ विचार इस प्रकार हैं –

(1) पंचायती राज व्यक्ति और उसके समुदाय के बीच उचित संबंधों के निर्माण करने तथा देश के बहुत बड़े भाग के ग्रामीण लोगों को अपनी समस्याओं के स्वयं समाधान का अवसर प्रस्तुत करते हुए नागरिकता की राजनैतिक शिक्षा देने एवं सामाजिक कार्य्रो में सहभागिता की भावना जागृत करने के एक कार्यक्रम के रूप में है।

(2) स्थानीय शासन के अन्तर्गत उच्च सत्ता के अधिकर्त्ता के रूप में पंचायती राज एक विधि (पद्वति) है, जिसके कारण लोक प्रशासन की यंत्र प्रणाली व्यापक और विस्तृत होकर लोकल्याणकारी सरकार की बहुत बड़ी, विस्तृत नियोजित अर्थनीति के संचालन में सहायक होती है।

(3) पंचायती राज प्रशासन की गम्भीर रिक्तियों की ओर से सामान्य जनता का ध्यान हटाने के लिए एक राजनैतिक दिखावटी तमाशा के रूप में है, जिसका लक्ष्य लोगों को वास्तविक शक्ति प्रदान करना नहीं है, बल्कि किसी राजनैतिक दल को उसके अपने खोए हुए प्रभुत्व को फिर से प्राप्त करने का साधन है।[7]

उपयुर्क्त तीनों ही पहलुओं में सत्यता का पर्याप्त अंश है। पंचायती राज स्थानीय समस्याओं का स्वयं स्थानीय व्यक्तियों द्वारा समाधान प्रस्तुत कर सामाजिक कार्यो में व्यक्ति की भागीदारी का अवसर देते हुए राजनीतिक दृष्टि से नागरिकता की शिक्षा सुलभ कराता है। वहीं दूसरी ओर लोक कल्याणकारी राज्य के व्यापक क्षेत्र में नियोजित अर्थनीति के संचालन के लिए लोक प्रशासन का विस्तार करते हुए पंचायती राज उच्च सत्ता के अभिकर्ताा के रूप में संस्थाएं प्रस्तुत करता है। व्यावहारिक अध्ययन के आधार पर तीसरे पहलू में भी सत्यता दिखाई देती है। शासन द्वारा शक्ति का वास्तविक विकेन्द्रीकरण न किया जाना, निर्धारित समय पर निर्वाचन न कराये जाना, सौंपे गए कार्य संसाधनों में समानुपात न किया जाना आदि इसी विचार की पुष्टि करते हैं।

वर्तमान में पंचायती राज ग्राम, विकास खण्ड एवं जिला स्तर पर स्थानीय स्वायत्त शासन का एक त्रिस्तरीय जो परस्पर सम्बद्व, परस्पर निर्भर संघीय, प्रजातांत्रिक एवं विकेन्द्रित ढांचा है, जो कि विशिष्ट उद्देश्य अर्थात समग्र गग्रमीण विकास एवं उनके कल्याणार्थ कार्यक्रमों में स्थानीय व्यक्तियों के सक्रिय, भावनात्मक एवं स्वप्रेरित जन सहभागिता पर आधारित है, जो अपने सफल आयोजन एवं क्रियान्वयन के लिए शक्तियों और उत्तरदायित्वो के विकेन्द्रीकरण, प्रर्दशीकरण एवं जनतांत्रिकरण के लक्ष्य पर आधारित होकर ग्रामीण जनों को उनको सामाजिक, आर्थिक और सांस्कृतिक जीवन विकास के विचार से समर्थन और सहायता miyCèk djkrk gSA इस प्रकार पंचायती राज ग्रामीण लोगों को उनके समग्र विकास करने में समुचित सहायता, समर्थन, मार्ग दर्शन एवं आवश्यक शक्तियों से युक्त करते हुए उनमें स्वयं प्रारम्भिकता की प्रेरणा एवं जागरूकता उत्पन्न करने की एक विधि है।

पंचायती राज का दर्शन ग्राम विकास और ग्राम कल्याण के कार्यक्रमों को ग्रामीण समुदाय की साथ-साथ मानव शक्ति और स्थानीय संसाधन एवं सामग्री को दृष्टिकोण रखते हुए उनके संचालन में ग्रामीण लोगों की योग्यता, कार्यक्षमता एवं दक्षता में विश्वास पर आधारित है। निष्कर्ष रूप में पंचायती राज ग्राम विकास एवं ग्रामीणजनों के कल्याण हेतु उनको अपनी आवश्यकतानुसार मनवेक्षित विकास, जनशक्ति सहित उपलब्ध समस्त संसाधनों द्वारा करने का अवसर देता है, ताकि वे उपना भली-भांति विकास करके अपनी योग्यता, दक्षता एवं कार्यक्षमता का भरपूर उपयोग कर सकें। पंचायती राज प्रजातंत्र की भांति ही जीवन का एक मार्ग है, जो ऊपर से नहीं बल्कि स्थानीय भूमि में उगाया जाना है। उसमें एक नए जीवन का संचार करना है, जो भारत के गांवों के सामाजिक और आर्थिक ढांचे का फिर से नवीनीकरण कर सके।

पंचायती राज केवल एक प्रयोग ही नहीं बल्कि भारतीय संस्कृति के आधार पर एक सुन्दर जीवन पद्वति है, जिसमें शनैः-शनैः जीवन से सम्बद्व किया जाना है, जब तक हम पंचायती राज को ऊपर से लादे गये प्रयोग के रूप में जानते रहेंगे तब तक वांछित उपलब्धि सम्भव नहीं होगी। पंचायती राज का संस्थागत स्वरूप चाहे कुछ भी हो, किन्तु भारतीय जीवन में इसे एक सुन्दर मार्ग के रूप में विकसित होना है।

पंचायती राज भारत में हुए प्रयोगों में से सब से अधिक सुदृढ़ और आनन्ददायक प्रयोग है, जिसकी सफलता देश में प्रजातंत्र को एक ठोस

आधार प्रदान करेगी। अभी तक के अनुभव से परिणाम भले ही सीमित रहे हों, किन्तु यह विश्वास किया जा सकता है कि धैर्य, ईमानदारी एवं लगन के साथ कार्य करते रहने पर आने वाली पीढ़ी द्वारा निश्चित रूप से उन लक्ष्यों को प्राप्त किया जा सकेगा।

पंचायती राज की अवधारणा का विकास

भारत में पंचायतीराज की अवधारणा नवीन नहीं हैं। यहां प्राचीन संस्थाओं से सम्बन्धित अवधारणा को ही परिवर्तित स्वरूप में प्रस्तुत किया गया है। ''पंचायतीराज'' शब्द का अस्तित्व स्वतन्त्र भारत में श्री बलवन्तराय गोपाल जी मेहता के ''लोकतान्त्रिक विकेन्द्रीकरण'' प्रतिवेदन से उदय हुआ, और जो अनवरत अपने अस्तित्व को स्थायित्व किए हुए है। शाब्दिक दृष्टि से पंचायतीराज शब्द हिन्दी भाषा के दो शब्दों ''पंचायत'' और ''राज'' से मिलकर बना है जिसका संयुक्त अर्थ होता है पांच जनप्रतिनिधियों का शासन। भारत के प्राचीन साहित्यिक ग्रन्थों में भी पंचायत अथवा ''पंचायती'' शब्द संस्कृत भाषा के ''पंचायतन्'' शब्द से उदभूत हुआ हैं संस्कृत भाषा के ग्रन्थों के अनुसार किसी आध्यात्मिक पुरुष सहित पांच पुरुषों के समूह अथवा वर्ग को पंचायतन् के नाम से संबोधित किया जाता था। परन्तु शनैः शनैः पंचायत की इस आध्यात्मिकतायुक्त अवधारणा में परिवर्तन होता गया और वर्तमान में पंचायत की अवधारणा का अभिप्राय इस प्रकार की निर्वाचित सभा से है जिसकी सदस्य संख्या प्रधान सहित पांच होती है और जो स्थानीय स्तर के विवादों को हल कराने में महत्वपूर्ण भूमिका निभाती है। गांधी जी ने भी पंचायत शब्द की व्याख्या करते हुए लिखा है कि, ''पंचायत'' शब्द का शाब्दिक अर्थ ग्राम निवासियों द्वारा चयनित पांच जनप्रतिनिधियों की सभा से है।[8]

पंचायतीराज व्यवस्था का प्रारम्भ

वर्तमान समय में पंचायतीराज व्यवस्था स्थानीय प्रशासन का एक अभिन्न अंग हो चुकी है। इस व्यवस्था का उदभव कब हुआ तथा इसका तत्कालिक स्वरूप क्या था? कहना काफी कठिन है। यह अनुमान अवश्य किया जा सकता है कि जब मानव समाज का उदय हुआ। लगभग उसी समय से पंचायतीराज व्यवस्था का भी उद्‌भव हुआ

होगा। पांच व्यक्तियों की सभा एक प्राचीन संस्था है जिसका अस्तित्व अनेक राजनीतिक एवं आर्थिक परिवर्तनों के पश्चात् भी बना रहा है।

भारतीय वैदिक कालीन ग्रन्थों में भी सभा और समितियों जैसी लोकतान्त्रिक संस्थाओं का वर्णन मिलता है। ये सभा और समितियां प्रशासन के क्षेत्र में अपने स्वामी को सहयोग प्रदान करती थीं। अथर्ववेद में सभा का स्वरूप निम्नलिखित श्लोक में द्रष्टव्य है, यथा –

''ये ग्रामा यदरण्यं या सभा अधिभूम्याम।
ये संग्रामा: समितियस्तेषु चारू वेदम ते''।।

''अर्थात् पृथ्वी पर जो ग्राम, वन, सभाएं और समितियां है उन सभी में हम सुन्दर वेदयुक्त वाणी का प्रयोग करें।।1'' अथर्ववेद में ही एक अन्य स्थान पर सभा का वर्णन पाया जाता है –

''सभा च सासमितिश्चावतां प्रजापते दहितारो संविदाने।
येन संगछा उपभास शिक्षाच्चारू वदानि पितर: संगतेषु।।''

''अर्थात सभा और समिति प्रजापति के लिए दुहिता सम पोषण योग्य है। ये दोनों (सभा और समिति) प्रजापति की रक्षा करें। प्रजापति को ये उचित सम्मति प्रदान करें। हे विद्वानों मुझे ऐसी बुद्धि प्रदान करो जिससे मैं सभा और समिति में सुन्दर विवेक युक्त वाणी का प्रयोग करूँ।''

वैदिक युग के पश्चात् रामायण युग में भी सभा एवं समितियों का वर्णन द्रष्टव्य होता है यथा –

''यदिदमेडनु रूपार्थ मया साधु सुमिन्त्रतम्।
भवन्तोमेडनु मन्यन्तां क्यं वा करवाभ्यहम।।''

''अर्थात यदि मेरे द्वारा कहे गये उत्तम एवं अनुकूल विचार, जिनको मैंने आपके समक्ष प्रस्तुत किया है। आपको उचित प्रतीत होते हों तो उन विचारों को क्रियान्वित करने की आज्ञा प्रदान करें। अथवा मुझे इस सम्बन्ध में क्या करना चाहिए, इस प्रकार का मार्ग दर्शन करें।'' रामायण युग में जनपदों का भी अस्तित्व था। तत्कालीन व्यवस्थाओं में जनपदों को ग्रामीण गणराज्यों के संघो के रूप में जाना जाता था। महाभारत कालीन व्यवस्था में भी सभा जैसी संस्थाओं का अस्तित्व बना हुआ था। महाभारत के शान्ति पर्व नामक अध्याय में इसका वर्णन प्राप्त होता है।

इसके अतिरिक्त स्मृति की पुस्तकों में भी सभा एवं समितियों का वर्णन प्राप्त होता है। जिनके अन्तर्गत राजा के लिए विभिन्न सामाजिक

परम्पराओं का पालन करना अनिवार्य होता था। इसके आधार पर ही विभिन्न वर्गों को अपने लिए नियम बनाने का अधिकार प्राप्त था। मनुस्मृति के अनुसार ग्रामीण शासन के लिए जो कर्मचारी उत्तरदायी होता था, उसे 'ग्रामिक'' नाम से जाना जाता था। इस पदाधिकारी का प्रमुख कार्य ग्रामवासियों से करों को एकत्र करना था।

ग्राम सभाओं के अस्तित्व को स्वीकार करते हुए डा. जायसवाल ने लिखा है कि प्राचीनतम उपलब्ध अभिलेखों के आधार पर यह कहा जा सकता है कि राष्ट्रीय जीवन और कार्यों की अभिव्यक्ति ग्राम सभाओं के माध्यम से ही होती थी।[9]

किन्तु समय के गर्त में यह प्रणाली प्रमुख रूप से उत्तर भारत में समाप्त हो गयी, और इसी के साथ ही शनैः शनैः ग्रामीण स्थानीय संस्थाएं भी समाप्त हो गयी।

मध्ययुगीन हिन्दूकाल में भी ग्रामीण स्थानीय प्रशासन विद्यमान था। उस समय नये भूभागों में ग्राम का श्रेष्ठ व्यक्ति शासक होता था जो उन ग्रामीण के न्यासी के रूप में कार्य करता था। सम्राट चन्द्रगुप्त मौर्य ने इस प्रकार की ग्रामीण संस्थाओं के प्रति सदैव अहस्तक्षेप की नीति का पालन किया था।

गुप्तकालीन व्यवस्था में भी ग्राम पंचायतों का विशेष महत्व था। यद्यपि गुप्तकाल में राजवंशी शासन प्रणाली थी, लेकिन शासन का विकेन्द्रीकरण विभिन्न स्तरों पर किया गया था। ग्राम की सुरक्षा, शान्ति व मर्यादा के लिए ग्रामिक ही उत्तरदायी होता था। उसके इस कार्य के लिए पंच मण्डल या पंचायतें सहायतार्थ स्थापित की जाती थी, जिसमें ग्राम के वयोवृद्ध सदस्य होते थे।

मुगल कालीन शासन व्यवस्था में भी ग्रामीण स्थानीय प्रशासन की इकाइयां अपने पुरातन रूप में विद्यमान थीं। अफगान और मुस्लिम शासकों ने पुरातन रूढ़ियों और अभिसमयों में किसी भी प्रकार का हस्तक्षेप करना उचित नहीं समझा और न ही ग्रामीण स्वशासन व्यवस्था में कोई आमूल-चूल परिवर्तन किये। ग्राम पंचायतों का कार्य पूर्व की भांति ही चलता रहा।''

ऐसा प्रतीत होता है कि ग्रामों की स्वायत्तता तथा स्थानीय प्रशासनिक संस्थाओं की निरन्तरता 1857 के स्वतन्त्रता संग्राम में समाप्त हो गयी थी। इस सन्दर्भ में प्रमुख कारण आंग्ल शासकों के द्वारा केन्द्रीयकृत शासन व्यवस्था को अपनाया जाना था। ''इस प्रकार से अंग्रेज शासक

पंचायत व्यवस्था को समाप्त करने के लिए पूर्णतया उत्तरदायी थे। उन्होंने ग्रामीण स्वशासन के स्थान पर अधिकारीतन्त्र को प्रोत्साहित किया, जिसका मुख्य उद्देश्य अपने शासकों को प्रसन्न रख भारतीय जनता का अधिकाधिक शोषण करना था।''[10]

परन्तु आंग्ल शासन में ही पंचायतीराज व्यवस्था को पुनः जीवित करने का प्रयास किया गया। ग्रामीण स्थानीय प्रशासन पर अपना ध्यान केंन्द्रित करने वाला प्रथम वायसराय लार्ड रिपन था, जिसके प्रयासों के फलस्वरूप ही नार्थवेस्टन-प्राविन्सेज ऐक्ट (4) 1883 पारित किया गया था। इस एक्ट के अन्तर्गत ही प्रत्येक जनपद में एक जिला परिषद (तत्कालीन नाम- डिस्ट्रिक बोर्ड) स्थापित की जानी थी। प्रत्येक जनपद दो उप जनपदों में विभाजित किया जाना था, इसके साथ ही प्रत्येक उप जनपद (उपजिला) में एक स्थानीय परिषद की स्थापना की जानी थी। कतिपय समय पश्चात् यह व्यवस्था असफल सिद्व होने लगी। अतः इसकी असफलता की जांच करने के लिए "शाही विकेन्द्रीकरण आयोग" की नियुक्ति की गयी। इस शाही आयोग ने अपने प्रतिवेदन में सुझाव दिया कि ग्रामोण प्रशासन का विकास एवं प्रबन्ध तथा समस्याओं के लिए पंचायतीराज की स्थापना की जाय।

सन् 1920 में ब्रिटिश सरकार ने ''संयुक्त प्रान्त विलेज-पंचायत अधिनियम 1920'' पारित किया। इस अधिनियम के अन्तर्गत विभिन्न प्रान्तों ने अपने यहां पंचायतीराज की स्थापना के लिए अधिनियमों के अनुसार पंचायतों की स्थापना का अधिकार जनपद के जिलाधिकारी को प्रदत्त कर दिया था। उत्तरप्रदेश में 1920 के अधिनियम के अन्तर्गत पंचायतें पूर्व प्रभावी संस्थाओं की छाया मात्र थी।[11]

सन 1857 की क्रांति के पश्चात् भारत में स्वराज्य प्राप्त करने की मांग में उत्तरोत्तर वृद्वि होती गयी। स्वराज की मांग के साथ ही स्थानीय स्वतन्त्रता के विचारों में शनैः शनैः वृद्वि होने लगी। प्रश्न यह उठा कि स्वतन्त्रता का क्रियान्वयन ऊपर से किया जाय अथवा नीचे से ऊपर की ओर। इस सम्बन्ध में महात्मा गांधी जी का विचार था कि, ''स्वतन्त्रता स्थानीय स्तर से प्रारम्भ होनी चाहिए।'' इस प्रकार प्रत्येक गांव एक गणराज्य अथवा पंचायत राज होगा। प्रत्येक के पास पूर्ण सत्ता और शक्ति होगी। इसका अर्थ यह है कि प्रत्येक गांव को आत्म निर्भर होना चाहिए। और अपनी आवश्यकताओं को स्वंय पूर्ण करना होगा ताकि वह सम्पूर्ण प्रबन्ध स्वंय चला सके।

परन्तु स्वतन्त्र भारत के संविधान में पंचायतीराज व्यवस्था को कोई स्थान नहीं दिया गया। अतः तत्कालीन राजनीतिज्ञों के द्वारा भारतीय संविधान की कटु आलोचनाएं की गयी। यथा – ''हमारे देश में सात लाख ग्राम है और ग्राम प्रशासन की सबसे लघु इकाई है।'' मैं पूछना चाहता हूं कि संविधान की संरचना में क्या ग्रामों का कोई प्रावधान और स्थान है? नहीं, कहीं पर नहीं। स्वतन्त्र देश का संविधान स्थानीय स्वायत्त शासन पर निर्भर होना चाहिए, परन्तु इस संविधान में हमें कहीं भी स्थानीय स्वायत्त शासन का उल्लख नहीं मिलता है।

19 नवम्बर 1948 को संविधान सभा में राज्य के नीति निर्देशक तत्वों पर विचार-विमर्श के समय संविधान संशोधन के माध्यम से पंचायतीराज व्यवस्था से सम्बन्धित एक नया अनुच्छेद रखने का प्रयास किया गया, जिसको संविधान सभा ने स्वीकार कर लिया। यह नवीन अनुच्छेद भारतीय संविधान का 40वां अनुच्छेद था जिसमें व्यवस्था थी- ''कि राज्य ग्राम पंचायतों को संगठित करने के लिए कदम उठायेगा। तथा इनको इतनी शक्तियां तथा अधिकार प्रदान करेगा जो कि उनको स्वायत सरकार की इकाइयों के रूप में कार्य करने योग्य बना सकें।''

भारतीय संविधान में पंचायतीराज व्यवस्था के महत्व का वर्णन करते हुए तत्कालीन प्रधानमन्त्री पं. जवाहरलाल नेहरू ने कहा था – 'पंचायत सरकारी इमारत की नीव है यदि यह नींव मजबूत न होगी, तो इस पर खड़ी हुई इमारत कमजोर होगी।'' उनकी दृष्टि में 'हुकूमत का केन्द्रीयकरण बहुत जरूरी है, मगर उसका विकेन्द्रीकरण निहायत जरूरी है। पर जब हम हुकूमत को विकेंद्रीकृत करते है तब ग्राम पंचायतों पर पहुँचते है जो सबसे छोटी इकाई है।''

पंचायतीराज व्यवस्था का महत्व स्पष्ट करते हुए डे कहते है कि, "यदि निहित स्वार्थों यथा नौकरशाही, सामन्तशाही, पूंजीशाही अथवा उससे भी खराब महन्तशाही की बुराइयों से छुटकारा पाना है, तो पंचायतीराज को सुदृढ़ आधार पर स्थापित करना होगा।'' एक अन्य स्थान पर डे ने पंचायतीराज संस्थाओं की प्रकृति को स्पष्ट करते हुए लिखा है कि, "ग्राम पंचायतें जनता की संस्थाएं है। उनको कानून और व्यवस्था स्थापित करनी है, इसके साथ ही ग्राम की नागरिक एवं सामुदायिक आवश्यकताओं की भी पूर्ति करनी होती है।''[13]

बलबंत राय मेहता समिति रिपोर्ट

उपरोक्त विवेचन से पंचायतीराज व्यवस्था के प्रारम्भ एवं महत्व पर पूर्ण प्रकाश डाला गया है। सम्पूर्ण भारत वर्ष के विभिन्न प्रान्तो ने अपने यहां पंचायतीराज अधिनियम पारित कर पंचायतीराज व्यवस्था का शुभारंभ किया। स्वतन्त्रता के पश्चात् लोकतान्त्रिक विकेन्द्रीकरण को सफल बनाने के लिए भारतीय सरकार ने 1952 में "सामुदायिक विकास योजना'' कार्यक्रम का शुभारम्भ किया, जिससे जनसामान्य को राष्ट्र निर्माण के कार्यो की ओर प्रेरित किया जा सके। इस योजना की सफलता संदिग्ध होने के कारण 1957 में श्री बलबंत राय मेहता की अध्यक्षता में सामुदायिक योजना एवं राष्ट्रीय प्रसार सेवा के कार्यक्रमों के अध्ययन हेतु एक समिति गठित की गयी जिसके प्रतिवेदन में ''लोकतांत्रिक विकेन्द्रीकरण'' के सिद्वांत पर आधारित ग्रामीण स्तर पर त्रिस्तरीय पंचायतीराज व्यवस्था को स्थापित करने की अनुशंसा की गयी थी। समिति के प्रतिवेदन में सामुदायिक विकास कार्यक्रम की असफलता का प्रमुख कारण लोकप्रिय नेतृत्व का अभाव बतलाया गया था। समिति ने अपने प्रतिवेदन में यह भी कहा कि लोकतंत्रीय व्यवस्था को सफलतापूर्वक संचालित करने के लिए ग्रामीण स्तर पर जनप्रतिनिधात्मक संस्थाओं की स्थापना करनी होगी। लोकतांत्रिक संस्थाओं की प्रकृति को स्पष्ट करते हुए समिति ने कहा कि, "स्थानीय संस्थाओं को विभाग अथवा संविदावादी नहीं समझना चाहिए। यह ग्राम और क्षेत्रीय स्तर पर जनप्रतिनिधियों की लोकतान्त्रिक सरकार है।'' समिति ने अपने प्रतिवेदन में तत्कालीन बोर्डो व विकास खण्ड समितियों को अनुपयुक्त बतलाते हुए अनुशंसा की, जो नवीन संस्थाएं स्थापित की जायें, उनका अपना वैधानिक आधार हो, जननिर्वाचित हों, पर्याप्त संसाधन हो तथा अपने उद्देश्यों को प्राप्त करने के लिए क्रियाशील कार्यकारी उत्तरदायी संगठन से सम्बद्व हों। इस प्रकार से जो अभिनव पद्वति प्रारम्भ की गयी, उसे "पंचायतीराज" का नाम प्रदान किया गया।

1957 में इस समिति ने अपने प्रतिवेदन में भारत सरकार के समक्ष प्रमुख दो संस्तुतियां रखी थी–

1. द्वय स्तरीय प्रणाली के स्थान पर त्रिस्तरीय प्रणाली का शुभारम्भ।
2. चयनित स्थानीय निकायों को स्थापित करना और उन्हें आवश्यक संसाधन शक्तियों और प्राधिकार सौंपना।[14]

बलबंत राय मेहता समिति द्वारा जो त्रिस्तरीय व्यवस्था की संस्तुति की गयी थी, उसके अनुसार शीर्ष स्तर पर जिला परिषद, मध्य स्तर अर्थात विकास खण्ड स्तर पर पंचायत समिति तथा स्थानीय स्तर पर ग्राम पंचायतें संगठित करने तथा पंचायत समितियों को कार्यकारी शक्ति प्रदत्त करने की अनुशंसा की गयी थी। समिति के प्रतिवेदन के अनुसार जहां ग्राम पंचायत तथा पंचायत समिति को प्रत्यक्ष निर्वाचन से समबद्ध किया गया वहीं पर जिला परिषद को अप्रत्यक्ष निर्वाचन से सम्बद्ध किया गया।

इस प्रकार स्वतन्त्र भारत में पंचायतीराज व्यवस्था एक महत्वपूर्ण प्रयोग है, जिसका उद्देश्य अधिकतम लोक कल्याण है। इसकी स्थापना अपने आप में राष्ट्रीय एवं प्रान्तीय स्तर पर प्रशासन एवं निर्वाचित राजनीतिक संस्थाओं के द्वारा योजना क्रियान्वयन में जनसहभागिता प्राप्त करने की क्षमता का परिचायक है।

श्री बलबंत राय मेहता समिति की संस्तुतियों को राष्ट्रीय विकास परिषद ने 1958 में स्वीकार कर लिया। तत्कालीन भारत सरकार के सामुदायिक विकास मंत्रालय ने राज्यों की सरकारों से मेहता समिति की संस्तुतियों को क्रियान्वित करने का अनुरोध किया। परिणामस्वरूप राजस्थान एवं आन्ध्र प्रदेश की सरकारों ने सर्वप्रथम अपने अपने क्षेत्रो में 2 अक्टूबर 1959 को इस योजना को कार्यरूप में परिणित करते हुए शुभारम्भ किया। तत्पश्चात भारत संघ के अन्य राज्यों ने भी इनका अनुसरण किया।

पंचायती राज व्यवस्था के विधिवत क्रियान्वयन से देश को अनेक लाभ हुए। पहले तो यह कि देश भर में लोकतांत्रिक व्यवस्था का बीजारोपण हुआ। दूसरे, कुछ हद तक नौकरशाही व जनता के बीच का फासला कम हुआ। तीसरे, ग्रामीण जनता के मन में सामाजिक, सांस्कृतिक व राजनैतिक विकास की भावना जाग्रत हुई। इसके अलावा, राज्यों में इस व्यवस्था के प्रति उत्साह जागा और कई राज्यों ने अपने यहाँ इस व्यवस्था का अवलोकन व मूल्यांकन करने के लिए जाँच समितियाँ गठित कीं। लेकिन कुल मिलाकर यह पंचायती राज व्यवस्था भी जनता की आकांक्षाओं को पूरा नहीं कर सकी। इसके बाद सरकार ने अशोक मेहता समिति गठित की।

अशोक मेहता समिति की रिपोर्ट

12 दिसम्बर 1977 को अशोक मेहता की अध्यक्षता में पंचायती राज समिति का गठन हुआ। समिति के उद्देश्य इस प्रकार थे।

1. राज्यों तथा केंद्र-प्रशासित क्षेत्रों में लोकतांत्रिक विकेंद्रीकरण के संबंध में वर्तमान स्थिति का और जिला स्तर से ग्राम स्तर तक पंचायती राज संस्थाओं की कार्यप्रणाली का पुनरीक्षण ताकि कमियों व त्रुटियों का पता लगाया जा सके। मुख्य रूप से संसाधन जुटाने व कमजोर वर्गों के हितों को ध्यान में रखकर ग्रामीण विकास की योजनाएं बनाने के संबध में सुझाव देना।
2. चुनाव प्रणाली सहित, पंचायती राज संस्थाओं की गठन पद्धति की जाँच करना तथा पंचायती राज व्यवस्था के कार्य निष्पादन पर उनके प्रभावों का मूल्यांकन।
3. भविष्य में समेकित ग्रामीण विकास में पंचायती राज संस्थाओं की भूमिका आदि के संबंध में सुझाव देना।
4. पंचायती राज संस्थाओं को अपनी भावी भूमिका निभाने में समर्थ बनाने के उद्देश्य से उनका पुनर्गठन एवं कमियों व त्रुटियों को दूर करने के उपाय सुझाना।
5. पंचायती राज संस्थाओं, सरकारी प्रशासन तंत्र तथा ग्रामीण विकास में संलग्न सहकारी तथा स्वंयसेवी संस्थाओं के बीच सहयोगपूर्ण संबंधों के बारे में सिफारिशें देना।
6. पंचायती राज संस्थाओं को सौंपी जानेवाली जिम्मेदारियों को निभाने के लिए पर्याप्त धन सुनिश्चित करने हेतु आवश्यक वित्त संबंधी मामलों सहित, अन्य सिफारिशें देना।

समिति ने अगस्त 1978 मे अपनी रिपोर्ट सरकार को दे दी। समिति ने सिफारिशें देने से पूर्व तत्कालीन पंचायत व्यवस्था का मूल्यांकन किया। समिति ने पंचायतों के विकास को 3 चरणों में विभाजित किया:

(क) उभार (1959-64),

(ख) गतिरोध (1965-69), और

(ग) ह्रास (1969-77)।

समिति का कहना था कि पंचायती राज संस्थाओं को गुजरात व महाराष्ट्र को छोड़कर कहीं भी योजनाएं, बनाने और उनका कार्यान्वयन

करने का उत्तरदायित्व नहीं दिया गया। समिति के शब्दों में, "हस्तांतरित कार्यकलापों के कार्यान्वयन की प्रक्रिया में, राज्य सरकार ने जो आदेश और निर्देश जारी किए, उनके कारण आगे चलकर आनुषंगिक कानून बनते चले गए और इनसे निर्वाचित निकायों के निर्णय लेने के अधिकारों में कमी होती गई। योजना के लिए निर्धारित संसाधनों में कमी करने की प्रवृति रही और इससे पंचायती राज की अवनति हुई।'' नौकरशाही की भूमिका का उल्लेख करते हुए समिति ने कहा, "अधिकारी यह अनुभव करते रहे कि वे वित्तीय प्राथमिकताओं के परिणाम दिखाने के लिए प्रमुख रूप से राज्य सरकारों के प्रति उत्तरदाई हैं। अतः एक ओर तो वे पंचायती राज संस्थाओं को अतिरिक्त कार्यकलाप सौंपने की बात गले के नीचे न उतार सकें और दूसरी ओर निर्वाचित प्रतिनिधियों की देखरेख में काम करने के लिए अपने-आपको आसानी से तैयार नहीं कर सके।''

राजनैतिक इच्छाशक्ति की भी कमी को इंगित करते हुए समिति ने माना कि "उच्च स्तर पर राजनैतिक अभिजन का रवैया आधार स्तर पर लोकतांत्रिक प्रक्रिया को मजबूत बनाने के प्रति अनुकूल नहीं रहा। इस सिलसिले में कुछ राज्यों के सांसदों तथा विधायकों का पंचायती राज के प्रति उदासीन हो जाना विशेष महत्व रखता है क्योंकि व अपने-अपने निर्वाचित क्षेत्रों में क्षेत्रों में पंचायती राज के कारण उभरनेवाले नए नेतृत्व से अपनी स्थिति के लिए खतरा महसूस करने लगे थे।''

समिति की रिपोर्ट के अनुसार पंचायतों के ह्रास का एक कारण यह भी रहा कि इसके उद्देश्यों को लेकर मतैक्य और स्पष्टता का अभाव रहा। कुछ व्यक्तियों ने इसे मात्र प्रशासनिक एजेंसी मान लिया। इसके अलावा, समाज के शहरी और उच्च वर्गो का इनमें प्रभुत्व रहा जिससे समाज के कमजोर वर्ग को इससे लाभ नहीं मिला। फिर भ्रष्टाचार, अकुशलता, कार्यविधियों के प्रति उदासीनता, रोजमर्रा के प्रशासन में राजनैतिक, हस्तक्षेप, लोकसेवा के स्थान पर संकुचित निष्ठाएं, कार्य और शक्तियों का केंद्रीकरण - इन सभी कारकों के चलते गांव के औसत आदमी के लिए पंचायती राज का उपयोग बहुत कम रह गया। यहीं नहीं, अक्सर यह तर्क दिया गया कि योजना बनाना तो बड़ा जटिल कार्य है जिसे विशेषज्ञ ही कर सकते है। इस प्रकार "एक तरफ तो पंचायती राज नियमों की स्थिति से विकास संबंधी प्रशासनिक कार्य की गति पर प्रतिकूल प्रभाव पड़ा और दूसरी ओर समन्वय की समस्याएं पहले से जटिल हो गई।'' समिति का निष्कर्ष यह

था कि कुल मिलाकर पंचायती राज संस्थाओं को भारत के ग्रामीण क्षेत्रों में विकास के प्रमुख वाहक् के रूप में काम करने का मौका ही नहीं दिया गया।[15]

समिति की सिफारिशें इस प्रकार थी:

1. पंचायतें दो स्तरों पर गठित होनी चाहिए: जिला स्तर पर जिला परिषद तथा मंडल या ब्लाक स्तर पर मंडल पंचायत (समिति ने ग्राम पंचायत स्थापित करने की सिफारिश नहीं की)। औसतन 15,000 से 20,000 तक जनसंख्या पर एक मंडल पंचायत होनी चाहिए। ग्रामों को ग्राम समितियों के माध्यम से मंडल पंचायत में शामिल किया जाना चाहिए। चुनावों में अनुसूचित जाति व जनजाति को उनकी जनसंख्या के आधार पर प्रतिनिधित्व मिलना चाहिए। पंचायतों का कार्यकाल 4 वर्ष का होना चाहिए। मंडल व जिला स्तर पर दो ऐसी महिलाओं को भी, जिन्होंने जिला परिषद चुनावों में अधिकतम मत प्राप्त किए हों, परिषद का सदस्य बनाया जाएगा। जिला परिषद विभिन्न समितियों के द्वारा कार्य करेगी। ग्राम सभा का गठन होगा जिसकी दो सभाएं होंगी। पंचायती राज चुनावों में राजनैतिक दलों की भागीदारी होगी।
2. पंचायतों की कार्य-सूची विकास की गतिशीलता के आधार पर निर्धारित होनी चाहिए। विकेंद्रीकरण को राजनैतिक खैरात या प्रशासनिक रियायत नहीं समझा जांना चाहिए। प्रभावी कार्यान्वयन के लिए राज्य सरकारों को संबंधित स्थानीय स्तरों पर, पर्याप्त अधिकारों और कार्यो का विकेंद्रीकरण करना चाहिए तथा उसी अनुपात में उन्हें वित्तीय संसाधन उपलब्ध कराए जाने चाहिए। जिला परिषद राज्य के सभी विकेंद्रीकरण कार्यक्रम संभाले तथा जिला स्तर पर योजना बनाए। पंचायतों को विकास कार्य सौंपना तब तक अपूर्ण रहेगा जब तक कि पंचायतों को स्वयं निर्णय लेने और अपनी निजी आवश्यकताओं के अनुसार कार्यक्रम बनाने का अधिकार नहीं दिया जाता।
3. पंचायतों को केवल जनता के विचार जानने की सभा न बनाकर, उन्हें उपलब्ध संसाधनों से स्वयं अपने लिए योजना तैयार करने में सक्षम बनाया जाना चाहिए। जिला परिषद जिले की योजना बनाए। जिला स्तर पर जिला योजना बनाने के लिए योग्य समिति का गठन किया जाना चाहिए।

4. पंचायती राज संस्थाओं के माध्यम से समाज के कमजोर वर्गों को लाभान्वित करने के लिए कार्यक्रम तैयार करने होंगे।
5. राज्य सरकार के कार्यों का विकेंद्रीकरण करने के साथ-साथ सभी जिला स्तर के अधिकारियों को जिला परिषदों तथा उसके नीचे के स्तरों के अधीन रखना होगा। श्रेणी-1 तथा श्रेणी-2 का राजपत्रित कर्मचारी वर्ग राज्य सरकार के कैडर में ही रहे जबकि श्रेणी-3 तथा श्रेणी-4 का कर्मचारी वर्ग पूरी तरह से पंचायती राज सरकारों को हस्तांतरित कर दिया जाए। जिला परिषद के कर्मचारी वर्ग की नियुक्ति स्वतंत्र राज्य तथा जिला स्तर के बोर्डो द्वारा की जानी चाहिए। पंचायतों के लिए अलग से एक मंत्री होना चाहिए।
6. राज्य सरकार द्वारा हस्तांतरित करने के अलावा, पंचायतों को स्वयं भी अपने वित्तीय साधन जुटाने होंगे, तभी वे सही ढंग से अपने दायित्वों को निभा सकती है। वसूल किए गए ऐच्छिक करों के लिए प्रोत्साहन देना चाहिए। भू-राजस्व पर उपकर, जन्म-दर पर उपकर स्टांप, शुल्क पर अधिमूल्य, मनोरंजन कर, प्रदर्शन कर पंचायतों को सौप देने चाहिए। इनमें अधिक प्रतिशत मंडल पंचायतों का होना चाहिए। बाजार, हाट, मंडी, मेले आदि राजस्व के महत्वपूर्ण साधन हैं। ये सब पंचायतों को सौंपे जाने चाहिए। पंचायती राज वित्त निगम स्थापित किए जाने चाहिए।
7. मानवीय संसाधन-विकास के उद्देश्य से सरकारी कर्मचारियों और निर्वाचित प्रतिनिधियों के अलग-अलग व संयुक्त प्रशिक्षण कार्यक्रम चलाने चाहिए। प्रशिक्षण कार्यक्रमों का मूल्याकंन होना चाहिए। महिला मंडलों के गठन को प्रोत्साहन देना चाहिए। पंचायती राज सरकारों को मजबूत बनाने तथा जन-समर्थन जुटाने के लिए स्वैच्छिक संस्थाओं को प्रोत्साहन देना चाहिए।
8. सहकारी समितियों व पंचायती राज संस्थाओं में समन्वय का संबंध होना चाहिए। मंडल पंचायतों का आधारभूत ढाँचा मजबूत करने के लिए ग्रामीण बैंकों की स्थापना की जानी चाहिए। जिला परिषद व मंडल पंचायत नगरपालिकाओं से संबंध स्थापित होना चाहिए।

इस प्रकार इस समिति ने जिला स्तर को तीसरी परत की सरकार बनाने की बात कही, जो पंचायती राज व्यवस्था को वास्तव में स्वायत्त शासन की सरकार बनाने के लिए आवश्यक थी। इस समिति ने पंचायतों

को विकास संस्थाएं बनाने की बजाए राजनैतिक संस्थाएं बनाने की अनुशंसा की।[16]

इसी समिति की सिफारिशों के आधार पर पश्चिम बंगाल, कर्नाटक, आन्ध्रप्रदेश तथा जम्मू व कश्मीर राज्यों ने अपने-अपने पंचायत अधिनियमों में अपनी स्थानीय परिस्थितियों को ध्यान में रखकर संशोधन किए। लेकिन यह शुरूआती उत्साह सभी राज्यों में अधिक समय तक कायम नहीं रह सका। पश्चिम बंगाल ही अकेला राज्य है जहाँ 1978 से लेकर अब तक नियमित रूप से पंचायतों के चुनाव होते रहे है। वहां राज्य के बजट का बहुत बड़ा भाग इन संस्थाओं के माध्यम से ग्रामीण विकास पर व्यय किया गया।

वी. के. आर. वी. राव समिति की रिपोर्ट

योजना आयोग द्वारा इस समिति का गठन 25 मार्च 1985 को ग्रामीण क्षेत्र में ग्रामीण विकास व गरीबी उन्मूलन से संबंधित प्रशासनिक व्यवस्था की समीक्षा करने के लिए किया गया था। समिति ने अपनी रिपोर्ट दिसंबर 1985 में प्रस्तुत की। इस समिति ने पंचायतों की आर्थिक स्थिति, उनके चुनाव और कार्य-कलापों पर प्रकाश डालते हुए कहा कि राज्य सरकारें लोकतांत्रिक विकेंद्रीकरण की प्रक्रिया के प्रति उदासीनता रही हैं। अधिकांश राज्यों में पंचायतें शक्ति व अधिकार तथा संसाधनों के अभाव में निष्प्रभावी होती जा रही है। समिति ने पंचायतों को मजबूत करने के लिए निम्न सुझाव दिए:[17]

1. योजनाएं तैयार करने, निर्णय लेने व उसे लागू करने का कार्य पंचायतों को सौंपा जाए क्योंकि वे जनता के अधिक निकट हैं। राज्य की शक्ति को जिला स्तर पर पंचायतों को सौंपना आवश्यक है।
2. समिति का मत था कि जिला स्तर पर विशेष रूप से विकेंद्रीकरण किया जाना चाहिए। जिला परिषद के एक सदस्य को 30,000 से 40,000 की जनसंख्या का प्रतिनिधित्व करना चाहिए। बैंकों, शहरी स्थानीय स्वायत्त संस्थाओं के प्रतिनिधि, विधान सभाओं के सदस्य व सांसद भी इसमें सहयोजित होने चाहिए। समाज के कमजोर वर्ग व महिलाओं का इनमें पर्याप्त प्रतिनिधित्व होना चाहिए। इसका कार्यकाल 8 साल का होना चाहिए। कार्यकाल समाप्त होते ही चुनाव कराना चाहिए। विशेष परिस्थिति में यदि

उनका कार्यकाल बढ़ाया भी जाए तो वह 6 महीने से अधिक नहीं होना चाहिए।

3. जिला स्तर के सभी कार्यालय स्पष्ट रूप से जिला परिषद के अधीन होने चाहिए। कृषि, पशुपालन, सहकारिता, लघु सिंचाई, प्राथमिक व प्रौढ़ शिक्षा, लोक स्वास्थ्य, ग्रामीण जल की आपूर्ति, जिले की सड़कें, लघु व ग्रामोद्योग, अनुसूचित जाति व अनुसूचित जनजाति का कल्याण, समाज व महिला कल्याण और सामाजिक वनपालन जिला परिषदों को दे देने चाहिए।
4. कार्य संपादन के लिए जिला परिषदों की विभिन्न समितियाँ गठित की जानी चाहिए।
5. राज्य सरकारों द्वारा दी जानेवाली धनराशि को निर्धारित करने का काम वित्त आयोग को दिया जाना चाहिए, जिसकी नियुक्ति हर पाँच साल बाद होनी चाहिए। जिला स्तर पर वित्त पर्याप्त मात्रा में उपलब्ध होता रहे, इसके लिए मुख्यमंत्री की अध्यक्षता में राज्य विकास परिषद् का गठन होना चाहिए। राज्य सरकार में सभी मंत्री व जिला परिषदों के अध्यक्ष इस समिति के सदस्य होने चाहिए तथा विकास आयुक्त को इसका सचिव होना चाहिए।
6. जिला स्तर से नीचे पंचायत समिति या मंडल पंचायतें गठित की जानी चाहिए और इनका गठन व संरचना जिला परिषद जैसी ही होनी चाहिए। प्रत्येक गांव में ग्राम सभा हो, यह बात भी समिति ने कही।
7. पंचायत समिति या ग्राम व मंडल पंचायत स्तर पर बच्चों, महिलाओं व प्रौढ़ों के कल्याण के लिए एक उपसमिति का गठन होना चाहिए जिसके सदस्य मुख्यत: महिलाएं होनी चाहिए।
8. जो विभिन्न समाजसेवी संस्थाएं ग्रामों में कार्य कर रही है, पंचायतों को विभिन्न समितियों के माध्यम से उनकी सेवाएं लेनी चाहिए।

इस प्रकार इस समिति ने पंचायतों को लोकतांत्रिक विकेंद्रीकरण की संस्थाएं बनाने के लिए कई ठोस सुझाव सरकार को दिए।

एस. आर. सरकारिया आयोग की रिपोर्ट

इस बीच केंद्र-राज्य संबंधों की समीक्षा के लिए केंद्र सरकार ने सरकारिया आयोग का गठन किया। इस आयोग ने भी केंद्र तथा राज्यों

के संबंध की जांच करने के क्रम में पंचायतों की बिगड़ती स्थिति पर चिंता व्यक्त की। पंचायतों के संबंध में इस आयोग की मुख्य सिफारिश यह थी कि इन संस्थाओं को मजबूत बनाया जाना चाहिए।

एल. एम. सिंघवी की रिपोर्ट

16 जून 1986 को पंचायती राज संबंधी संकल्पना प्रपत्र तैयार करने के लिए ग्रामीण विकास विभाग, भारत सरकार ने एल. एम. सिंघवी की अध्यक्षता में एक समिति गठित की। समिति ने अपनी रिपोर्ट 27, नवम्बर 1986 को प्रस्तुत की। इस समिति ने पंचायतों का अवलोकन व मूल्यांकन करने के बाद पंचायती राज व्यवस्था को पुनर्जीवित करने के लिए विभिन्न सिफारिशें की। इस समिति की प्रमुख सिफारिश यह थी कि पंचायती राज प्रणाली के कुछ पहलुओं को संवैधानिक दर्जा दिया जाना चाहिए ताकि इन्हें राजनीतिज्ञों व नौकरशाही के हस्तक्षेप से दूर रखा जा सकें। इसने न्याय पंचायतों के गठन की सिफारिश भी की। समिति ने पहली बार पंचायतों से संबंधित संविधान संशोधन विधेयक का मसौदा भी तैयार किया। इस समिति का नजरिया यह था कि पंचायतों को एक ऐसे समग्र संस्थागत ढांचे के रूप में संगठित किया जाना चाहिए जिसका आधार नीचे से ऊपर की ओर उन्मुख लोकतांत्रिक विकेंद्रीकरण हो। इसमें निहित उद्देश्य यह था कि जनता इन स्वशासन की संस्थाओं के माध्यम से विकेंद्रीकृत शासन, योजना तथा विकास की प्रक्रिया में सक्रिय भागीदार बन सकें।[18]

आजादी के बाद 1957 में बलवंतराय मेहता समिति की रिपोर्ट में पंचायतों की लोकतांत्रिक विकेंद्रीकृत शासन की संस्थाएं बनाने की बात कही गई। लेकिन समिति ने पंचायतों को ग्रामीण विकास का साधन मात्र समझा। इसके 21 साल बाद अशोक मेहता समिति ने पंचायतों को राजनैतिक संस्थाओं का रूप दिया क्योंकि वह इस सोच से परिचालित थी कि कुल मिलाकर योजना एवं विकास राजनैतिक प्रक्रिया का ही अंग है। राव समिति ने अशोक मेहता समिति की बात को दोहराया तथा पंचायतों को संगठनात्मक एवं वित्तीय आधार पर मजबूत करने की बात कही। अंततः विभिन्न समितियों की सिफारिशों से इस निष्कर्ष पर पहुंचा गया कि बिना संविधान संशोधन के पंचायतों को प्रभावी नहीं बनाया जा सकता। इसीलिए सिंघवी समिति ने पंचायतों को संवैधानिक संरक्षण देने की बात कही जिसे सरकार ने मान लिया।

पंचायती राज विधेयक
(64वां संविधान संशोधन विधेयक 1989)

पंचायती राज के सम्बन्ध में सुधार हेतु गठित सभी समितियों की एकमेव राय थी कि पंचायतों का चुनाव नियमित रूप से निर्धारित समय पर हो। किन्तु इसकी सबसे बड़ी समस्या संवैधानिक समस्या थी। लोकतंत्र की इस जड़ के संवर्धन के लिए हमारे पास संवैधानिक इलाज का अभाव था। पंचायती राज, राज्य सरकारों की कृपा पर निर्भर था। यह निर्भरता अनेक कारणों से लोकतंत्र के लिए, पंचायती राज के लिए एवं भारत के सामाजिक-आर्थिक विकास के लिए हितकर नहीं थी। इस पर शीघ्र चिंता आवश्यक थी अन्यथा और अधिक विलम्ब से हमारी लोकतांत्रिक जड़ें सूख सकती थीं। किंतु इससे पहले कि हम अपनी लोकतांत्रिक जड़ों को मजबूत करें, अच्छा हो कि हम भारत के उन लोगों से भी विचार कर लें जो हमारी लोकतांत्रिक परम्परा के आवश्यक अंग है। इस विचार से प्रधानमंत्री श्री राजीव गांधी ने पंचायती राज संस्थाओं की समस्याओं पर व्यापक रूप से विचार-विमर्श किया। यह विचार-विमर्श की प्रक्रिया इतनी व्यापक पैमाने पर हुई कि अब तक का इस सम्बन्ध में सारा रिकार्ड पीछे छूट गया। राज्यों के पंचायतों के जनप्रतिनिधियों, नौकरशाहों, मुख्यमंत्रियों से खुले रूप में विचार आमंत्रित किये गये।

जनवरी, 1989 में आयोजित पंचायती राज सम्मेलन में विचार-विमर्श की प्रक्रिया में यह बात सामने आई कि पंचायती राज संस्थाओं के नियमित चुनाव आयोग के माध्यम से कराए जाने चाहिए एवं पंचायती राज संस्थाओं को संवैधानिक दर्जा दिया जाना चाहिए। पंचायती राज सम्मेलन के माध्यम से प्रधानमंत्री लगभग 8 हजार अनुभवशील व्यक्तियों से चर्चा के उपरान्त इस निष्कर्ष पर पहुँचे कि पंचायती राज संस्थाओं में नियमित चुनाव हों, इसके लिए जरूरी है कि पंचायती राज संस्थाओं को संवैधानिक दर्जा मिले।[19] जिस प्रकार से विधानसभाओं और लोकसभा के चुनाव निर्धारित अवधि में करने की संवैधानिक अनिवार्यता है वैसी ही व्यवस्था पंचायती राज संस्थाओं के चुनाव के सम्बन्ध में भी होनी चाहिए संविधान संशोधन विधेयक 64 वां में पंचायती राज संस्थाओं को

संवैधानिक दर्जा मिले, इस आशय से अनच्छेद 243 (घ) में पंचायती राज संस्थाओं के नियमित चुनाव का प्रावधान किया गया।

64वां संविधान संशोधन विधेयक पंचायती राज संस्थाओं के नियमित निर्वाचन के संबंध में राजीव गांधी का कथन है कि - "अब हम पंचायतों में लोकतंत्र को वही पवित्रता प्रदान करेंगे जो संसद और विधानमंडलों को प्राप्त है, तो हम लोकतांत्रिक संस्थाओं में भाग लेने हेतु करीब 7 लाख चुने हुए प्रतिनिधियों के लिए दरवाजा खोलेंगे। लोकतंत्र में लोगों की भागीदारी करीब 125 गुना बढ़ जाएगी।"[20] इस व्यवस्था से निःसंदेह भारतीय लोकतंत्र का आधार और अधिक सुदृढ़ होगा और हम लोकतांत्रिक परम्पराओं के और अधिक समीप होंगे।

पंचायती राज संस्थाएं अर्थाभाव के कारण निष्क्रिय हो गई थी। निष्प्राणित पंचायती राज संस्थाओं से ग्रामीण विकास की आशा रखना व्यर्थ सिद्ध हो रहा था। पर्याप्त आय के स्रोतों के अभाव में पंचायती राज संस्थाएं विकास के मार्ग में सहभागिता के आधार पर अपना पग बढ़ाने में असमर्थ हो गई थी। आर्थिक समस्या ने पंचायती राज सस्थाओं की जड़ें हिलाकर रख दी। उत्तरप्रदेश जैसे विशाल राज्य में पंचायती राज संस्थाओं की प्रति व्यक्ति आय 1.32 रूपया थी (मध्यप्रदेश की दशा भी अत्यन्त चिंतनीय थी जहां पंचायती राज संस्थाओं की प्रति व्यक्ति आय 0.59 रूपया थी। जो अन्य राज्यों की तुलना में सर्वाधिक कम थीं।

पंचायती राज संस्थाओं की ग्रामीण विकास में सहभागिता के लिए यह आवश्यक था कि उसके आर्थिक स्रोतों के साधनों की व्यवस्था की जाय। संविधान संशोधन विधेयक 64वां में पंचायती राज संस्थाओं की वित्तीय स्थिति के पुनर्विलोकन के लिए संविधान के अनुच्छेद 243 में वित्त आयोग के गठन का प्रावधान कर राज्यों के राज्यपाल से यह आशा की गई कि वे - "दो वर्ष के भीतर यथाशक्ति शीघ्र और उसके पश्चात् प्रत्येक पाँच वर्ष के अवसान पर पंचायतों की वित्तीय स्थिति का पुनर्विलोकन करने के लिए वित्त आयोग का गठन करेगा। राज्यपाल का दायित्व होगा कि वह वित्त आयोग की सिफारिशों, कार्यवाहियों की जानकारी राज्य विधानमंडलों को देगा।"

72वें विधेयक में पंचायती राज संस्थाओं की बीमार आर्थिक स्थिति के उपचार हेतु कर अधिरोपित करने की इच्छा से और पंचायतों की निधियों के सम्बन्ध में अनुच्छेद 243 ज में निम्न प्रकार से उल्लेखित है।

243 ज – राज्य का विधानमंडल, विधि द्वारा-

(क) ऐसी प्रक्रिया के अनुसार और ऐसी सीमाओं के अधीन रहते हुए ऐसे कर, शुल्क, पथकर और फीस, उद्गृहित, संग्रहीत और विनियोजित करने के लिए पंचायत को प्राधिकृत कर सकेगा।

(ख) ऐसे प्रयोजनों के लिए और ऐसी शर्तो तथा सीमाओं के अधीन रहते हुए, राज्य सरकार द्वारा उद्ग्रहीत और संग्रहीत ऐसे कर, शुल्क, पथकर और फीसें किसी, पंचायत को समनुदेशित कर सकेगा।

(ग) पंचायतों के लिए राज्य की संचित निधि में से ऐसे सहायता अनुदान देने के लिए उपंबध कर सकेगाा, और

(घ) पंचायतों द्वारा या उनकी ओर से प्राप्त सभी धनों के जमा करने के लिए ऐसी निधियों का गठन तथा ऐसी निधियों में से धन का प्रत्याहरण करने के लिए भी उपबंध कर सकेगा।

वित्तीय स्थिति के पुनर्विलोकन के लिए 243 झ में वित्त आयोग के गठन का प्रावधान किया गया जिसमें राज्यपाल संविधान (72वां संशोधन) अधिनियम, 1991 के प्रारम्भ से एक वर्ष के भीतर, यथाशक्ति शीघ्र, और उसके पश्चात् प्रत्येक 5 वर्ष के अवसान तक, पंचायतों की वित्तीय स्थिति का पुनर्विलोकन करने के लिए और राज्यपाल को सिफारिश करने के लिए एक वित्त आयोग का गठन करेगा। इन संशोधनों से पंचायती राज संस्थाओं की दयनीय आर्थिक स्थिति में सुधार की सम्भावना बढ़ गई।

पंचायती राज संस्थाएं, जो अन्य कारणों के साथ-साथ आर्थिक कारणों से भी निष्क्रिय हो चली थी। पंचायती राज संस्थाएं ब्रिटिश सरकार के कार्यकाल में भी आर्थिक एवं सामाजिक न्याय के क्षेत्र में निष्प्राण हो गई थीं उनमें प्राण फूँकने के उद्देश्य से 72 वें संशोधन विधेयक में 64वें विधेयक की भांति ग्यारहवीं अनुसूची में आर्थिक विकास, सामाजिक न्याय की योजनाओं को शामिल किया गया।

महिलाओं के लिए आरक्षण

इस संविधान संशोधन विधेयक की एक महत्त्वपूर्ण विशेषता है कि पंचायती राज संस्थाओं में महिलाओं के लिए 30 प्रतिशत आरक्षण की सुविधा। महिलाओं के आरक्षण की आवश्यकता पर श्री राजीव गांधी का

दृष्टिकोण है कि – "तीन प्रमुख कारणों से यह संवैधानिक परिवर्तन आवश्यक है–

1. महिलाओं की संख्या हमारी जनसंख्या की आधी है और ग्रामीण क्षेत्रों में आधे से अधिक आर्थिक कार्यो में लगी हैं।
2. परम्परागत रूप से सुदृढ़ घरेलू अर्थ–व्यवस्था की जिम्मेदारी महिला पर रही है।
3. माता और दादी के रूप में भारतीय महिलाएं हमारी संस्कृति और परम्परागत धरोहर की वाहक रही है।"[21]

इससे महिलाओं की पंचायती राज संस्थाओं की गतिविधियों में भागीदारी बढ़ेगी, एवं वे आर्थिक विकास एवं सामाजिक न्याय के क्षेत्र में महत्त्वपूर्ण भूमिका निभा सकेंगी। आज पुरुषों एवं महिलाओं को समान रूप से देखा जा रहा है। ऐसी स्थिति में यह आवश्यक भी है कि विकास की प्रक्रिया में उन्हें साथ लेकर चला जाय। खासकर पंचायती राज संस्थाओं में जहां की आबादी की आधे से अधिक महिलाएं आर्थिक कार्यो में संलग्न है वहां यह व्यवस्था अत्यंत जरूरी है कि उन्हें भी सामाजिक–आर्थिक विकास की मुख्य धारा से जुड़ने के लिए पंचायती राज संस्थाओं में उचित प्रतिनिधित्व दिया जाए।

आर्थिक विकास एवं सामाजिक न्याय के सम्बन्ध में राजीव गांधीजी का कथन है कि "हमें लोकनियोजन की प्रक्रिया का शुभारम्भ करना चाहिए। हमारा विधेयक मात्र आर्थिक विकास के लिए नियोजन तक सीमित नहीं है, यह पंचायतों को सामाजिक न्याय के लिए नियोजन की ओर भारी जिम्मेदारी देता है।" आगे ग्रामीण जीवन के कठोर एवं कष्टमय जीवन का उल्लेख करते हुए उन्होंने कहा कि – "सत्ता के दलालों को सत्ता के ठिकानों से निकाल बाहर करने और पंचायतों को जनता को वापस सौंपने के लिए हम जनप्रतिनिधियों पर गम्भीर दायित्व डालते हैं कि वे सबसे पहले और सबसे ज्यादा ध्यान सबसे गरीब, सबसे वंचित और सबसे अधिक जरूरतमंद लोगो पर दें।"[32]

64वां संविधान संशोधन विधेयक को लेकर दो तरह की चर्चाएं सामने आई। पहली चर्चा में वे लोग शामिल है जो इससे ग्रामीण जीवन को सामाजिक, आर्थिक लाभ मिलने की आशा रखते हैं। वे इस संशोधन में निहित सत्ता के विकेंद्रीकरण, लोकतांत्रिक व्यवस्था को सुदृढ़ता प्रदान करने वाले नियमित चुनाव का प्रावधान, निचले स्तर पर लोकतंत्र का पुनर्गठन, महिलाओं उत्थान हेतु 30 प्रतिशत आरक्षण, अनुसूचित जाति

एवं जनजातियों के उचित प्रतिनिधित्व हेतु आरक्षण, पंचायती राज व्यवस्था के कुशल संचालन के लिए आवश्यक वित्त प्रबंध एवं आर्थिक विकास - सामाजिक न्याय के लिए ग्यारहवीं अनुसूची में जोड़े गए विषयों से काफी आशान्वित हुए, उन्हें लगा कि ये विषय विगत लम्बे अरसे से निष्क्रिय पंचायती राज संस्थाओं को पुनर्जीवन प्रदान कर निर्धनता, उन्मूलन कार्यक्रमों के माध्यम से ग्रामीण जीवन में नयी स्फूर्ति और नयी उमंग लाएगी। इस संविधान संशोधन विधेयक से हमारा ग्रामीण भारत अनेक सामाजिक-आर्थिक संकटों से मुक्त होने का गतिशील प्रयत्न करेगा।

दूसरी तरह की चर्चा में वे लोग शामिल है जिन्हे भय है कि इस संशोधन से केंद्र को सीधा हस्तक्षेप करने का मौका मिलेगा, और वह राज्यों के कार्यों में हस्तक्षेप करेगा इससे केन्द्रीकरण की प्रवृति को बढ़ावा मिलेगा, जोकि लोकतांत्रिक प्रक्रिया के प्रतिकूल है। उनका आशय है, केंद्र द्वारा सुनियोजित ढंग से राज्य सरकारों के अधिकारों पर हमला है। इसके सम्बन्ध में श्री राजीव गांधी का कहना है - ''हममें से केवल उन लोगों के बीच विवाद है जो लोगों को शक्तिशाली बनाना चाहते है और वे राजनीतिक शक्तियाँ, जो यह चाहती है कि उन सामंती अल्पतंत्रों, तथा सत्ता के दलालों के गुटों के हाथ में सत्ता बनी रहे जिनका वे प्रतिनिधित्व करते है।'' आगे उन्होंने केंद्र-राज्य टकराव के प्रश्न पर कहा कि - ''यह केंद्र के अधिकारों तथा राज्य के अधिकारों के टकराव का सवाल नहीं है। यह सवाल लोगों के अधिकारों का है।''

64वां संविधान विधेयक पंचायती राज संस्थाओं के माध्यम से ग्रामीण भारत की सामाजिक, आर्थिक पृष्ठभूमि को संवारने के लिए, एवं उन लाखों-करोड़ों को उनका अधिकार और सामाजिक-आर्थिक सुरक्षा प्रदान करना हैं, जो ग्रामीण भारत के नाम से जाना जाता है।

नेहरूजी ने पंचायती राज का श्री गणेश करते समय नागौर में 2 अक्टूबर,1959 को कहा था - ''लाखों गाँवों के स्तर को ऊंचा उठाना कोई आसान काम नहीं है। धीमी प्रगति का कारण सरकारी तंत्र पर हमारी निर्भरता है। एक अधिकारी शायद आवश्यक है क्योंकि वह एक विशेषज्ञ है लेकिन यह काम तभी सम्भव है जब लोग स्वयं अपने हाथों में यह जिम्मेदारी लें। लोगों से केवल परामर्श लेना ही पर्याप्त नहीं है अनके हाथों में प्रभावी शक्ति होनी चाहिए।'' 64वां संविधान संशोधन विधेयक नेहरूजी के इसी कथन की प्रतिध्वनि है जैसा कि श्री राजीव गांधीजी ने इस विधेयक को ''सत्ता जनता के हाथ'' की संज्ञा दी।

पंचायती राज की समस्याएं एवं 73वां संवैधानिक संशोधनः विकेन्द्रित नियोजन

जब तक गांवों में लोकतंत्र मजबूत नहीं होगा, तब तक हमारा लोकतंत्र भी मजबूत नहीं हो सकेगा। पिछले वर्षो में दलों की सीमाओं से ऊपर उठकर एक व्यापक आम सहमति उभरी है तथा यह माना गया कि ग्रामीण इलाकों का वास्तविक विकास केवल विकेद्रित नियोजन और क्रियान्वयन के जरिये ही हो सकता है तथा इसके लिए स्थानीय जनता का पूरा-पूरा सहयोग जरूरी है। इस उद्देश्य की प्राप्ति के लिए पंचायती राज संस्थानों को अधिकार प्रदान करने व वित्तीय संसाधन उपलब्ध कराने के लिए नरसिंह राव सरकार ने वचनबद्वता दोहराई, ताकि राष्ट्रीय निमार्ण और विकास में लोगों की अधिकतम भागीदारी संभव हो सके।

स्थानीय निकायों का मामला राज्यों के अधिकार क्षेत्र में आता है इसीलिये सरकार ने संविधान संशोधन करते समय अपने को केवल इन निकायों के थोड़े से, परन्तु बुनियादी पहलुओं तक ही सीमित रखा। राज्यों को प्रदान किये गये अधिकारों में दखलंदाजी करने का उसका कोई इरादा नहीं था। ''हमने तो इस दिशा में एक शुरूआत भर की है, प्रमुख उत्तरदायित्व राज्य सरकारों का ही है। उन्हें ही निर्णय करना होगा कि ग्राम पंचायतों तथा अन्य स्थानीय प्राधिकरणों को और क्या अधिकार प्रदान किये जाएं विभिन्नताओं वाले इस देश में कोई कड़ी या समान पद्धति थोपना नहीं चाहते।''[23] निश्चित ही, संशोधन द्वारा कुछ प्राथमिक नियम तय किये गये जो स्थानीय शासन का आधारभूत ढांचा या केन्द्रीय विशेषताएं बने। इन नियमों में एक स्पष्ट अवधि, लम्बी अवधि तक बर्खास्तगी के रूप में बाहरी हस्तक्षेप से सुरक्षा, नियमित चुनावों का प्रावधान, समाज के कमजोर वर्गो व महिलाओं के उचित और सार्थक प्रतिनिधित्व तथा अधिकार, शक्तियां व पर्याप्त वित्तीय साधन प्रदान करने को शामिल किया गया। बाकी काम पूरी तरह राज्यों पर छोड़ दिया गया।

पंचायत चुनाव

पंचायती राज संस्थाओं के विकास में आने वाली एक प्रमुख रूकावट एक निश्चित अवधि के भीतर नियमित और नियतकलिक

चुनावों का न होना रही है। इसलिए, इन संस्थाओं का कार्यकाल अनिश्चित रहा है। इसीलिए, पांच वर्ष की समान अवधि का प्रावधान किया गया तथा इस अवधि की समाप्ति से पूर्व चुनाव कराना अनिवार्य कर दिया गया। किसी भी कारण से ऐसी संस्थाओं के भंग हो जाने की दशा में राज्यों के लिए आवश्यक कर दिया गया कि नई संस्था के गठन के लिए छह महीनों के भीतर चुनाव करवाएं। इससे इन संस्थाओं को स्थायित्व और बल मिलेगाा तथा यह प्रभावशाली व मजबूत जनसंस्थानों के रूप में अपने आप को स्थापित कर पायेंगी। अधिनियम में वर्तमान में लागू किसी भी कानून में संशोधन करके पंचायतों को कार्यकाल पूरा होने से पूर्व ही भंग किए जाने पर रोक लगा दी गई। इस प्रकार, ये संस्थाएं सामान्य रूप से पांच वर्ष का अपना कार्यकाल पूरा कर पायेंगी।

समाज के कमजोर वर्गो की वास्तविक व सार्थक भागीदार सुनिश्चित करने के लिए, अधिनियम में इन संस्थाओं में सभी तीनों स्तरों पर अनुसूचित जातियों व अनुसूचित जनजातियों के लिए उनकी जनसंख्या के अनुपात में आरक्षण का प्रावधान है। केवल सदस्य बने रहना कोई अर्थ नहीं रखता। इसीलिए, इस अधिनियम में अध्यक्ष पद के लिए भी इन वर्गो के लिए राज्यों में इनकी जनसंख्या के आधार पर आरक्षण की व्यवस्था है। यह एक अनूठा प्रावधान है तथा स्थानीय स्तर पर निर्णय करने में इन कमजोर वर्गो को उचित प्रतिनिधित्व देने में यह प्रावधान अत्यंत ही प्रभावशाली सिद्व होगा।

हमारी आधी जनसंख्या महिलाओं की है। स्थानीय मामलों में उन्हें भागीदारी का अवसर प्रदान करनें के लिए अध्यक्षों के कम से कम एक तिहाई पद उनके लिए आरक्षित रखे गए हैं। इन प्रावधानों से स्थानीय निकायों की संरचना में गुणात्मक परिवर्तन आयेगा। तथा साथ ही ये महिलाओं व कमजोर वर्गो को प्रगति व विकास में बराबर का हिस्सेदार बना पायेंगे।

एक मजबूत वित्तीय आधार प्रदान करना

पंचायती राज संस्थानों का महत्व तब ही बढ़ सकता है जब उनके पास एक मजबूत वित्तीय आधार हो, जो उनको प्रदत्त अधिकारों व शक्तियों से मेल खाता हो और फिर, ये वित्तीय संसाधन इन संस्थानों को अधिकार के रूप में मिलने चाहिए। इसी उद्देश्य से इस अधिनियम में

अनिवार्य रूप से वित्तीय हस्तांतरण प्रणाली की व्यवस्था की गई है। एक वर्ष के भीतर राज्य वित्त आयोग गठित करना होगा। तत्पश्चात्, हर पांच साल की अवधि में इनका पुनर्गठन किया जायेगा। इन आयोगों का काम पंचायतों की वित्तीय स्थिति की समीक्षा करना और इन संस्थाओं के संसाधन-आधार को मजबूत बनाने के लिए सिफारिशें करना होगा। राज्य वित्त आयोग की स्थापना के लिए राज्यों को तत्काल कदम उठाने के लिए कहा गया ताकि इन संस्थाओं को पर्याप्त वित्तीय संसाधनों के बारे में आश्वस्त करने की प्रक्रिया शुरू हो सके।

लोकतंत्र में स्वतंत्र और निष्पक्ष चुनाव, किसी भी समस्या के प्रति लोगों में विश्वास व सम्मान पैदा करने का एक महत्वपूर्ण कदम हुआ करते है। इसलिए राज्यों में एक निर्वाचन आयुक्त की व्यवस्था की गई जो निर्वाचन संबंधी कामों की देखरेख, निदेशन व नियंत्रण करेगा और मतदाता सूचियां तैयार कराएगा तथा सभी पंचायत चुनाव कराएगा। धारा 244 के अंतर्गत आने वाले अधिसूचित व जनजातीय क्षेत्रों, नागालैण्ड, मेघालय व मिजोरम राज्यों तथा मणीपुर के पर्वतीय इलाकों जैसे कुछ विशेष क्षेत्रों की मौजूदा व्यवस्था को न छेड़ने के लिए पर्याप्त सावधानी बरती है। फिर भी यदि कोई राज्य अपने अधिसूचित इलाकों में पंचायती राज के प्रावधान लागू करना चाहता है, तो यह स्वागत योग्य होगा। इसी प्रकार नागालैण्ड, मेघालय और मिजोरम राज्यों को भी इस अधिनियम के प्रावधानों को लागू करने का अधिकार दिया गया है।

समयबद्ध कार्यवाही की आवश्यकता

इस संविधान संशोधन अधिनियम के जरिये "हम पंचायती राज संस्थाओं का पुनर्गठन करना चाहते है तथा उन्हें मजबूत व जीवंत बनाना चाहते हैं, ताकि यह हमारी लोकतांत्रिक प्रक्रिया का एक स्वाभविक हिस्सा बन जाएं"। इसके लिए इन्हें उपयुक्त संवैधानिक दर्जा व मान्यता प्रदान की गई हैं। संविधान संशोधन अधिनियम का उद्देश्य पंचायती राज संस्थाओं के लिए एक ढांचा तय करना है। "काफी कुछ करने को बचा है तथ इसमें से अधिकांश काम राज्य सरकारों को ही करना है। इन संस्थाओं का पुनर्गठन व इन्हें मजबूत करने का काम मात्र कानून बना देने से पूरा नहीं हो जायेगा, बल्कि इसके लिए तो हमें अपनी सोच में व अपने दृष्टिकोण में बदलाव लाना पड़ेगा। संविधान संशोधन

अधिनियम तो शुरूआत मात्र है तथा यह लोकतांत्रिक विकन्द्रीकरण के प्रति सरकार की गंभीरता और वचनबद्वता का प्रतीक है।''[24]

नियमित प्रशिक्षण

चूंकि इन संस्थाओं में अधिकांश सदस्य समाज के कमजोर वर्गो से आयेंगे, इसलिए जरूरी है कि उन्हें अनकी भूमिका, दायित्वों और पंचायती राज्य संस्थाओं के पीछे की भावना के बारे में व्यापक प्रशिक्षण दिया जाये। उन्हें सरकार के और इन संस्थाओं की कार्य पद्वतियों, नियमों और कामकाज को समझना पड़ेगा ताकि वे प्रभावशाली ढंगा से अपनी भूमिका निभा सकें। ऐसा नहीं होना चाहिए कि एक बार प्रशिक्षण दिया और छुट्टी हो गयी, बल्कि प्रशिक्षण तो नियमित अंतरालों पर देते रहना चाहिए ताकि उनको नवीनतम जानकारी व कौशल प्राप्त होता रहे। राज्यों को स्थिति का जायजा लेना होगा तथा पंचायती राज के सरकारी व गैर-सरकारी दोनों ही प्रकार के कार्यकर्ताओं के लिए प्रशिक्षण का प्रावधान करना होगा। ग्रामीण विकास मंत्रालय को दायित्व सौंपा गया कि वह भी कार्यकर्ताओं के लिए एक गहन प्रशिक्षण कार्यक्रम तैयार करे तथा वह राज्यों को इस दिशा में उनके प्रयासों में यथोचित मदद करे। संवैधानिक संशोधन ने एक नई स्पष्ट दिशा प्रदान की। ''ग्रामीण विकास के प्रधान माध्यम के रूप में पंचायती राज संस्थाओं का सफल होना आवश्यक है। उनकी सफलता के लिए राजनीतिक इच्छा शक्ति का प्रदर्शन तो केन्द्र स्तर पर संविधान संशोधन विधेयक को लगभग पूर्ण बहुमत से स्वीकार करके हो ही चुका है। आशा है कि राज्य भी इसका अनुसरण करगें।''[25]

पंचायती राज संस्थाओं के लिए निर्वाचित प्रतिनिधियों को उचित मार्गदर्शन प्रदान करने का काफी कुछ दायित्व राष्ट्रीय व राज्य स्तरों के राजनीतिक नेताओं पर शेष रहेगा। शासन व्यवस्था और नौकरशाही की सही जानकारी व मूल्यांकन द्वारा पंचायती राज संस्थाएं, स्थानीय स्व-शासन की सशक्त माध्यम सिद्व हो सकती हैं। आठवीं योजना के दौरान किए जाने वाले विभिन्न विकास कार्यक्रमों को पंचायती राज संस्थाओं के माध्यम से ही पूरा कराना होगा। निचले स्तर पर संगठनों को नियोजन व क्रियान्वयन दोनों ही कामों में सक्रिय रूप से शामिल करने से ग्रामीण

भारत की तस्वीर बदलेगी तथा सार्वजनिक न्याय पर आधारित प्रगति का संजोया सपना पूरा होगा, ऐसी आशा संवैधानिक संशोधन के प्रणेताओं ने व्यक्त की थी।

विचारणीय मुद्दे

दरअसल, भारतीय शासन व्यवस्था की गुणवत्ता इस बात से नहीं बढ़ी कि चालीस वर्षो के बाद, केन्द्र सरकार और संसद द्वारा एक ऐसा कानून बनाने व उसे लागू करने का काम उसे अपने हाथ में लेना पड़ा, जो वास्तव में सही मायनों में राज्यों का काम है। इससे न तो केन्द्र की ही छवि उज्जवल होती है और न ही राज्यों की। ऐसा क्यों है कि भारत के संविधान में कहना पड़ रहा है कि विधान सभाओं और संसद की भांति पंचायतों में भी हर पांच साल में चुनाव करवाने होंगे? ऐसा तो नहीं सोचा गया था। यदि कोई राज्य तीन सालों में चुनाव कराना चाहे तो कौन उसे रोकता था। परंतु ऐसा किया क्यों? कुछ राज्यों ने तो चुनाव कराए ही नहीं। तय तो यह करना था कि चुनाव तीन सालों में करायें जायें या पांच में या फिर सात साल में, लेकिन यह तो नहीं तय करना था कि चुनाव कराये जायें या न कराये जायें या फिर एक बार चुनाव करायें जायें और अगले 20 वर्षो तक चुनावों का नाम ही न लिया जाए। इसीलिए कहीं न कहीं तो गड़बड़ हुई।

राज्य स्तर पर किसी व्यक्ति की बात नहीं है बल्कि कानूनों के साथ इस हद की छूट ली गई कि उन्हें निष्क्रिय ही बना दिया। कुछ कठिनाई आई, बाढ़ आई, सूखा पड़ा, यहां-वहां इक्का-दुक्का घटना घटी, कुछ दंगा-फसाद हुआ और परिणाम हुआ पंचायत चुनावों को टालने का। विधानसभा या संसद के चुनावों के साथ तो आप इतनी छूट नहीं लेते। इसलिए इसके लिए राज्य स्तर की कोई न कोई घटना या चूक ही जिम्मेदार है। वे सभी दोषी है यह एक सच्चाई है और हमें इसे स्वीकार कर लेना चाहिए।

एक संघीय संविधान में केन्द्र और राज्यों, संसद और विधानसभाओं के बीच एक बढ़िया संतुलन होता है। सरकारिया आयोग ने इस पर बड़ी बारीकी से विचार किया। यदि यह संतुलन किसी भी कारण से या किसी भी स्तर पर जरा-सा भी गड़बड़ाता है तो बावेला मच जाता है और ऐसा होना स्वाभाविक भी है। वित्तीय मामले, केन्द्रीय योजनाएं, कई

ऐसे मामले हैं जिनमें केंद्र का राज्य सरकारों से केवल विरोध ही मिलता है, और सही भी है। लेकिन जब राज्य सरकारों ने पंद्रह सालों से या बीस सालों से चुनाव नहीं कराये या फिर कभी भी चुनाव कराए ही नहीं, तब वे इसका विरोध क्यों नहीं करती हैं। यदि उन्होंने कुछ किया हो तो विरोध करें भी। इसलिए चूक तो स्पष्ट थी, और इसमें संदेह की रत्ती भर भी गुंजाइश नहीं थी। इसलिए जब इस मसले को केन्द्र ने लिया तब उनके पास कहने को कुछ था ही नहीं।[26]

73वां संवैधानिक संशोधनः ग्राम स्वराज की दिशा में महत्वपूर्ण कदम

भारतीय संविधान में 73वां ता 74वां संवैधानिक संशोधन भारतीय राजनीति की संरचात्मक व्यवस्था में बहुत बड़ी क्रान्ति के द्योतक हैं। तत्कालीन भारतीय सरकारों द्वारा दल संवैधानिक संशोधनों के पारित करवाये जाने सम्बन्धी किये गये सभी प्रयास अभिनन्दनीय और धरातल से जुड़े (तृणमूल) लोकतंत्र के प्रति उनकी आस्था के प्रतीक हैं। इन संशोधन अधिनियमों से भारतीय राजनीतिक व्यवस्था के वर्तमान ढ़ांचे, संरचना एवम् कार्यकलापों में महत्वपूर्ण परिवर्तन एवम् सुधार होगे, ऐसी आशा थी। इनसे देश में लोकतंत्र की नींव मजबूत होगी क्योंकि अभी तक पिछले पाँच दशकों में शासन सत्ता का प्रवाह ऊपर से नीचे की ओर ही रहा है जबकि सच्चे लोकतंत्र की सफलता के लिए शासन सत्ता का प्रवाह नीचे से ऊपर की ओर होना चाहिए। ये संवैधानिक संशोधन शासन-सत्ता के नीचे से ऊपर की ओर प्रवाह की दिशा में की जा रही पहल के परिचायक हैं। भारत जैसे विशाल देश में लोकतंत्र के सुचारू संचालन के लिए लोकसभा एवम् विधानसभाओं के लिए ही निर्वाचित प्रतिनिधि पर्याप्त नहीं है तथा शासन-सत्ता का प्रयोग केवल केंद्र तथा तथा राज्य सरकारों द्वारा ही हो, यह पर्याप्त नहीं है। लोकतंत्र को सामान्यजन के दरवाजे तक लाने के लिए आवश्यकता इस बात की है कि गांवों तथा नगरों के स्तर पर भी लोगों का प्रतिनिधित्व हो तथा ग्रामीण तथा नगरीय जन प्रतिनिधियों द्वारा स्थानीय स्तर पर स्थानीय लोगों के हित में स्थानीय कार्यो के सम्पादन हेतु शासन-सत्ता का प्रयोग हो। इस दिशा में 73वां संवैधानिक संशोधन उल्लेखनीय शुरूआत है।

73वां संवैधानिक संशोधन एवम् पंचायती राज संगठन संबंधी प्रावधानः

पी. वी. नरसिंहराव सरकार ने राजीव गांधी सरकार द्वारा तैयार पंचायती राज संस्थाओं से सम्बन्धित (64वें) विधेयक को 73वां संवैधानिक संशोधन अधिनियम के रूप में दिसम्बर 1992 में संसद से पारित करवा लिया। 73वां संवौधानिक संशोधन अधिनियम ने संविधान में एक नया अध्याय 9 जोड़ा है जिसका शीर्षक ''पंचायतें'' है। यह अध्याय पंचायतों से सम्बन्धित है तथा इसमें अनुच्छेद 243 और 243 (क) से 243 (ण) तक के अनुच्छेद शामिल हैं। यह अधिनियम 25 अप्रैल 1993 से प्रवृत हुआ है। इस अधिनियम के प्रमुख प्रावधान निम्नलिखित हैं :-

परिभाषाएं

73वं संवैधानिक संशोधन अधिनियम द्वारा निम्नांकित परिभाषाएं[27] वर्णित है :-

(क) ''जिला'' से किसी राज्य का जिला अभिप्रेत है।

(ख) ''ग्राम सभा'' से ग्राम स्तर पर पंचायत के क्षेत्र के भीतर समाविष्ट किसी ग्राम से संबंधित निर्वाचक नामावली में रजिस्ट्रीकृत व्यक्तियों से मिलकर बना निकाय अभिप्रेत है।

(ग) ''मध्यवर्ती स्तर'' से ग्राम और जिला स्तरों के बीच का ऐसा स्तर अभिप्रेत है जो किसी राज्य के राज्यपाल द्वारा इस भाग के प्रयोजनों के लिए, लोक अधिसूचना द्वारा, मध्यवर्ती स्तर विनिदिर्ष्ट किया जाए।

(घ) ''पंचायत'' से ग्रामीण क्षेत्रों के लिए अनुच्छेद 243ख के अधीन गठित स्वायत्त शासन की कोई संस्था (चाहे वह किसी भी नाम से ज्ञात हो) अभिप्रेत है।

(ड) ''पंचायत क्षेत्र'' से पचायत का प्रादेशिक क्षेत्र अभिप्रेत है।

(च) ''जनसंख्या'' से ऐसी अन्तिम पूर्ववर्ती जनगणना में अभिनिश्चित की गई जनसंख्या अभिप्रेत है जिसके सुसंगत आंकड़े प्रकाशित हो गए हैं।

(छ) ''ग्राम'' से राज्यपाल द्वारा इस भाग के प्रयोजनों के लिए, लोक अधिसूचना द्वारा, ग्राम के रूप में विनिर्दिष्ट ग्राम अभिप्रेत है और इसके अन्तर्गत इस प्रकार विनिर्दिष्ट ग्राम का समूह भी है।[28]

ग्राम सभा

अधिनियम में प्रावधान किया गया है कि ग्राम सभा, ग्राम स्तर पर ऐसी शक्तियों का प्रयोग और ऐसे कृत्यों का निर्वहन कर सकेगी, जो राज्य के विधान मंडल द्वारा, उपबंधित किए जाए।

पंचायतों का गठन

पंचायतों के गठन के सम्बन्ध में अधिनियम द्वारा उपबन्ध किया गया है कि -

(1) प्रत्येक राज्य में ग्राम, मध्यवर्ती और जिला स्तर पर इस भाग के उपबंधों के अनुसार पंचायतों का गठन किया जाएगा।[29]

(2) खंड (1) में किसी बात के होते हुए भी, मध्यवर्ती स्तर पर पंचायत का उस राज्य में गठन नहीं किया जाएगा जिसकी जनसंख्या बीस लाख से अधिक है।[30]

पंचायतों की संरचना

अधिनियम द्वारा प्रावधान किया गया है कि इस भाग के उपबंधों के अधीन रहते हुए, राज्य का विधानमंडल, विधि द्वारा पंचायतों की संरचना की बाबत उपबंध कर सकेगा, परंतु किसी भी स्तर पर पंचायत के प्रादेशिक क्षेत्र की जनसंख्या और ऐसी पंचायत में निर्वाचन द्वारा भरे जाने वाले स्थानो की संख्या के बीच अनुपात समस्त राज्य में, यथासाध्य, एक ही होगा।[31] पंचायत के सभी स्थान पंचायत क्षेत्र के प्रादेशिक निर्वाचन-क्षेत्रों से प्रत्यक्ष निर्वाचन द्वारा चुने गए व्यक्तियों से भरे जाएंगे और इस प्रयोजन के लिए, प्रत्येक निर्वाचन-क्षेत्र की जनसंख्या और उसकी आवंटित स्थानों की संख्या के बीच अनुपात समस्त पंचायत क्षेत्र में, यथासाध्य एक ही हो।[32] राज्य का विधान-मंडल, विधि द्वारा मध्यवर्ती व जिला स्तरीय पंचायतों में निम्नलिखित के प्रतिनिधित्व के लिए उपबंध कर सकेगा :- (अ) ग्राम स्तर पर पंचायतों के अध्यक्षों का

मध्यवर्ती स्तर पर पंचायतों में या ऐसे राज्य की दशा में जहाँ मध्यवर्ती स्तर पर पंचायत नहीं है, जिला स्तर पर पंचायतों में[33] (ब) मध्यवर्ती स्तर पर पंचायतों के अध्यक्षों का जिला स्तर पर पंचायतों में[34] (स) लोकसभा के सदस्यों और राज्य की विधान परिषद् के सदस्यों के, जो ऐसे निर्वाचन-क्षेत्रों का प्रतिनिधित्व करते है जिनमें ग्राम स्तर से भिन्न स्तर पर कोई पंचायत क्षेत्र पूर्णत: या भागत: समाविष्ट है, ऐसी पंचायत में[35] (द) राज्य सभा के सदस्यों और राज्य की विधान परिषद् के सदस्यों के, जहाँ वे – (i) मध्यवर्ती स्तर पर किसी पंचायत क्षेत्र के भीतर निर्वाचकों के रूप में रजिस्ट्रीकृत है, मध्यवर्ती स्तर पर पंचायत में, (ii) जिला स्तर पर किसी पंचायत क्षेत्र के भीतर निर्वाचकों के रूप में रजिस्ट्रीकृत है, जिला स्तर पर पंचायत में, प्रतिनिधित्व करने के लिए उपबंध कर सकेगा।[36]

अधिनियम में प्रावधान किया गया है कि किसी पंचायत के अध्यक्ष और पंचायत के ऐसे अन्य सदस्यों को पंचायतों के अधिवेशनों में मत देने का अधिकार होगा, जो पंचायत क्षेत्र के प्रादेशिक निर्वाचन-क्षेत्रों से, चाहे प्रत्यक्ष निर्वाचन द्वारा या अन्यथा, चुने गए है। अध्यक्षों के निर्वाचन के सम्बन्ध में उपबंध किया गया है कि ग्राम स्तर पर किसी पंचायत के अध्यक्ष का निर्वाचन ऐसी रीति से, जो राज्य के विधान-मंडल द्वारा, विधि द्वारा, उपबंधित की जाए, किया जाएगा, और मध्यवर्ती स्तर या जिला स्तर पर किसी पंचायत का अध्यक्ष, उसके निर्वाचित सदस्यों द्वारा अपने में से चुना जाएगा।[37]

स्थानों के आरक्षण

इस संवैधानिक संशोधन अधिनियम में प्रावधान किया गया है कि :-

(1) प्रत्येक पंचायत में अनुसूचित जातियों, और अनुसूचित जनजातियों, के लिए स्थान आरक्षित रहेंगे और इस प्रकार आरक्षित स्थानों की संख्या का अनुपात, उस पंचायत में प्रत्यक्ष निर्वाचन द्वारा भरे गए स्थानों की कुल संख्या में यथाशक्य वही होगा जो उस पंचायत क्षेत्र में अनुसूचित जातियों की अथवा उस पंचायत क्षेत्र में अनुसूचित जनजातियों की जनसंख्या का अनुपात उस क्षेत्र की कुल जनसंख्या से है और ऐसे स्थान किसी पंचायत में भिन्न-भिन्न निर्वाचन-क्षेत्रों को चक्रानुक्रम से आवंटित किए जा सकेंगे।[38]

(2) खंड (1) के अधीन आरक्षित स्थानों की कुल संख्या के एक तिहाई से अन्यून स्थान, यथास्थिति, अनुसूचित जातियों या अनुसूचित जनजातियों की स्त्रियों के लिए आरक्षित रहेंगे।[39]

(3) प्रत्येक पंचायत में प्रत्यक्ष निर्वाचन द्वारा भरे जाने वाले स्थानों की कुल संख्या के एक-तिहाई से अन्यून स्थान (जिसके अन्तर्गत अनुसूचित जातियों और अनुसूचित जनजातियों की स्त्रियों के लिए आरक्षित स्थानों की संख्या भी है) स्त्रियाँ के लिए आरक्षित रहेंगे और ऐसे स्थान किसी पंचायत में भिन्न-भिन्न निर्वाचन-क्षेत्रों को चक्रानुक्रम से आबंटित किए जा सकेंगे।[40]

(4) ग्राम या किसी अन्य स्तर पर पंचायतों में अध्यक्षों का पद अनुसूचित जातियों, अनुसूचित जनजातियों और स्त्रियों के लिए ऐसी रीति से आरक्षित रहेगा, जैसी राज्य का विधान मंडल, विधि द्वारा, उपबंधित करे। परंतु किसी राज्य में प्रत्येक स्तर पर पंचायतों में अनुसूचित जातियों और अनुसूचित जनजातियों के लिए आरक्षित अध्यक्षों के पदों की संख्या का अनुपात, प्रत्येक स्तर पर उन पंचायतों में ऐसे पदों की कुल संख्या से यथाशक्य वही होगा, जो उस राज्य की अनुसूचित जातियों की अथवा राज्य की अनुसूचित जनजातियों की जनसंख्या का अनुपात उस राज्य की कुल जनसंख्या से है। परंतु यह और कि प्रत्येक स्तर पर पंचायतों में अध्यक्षों के पदों की कुल संख्या के एक-तिहाई से अन्यून पद स्त्रियों के लिए आरक्षित रहेंगे। परन्तु यह भी कि इस खण्ड के अधीन आरक्षित पदों की संख्या प्रत्येक स्तर पर भिन्न-भिन्न पंचायतों को चक्रानुक्रम से आबंटित की जाएगी।[41]

(5) खण्ड (1) और खण्ड (2) के अधीन स्थानों का आरक्षण और खण्ड (4) के अधीन अध्यक्षों के पदों के लिए आरक्षण (जो स्त्रियों के लिए आरक्षण से भिन्न है) अनुच्छेद 334 में विनिर्दिष्ट अवधि की समाप्ति पर प्रभावी नहीं रहेगा।[42]

(6) इस भाग की कोई बात किसी राज्य के विधान-मंडल को किसी स्तर पर किसी पंचायत में पिछड़े वर्ग के नागरिको के पक्ष में स्थानों के या पंचायतों में अध्यक्षों के पदों के आरक्षण के लिए कोई उपबंध करने से निवारित नहीं करेगी।[43]

पंचायतों की शक्तियां, प्राधिकार और उत्तरदायित्व

73 वें संवैधानिक संशोधन द्वारा प्रावधान किया गया है कि संविधान के उपबंधों के अधीन रहते हुए, राज्य कर विधान-मंडल, विधि द्वारा, पंचायतों को ऐसी शक्तियां और प्रधिकार प्रदान कर सकेगा जो वह उन्हें स्वायत्त शासन की संस्थाओं के रूप में कार्य करने योग्य बनाने के लिए आवश्यक समझे और ऐसी विधि में पंचायतों को उपयुक्त स्तर पर ऐसी शर्तों के अधीन रहते हुए, जैसी उसमें विनिर्दिष्ट की जाएं, निम्नलिखित के संबंध में शक्तियां और उत्तरदायित्व न्यागत करने के लिए उपबंध किए जा सकेंगे:-

(क) आर्थिक विकास और सामाजिक न्याय के लिए योजनाएं तैयार करना,

(ख) आर्थिक विकास और सामाजिक न्याय की स्कीमों को, जो उन्हें सौपी जाएं, जिसके अन्तर्गत वे स्कीमें भी है जो ग्यारहवीं अनुसूची में सूची-बद्ध विषयों के सम्बन्ध में है, क्रियान्वित करना।

73वें संवैधानिक संशोधन अधिनियम का विश्लेषण

73वें संवैधानिक संशोधन अधिनियम के प्रावधानों से स्पष्ट होने वाले प्रमुख बिन्दुओं एवम् सकारात्मक पक्षों का निम्न प्रकार से विश्लेषण किया जा सकता है :[44]

1. अधिनियम ने पंचायती राज संस्थाओं को संवैधानिक स्तर प्रदान करके अनौपचारिक रूप से पंचायती राज को सरकार के तीसरे स्तर के रूप में मान्यता प्रदान की है। फलस्वरूप पंचायती राज संस्थाएं स्थानीय शासन की महत्त्वपूर्ण इकाई के रूप में विकसित हुई हैं।

2. अधिनियम में ग्राम सभा को संवैधानिक दर्जा प्रदान किया गया है। इसका संकेत यह है कि भारत की पंचायती राज की संरचना में ग्रामसभा को निर्वाचित ग्राम पंचायतो पर जनता द्वारा प्रत्यक्ष नियंत्रण के एक उपागम के रूप में अभिकल्पित किया गया है। अब तक ग्राम सभा की निष्क्रियता का एक प्रमुख कारण समुचित कानूनी मान्यता का अभाव बताया जाता रहा है। अब ग्राम सभा को संवैधानिक दर्जा देने से यह अभाव दूर हो गया है।

3. प्राय: पंचायती राज संस्थाओं के स्वस्थ विकास न होने की एक मुख्य वजह नियमित चुनाव का न होना तथा राज्य सरकारों द्वारा अपने संकीर्ण राजनीतिक उद्देश्यों के लिए उनको निलम्बित करना रहा है। इस अधिनियम द्वारा 5 वर्ष का कार्यकाल पूरा होने के पूर्व ही चुनाव की बाध्यता तथा बीच में भंग होने पर 6 माह के अन्दर इनके चुनाव कराने की व्यवस्था से आशा की जा सकती है कि स्थानीय स्तर पर लोकतंत्र की भावना को बल मिलेगा और वे लालफीताशाही के चंगुल से मुक्त होकर जन समस्याओं का समाधान कर सकेगी। इस प्रावधान से निर्वाचित पंचायती राज संस्थाओं की जीवन्तता बनी रहेगी एवं चुने गए प्रतिनिधि पूर्ण जोश-खरोश से कार्य करते रहेंगे।
4. अधिनियम ने पंचायतों के सम्बन्ध में पूरे देश में लगभग एकरूपता ला दी है।
5. अधिनियम द्वारा सार्वजनिक वित्त का दुरूपयोग रोकने के लिए राज्यों को अधिकृत किया गया है कि वे पंचायती राज संस्थाओं के अंकेक्षण की व्यवस्था करे क्योंकि पिछले वर्षो से चल रही जवाहर रोजगार योजना जैसी योजनाओं के क्रियान्वयन में पंचायती राज संस्थाओं द्वारा धन के दुरूपयोग की गंभीर शिकायते मिलती रही हैं।
6. अधिनियम में वित्त आयोग सम्बन्धी आयोग प्रावधान अत्यन्त महत्वपूर्ण है। इससे पंचायती राज संस्थाओं के वित्तीय संसाधनों में निश्चितता आयेगी और इन संस्थाओं को उपलब्ध कराये जाने वाले वित्तीय संसाधन राज्य सरकार के प्रशानिक निर्णय पर आधारित न होकर निश्चित सिद्वांतों से शासित होंगे।
7. अधिनियम की एक और विशेषता यह है कि इसके द्वारा पंचायती राज संस्थाओं में महिलाओं और समाज के शोषित वर्गो के प्रतिनिधित्व को आरक्षण के माध्यम से सुनिश्चित कर दिया गया है। निसंदेह महिलाओं की ग्रामीण अर्थव्यवस्था, संस्कृति एवं विकास में महत्वपूर्ण भूमिका होती है।
8. अधिनियम में राज्यस्तरीय निर्वाचन आयोग का प्रावधान भी महत्त्वपूर्ण है। इसके द्वारा पंचायतों के चुनाव निष्पक्ष रूप से एवं निश्चित समय पर कराये जा सकेंगे और पंचायती राज संस्थाएं क्रियाशील एवं जीवन्त रह सकेंगी।

महिलाओं के लिए स्थान आरक्षण

संवैधानिक संशांधन में पंचायती राज संस्थाओं के तीनों स्तरों में कम से कम 1/3 स्थान महिलाओं के लिए आरक्षित किए गए है। साथ ही तीनों स्तरों पर अध्यक्षों के 1/3 पद भी महिलाओं के लिए आरक्षित करने की व्यवस्था की गयी है। मौटे तौर पर इसका अर्थ यह है कि पंचायत स्तर पर आठ लाख महिलाएं पंचों के रूप में चुनी जाएंगी और वे गांव-कस्बों की गतिविधियों में निर्णायक भूमिका निभायेंगी। ग्राम पंचायतों के तीनों स्तरों के पदों पर अध्यक्षों के एक तिहाई पदों के आरक्षण का अर्थ होगा कि 80,000 महिलाएं जिला, खण्ड व ग्राम पंचायतों की अध्यक्ष होगी। स्वाभाविक है कि निर्णय लेने, अपने क्षेत्र की गतिविधियों तथा विकास कार्यो में इनकी भूमिका अहम् होगी। इस कार्य के लिए कम से कम 20 लाख महिलाएं चुनाव लड़ेगी और इससे न केवल उनमें राजनीतिक जागृति आएगी, बल्कि अपने अधिकारों के प्रति चेतना पैदा होगी। वे अपने क्षेत्र के, जिले के और देश के कल्याण-कार्यो में भागीदारी करेंगी।

महिलाओं के लिए आरक्षण का सबसे महत्त्वपूर्ण औचित्य यह है कि समस्याओं के बारे में महिलाओं का अपना दृष्टिकोण होता है और यदि उन्हें उचित अवसर दिया जाए तो उन समस्याओं के समाधान में काफी सहायता मिलेगी। इससे महिलाओं में एक ऐसा नेतृत्व तैयार होगा जो विधानसभाओं और संसद में जनता का प्रतिलिधित्व कर सकेगा। फलस्वरूप महिलाओं में राजनीतिक जागृति आएगी, उनमें अधिकारों के प्रति चेतना पैदा होगी। साथ ही ये सीमित दायरे से बाहर आयेगी तथा सामाजिक जड़ता से मुक्त होंगी।[45]

अनुसूचित जाति, अनुसूचित जनजाति एवं अन्य पिछड़े वर्ग के लोगों के लिए कुल जनसंख्या में उनकी जनसंख्या के अनुपात में स्थान-आरक्षण की व्यवस्था है। अध्यक्षों के पदों के लिए भी इसी तरह के आरक्षण का प्रावधान है। इन प्रावधानों के फलस्वरूप सामाजिक और शैक्षिक रूप से पिछड़े लोगों को आगे आने का अवसर मिलेगा जो आज तक किसी कानून या आन्दोलन से नहीं मिला है।

73वें संवैधानिक संशोधन की न्यूनताएं

सकारात्मक लक्षणों से युक्त होने पर भी इस संवैधानिक संशोधन में निम्नलिखित न्यूनताएं रह गई है :-

1. सर्वाधिक महत्त्वपूर्ण तथ्य यह है कि संवैधानिक संशोधन के तमाम प्रावधानों के अन्तर्गत राज्यों की सदाशयता पर विश्वास करते हुए उन्हें अधिकृत किया गया है कि वे पंचायतों को शक्ति, धन तथा उत्तरदायित्व प्रदान करें। संवैधानिक संशोधन ने सभी बातें राज्यों के स्वविवेक पर छोड़ दी है। किन्तु कटु सत्य यह है कि स्थानीय स्तर पर लोकतंत्र का विकास न होने के लिए मुख्यत: राज्यों का उपेक्षात्मक रूख ही उत्तरदायी रहा है। अत: संविधान संशोधन की सफलता इस तथ्य पर निर्भर करती है कि कहाँ तक केंद्र तथा राज्य सरकारें संशोधन की भावना के अनुरूप जनचेतना से प्रेरित होकर उसे ईमानदारी से लागू करेगीं।
2. महिलाओं के लिए पंचायतों के हर स्तर पर एक-तिहाई स्थान सुरक्षित किए गए हैं। यह व्यवस्था आरक्षित तथा अनारक्षित दोनों वर्गो पर लागू होगी। किन्तु संशोधन मात्र से यह आशा करना भूल होगी कि वास्तविक रूप में उपेक्षित महिलाओं को स्थानीय स्तर पर प्रतिनिधित्व मिल पायेगा और उनमें नेतृत्व का विकास होगा। वस्तुत: अल्पशिक्षा, सामाजिक पिछड़ेपन तथा पुरुष प्रधान समाज की वजह से इस प्रावधान के दुरूपयोग होने की आशंका से इन्कार नहीं किया जा सकता। पिछला अनुभव बताता है कि पंचायती राज संस्थाएं कमजोर वर्ग के संरक्षक के रूप में सिर्फ इसलिए नहीं उभर सकीं क्योंकि ग्रामीण अभिजन वर्ग ने इन संस्थाओं के लाभों से उन वर्गो को वंचित रखा। इसके अतिरिक्त महिला के निर्वाचित होने पर सारे कामकाज का सम्पादन पति, पिता अथवा भाई द्वारा किया जाता है। यह एक दुर्भाग्यपूर्ण स्थिति है।
3. वित्त आयोग के गठन तथा राज्य के समेकित कोष से पंचायतों को धन उपलब्ध कराने का प्रावधान किया गया है, किंतु राज्यों के सीमित संसाधनों को देखते हुए यह कहना कठिन है क़ि वे पंचायतों को पर्याप्त वित्तीय सहायता दे पायेंगे।
4. इस बात का भय अभी विद्यमान है कि हमारे देश की बड़ी से बड़ी लोकतांत्रिक संस्थाओं को वोट की संकीर्ण राजनीति ने जिस प्रकार क्रमश: निकम्मा और सत्ता का बन्धुआ बना दिया है, कहीं वही हश्र आने वाले समय में इन पंचायती राज संस्थाओं का न हो जाए।

5. कुछ आलोचकों का मत है कि नई पंचायत व्यवस्था एक वैसा ही कमजोर प्रयत्न है जैसा संविधान के नीति निर्देशक तत्त्वों में एक निर्देश जोड़कर ग्राम पंचायतों को बहाल करने का प्रयत्न किया गया था। 73वें संवैधानिक संशोधन अधिनियम के प्रावधानों के अनुसार अलग-अलग राज्यों ने इसके क्रियान्वयन के लिए कानून बनाये है। इन प्रावधानों से शायद इतना ही होगा कि ग्राम पंचायतों के निर्वाचनों के लिए राज्य सरकारें वैधानिक रूप से बाध्य होंगी तथा पंचायतों के आर्थिक आधार अधिक स्पष्ट होगे, किंतु इन प्रावधानों से ग्राम स्वराज का प्रणयन नहीं होगा।
6. इस संविधान संशोधन में ''न्याय पंचायत'' या ''ग्राम न्यायालय'' की स्थापना का प्रावधान नहीं है। राज्य के स्थानीय समुदाय के अनुसार विभिन्नताओं की छूट देते हुए इस संविधान संशोधन में ग्रामीण न्यायालयों की संरचना और क्षेत्राधिकार को स्पष्ट कर देना चाहिए था।
7. पंचायती राज संस्थाएं आर्थिक विकास की संवाहक तब तक नहीं बन सकती जब तक कि योजना का निर्माण केंद्र व राज्य सरकारों के द्वारा होता है।
8. इस विधेयक के क्रियान्वयन करने पर राज्य की शक्तियों में ही कटौती हौगी, न कि केंद्र की शक्तियों में। फलस्वरूप ''असहाय'' राज्यों की स्थिति और निर्बल हो जाएगी।[46]

संक्षेप में, इस संशाधन को अंगीकृत किए जाने पर उपरोक्त न्यूनताओं के बावजूद पंचायती राज प्रणाली के जीवन और कार्य में एक नया अध्याय जुड़ गया। इससे विकास का अवसर मिलेगा। मगर वास्तविक रूप में यह योजना भी सिर्फ सरंचना में ही परिवर्तन लायेगी। आवश्यकता इस बात की है कि राजनीतिक दलों तथा सामाजिक ताकतों में आम सहमति हो तथा ते एक लोकतांत्रिक चेतना जागृत करते हुए, इस योजना को लागू करके सामाजिक परिवर्तन तथा सामाजिक न्याय के कार्यो को पूरा करें।

राज्यों ने दिसम्बर 1992 में संसद के दोनों सदनों में संविधान (72वां संशोधन) विधेयक 1991 के पारित हो जाने के बाद तीन महीनों की रिकार्ड अवधि में ही इसकी पुष्टि कर दी। भारत के राष्ट्रपति ने 20 अप्रैल 1993 को इसको अपनी स्वीकृति प्रदान कर दी और यह विधेयक भारत के संविधान का हिस्सा बन गया। लोगो को अधिकार

प्रदान करने की प्रक्रिया को तेज करने के लिए 24 अप्रैल 1993 को संविधान (73वां संशोधन) अधिनियम लागू किया गया, जिसके लिए ग्रामीण विकास मंत्रालय द्वारा एक अधिसूचना जारी की गई। राज्यों को पंचायत संबंधी अपने अपने कानूनों को एक वर्ष के भीतर अर्थात 24 अप्रैल 1994 से पूर्व संशोधित करने की अपेक्षा की गई। कर्नाटक ने इस दिशा में पहल की तथा अधिनियम में बताई गई रूपरेखा के आधार पर 10 मई 1993 से एक व्यापक पंचायती राज कानून लागू कर दिया। अन्य राज्यों ने इसका अनुसरण किया। (देखिए सारणी क्र. 1, 2 एवं 3)

संदर्भ

1. जवाहर लाल नेहरू, *सामुदायिक विकास और पंचायती राज*, सस्ता साहित्य मंडल प्रशासन, दिल्ली, 1965, पृष्ठ 108.
2- Dr. Iqbal Narain, - "The concept of Panchayti Raj and its Institutional imphications in India", *Asian Survey*, vol 5, 1965, pp. 456.
3- H.I. Khan, *Government in Rural India*, Asia Publishing House, Bombay, 1969, p. 31.
4. शिवकुमार अग्रवाल, पंचायत राज का अर्थ समाज सेवा, अप्रैल 1971, पंचायत एवं समाज सेवा विभाग, म.प्र. भोपाल, पृ. 71.
5. एस. के. डे. फेथ इन पंचायती राज, *कुरूक्षेत्र* जनवरी 1961.
6. *रिर्पोट आफ दि टीम फार दि स्टडी आफ कम्युनिटी प्राजेकट्स एंड नेशनल एकस्टेंशन सर्विस* (अध्यक्ष: बलबंतराय जी मेहता, 1957).
7. देखिए राजेश्वर दयाल : *पंचायती राज इन इंडिया*, दिल्ली, पृ. 61.
8. एम. के. गांधी, *पंचायत राज*, नव जीवन प्रकाशन मंदिर, अहमदाबाद, (1949), पृ. 14.
9. देखिए डा. के. वी. जायसवाल, *हिन्दू पॉलिटी*, पृ. (1943).
10. अरूण कुमार श्रीवास्तव, *भारत में पंचायती राज*, जयपुर (1994), पृ. 11.
11. वही
12. जवाहर लाल नेहरू, सामुदायिक विभाग और पंचायती राज (दिल्ली) 1965 पृ. 110.
13. देखिए एस. के. डे. फेथ इन पंचायती राज, *कुरूक्षेत्र* जनवरी 1961.
14. देखिए रिर्पोट आफ दि टीम फार दि स्टडी आफ कम्युनिटी प्रेजेकट्स एंड नेशनल एकस्टेंशन सर्विस (अध्यक्ष बलबंतराय जी. मेहता) 1957.
15. देखिए, महीपाल, *पंचायती राज*, दिल्ली, (1996), पृ. 32.
16. वही, पृ. 39.

17. वही, पृ. 35
18. रिर्पोट आफ दि एल. एम. सिंघवी, रिर्पोट आफ पंचायती राज, ग्रामीण विकास विभाग भारत सरकार, नई दिल्ली, 1986.
19. देखिए अरूण कुमार शर्मा, *भारत स्थानीय शासन (सत्ता जनता के हाथ)*, पृ. 184.
20. वही, पृ. 185
21. वही, पृ. 189
22. वही पृ. 189-190
23. नई दिल्ली में 3 जुलाई 1993 को संविधान (73वां संशोधन अधिनियम, 1992 पर आयोजित राज्यों व केंद्र शासित प्रदेशों के पंचायतों के प्रभारी मंत्रियों एवं सचिवों के सम्मेलन में प्रधानमंत्री पी. वी. नरसिंह राव का भाषण, देखिए नवभारत टाइम्स, 4 जुलाई 1993
24. वही
25. वही
26. वही
27. भारत का संविधान 73वां संविधान संशोधन अधिनियम, 1992 द्वारा प्रतिस्थापित अनुच्छेद 243
28. अनुच्छेद 243क
29. अनुच्छेद 243 (ख) (1)
30. अनुच्छेद 243 (ख) (2)
31. अनुच्छेद 243 (ग) (1)
32. अनुच्छेद 243 (ग) (2)
33. अनुच्छेद 243 (ग) (3) (क)
34. अनुच्छेद 243 (ग) (3) (ख)
35. अनुच्छेद 243 (ग) (3) (ग)
36. अनुच्छेद 243 (ग) (3) (घ)
37. अनुच्छेद 243 (ग) (5)
38. अनुच्छेद 243 (घ) (1)
39. अनुच्छेद 243 (घ) (2)
40. अनुच्छेद 243 (घ) (3)
41. अनुच्छेद 243 (घ) (4)
42. अनुच्छेद 243 (घ) (5)
43. अनुच्छेद 243 (घ) (6)
44. बी. एम. शर्मा, ब्रजभूषण शर्मा, आशीष भट्ट, जिला सरकार - अवधारणा, स्वरूप एवं संभावनाएं जयपुर (2000), पृ. 165
45. वही, पृ. 169
46. वहीं पृ. 170

सारणी क्रमांक 1 : 73वें संविधाान संशोधान की अनुरूपता में पारित राज्यों के पंचायती राज अधिनियम

क्र.	राज्य व केंद्र-शासित क्षेत्रों के नाम	नया अधिनियम परित करने की तिथियां
1.	आंध्र प्रदेश	21-4-94
2.	अरूणाचल प्रदेश	18-4-94
3.	असम	2-4-94
4.	बिहार	23-8-94
5.	गोवा	9-7-94
6.	गुजरात	26-8-93
7.	हरियाणा	22-4-94
8.	हिमाचल प्रदेश	23-4-94
9.	जम्मू व कश्मीर	अनुच्छेद 371 के अंतर्गत अभिपुष्ट नहीं
10.	कर्नाटक	30-4-93
11.	केरल	23-4-94
12.	मध्यप्रदेश	25-1-94
13.	महाराष्ट्र	22-4-94
14.	मणिपुर	23-4-94
15.	मेघालय	संविधान का भाग9 लागू नहीं होता
16.	मिजोरम	संविधान का भाग9 लागू नहीं होता
17.	नागालैंड	संविधान का भाग9 लागू नहीं होता
18.	उड़ीसा	1-11-93
19.	पंजाब	21-4-94
20.	राजस्थान	23-4-94
21.	सिक्किम	11-10-93
22.	तमिलनाडु	24-4-94
23.	त्रिपुरा	7-11-93
24.	उत्तरप्रदेश	22-4-94
25.	पश्चिम बंगाल	22-4-94

सारणी अगले पृष्ठ पर

पिछले पृष्ठ की सारणी

क्र.	राज्य व केंद्र-शासित क्षेत्रों के नाम	नया अधिनियम परित करने की तिथियां
केंद्र शासित प्रदेश		
1.	अंडमान-निकोबार द्वीपसमूह	23-4-94
2.	चंडीगढ़	23-4-94
3.	दादर व नगरहवेली	23-4-94
4.	दिल्ली	–
5.	दमन व दीव	23-4-94
6.	लक्षद्वीप	23-4-94
7.	पांडिचेरी	19-4-94

सारणी क्रमांक 2 : Number of Panchayats in the States/UTs of India

States/UTs	GP	PS	ZP	Total
Andhra Pradesh	21943	1098	22	23063
Arunachal Pradesh	2012	79	12	2103
Assam	2489	202	21	2712
Bihar	12181	725	55	12961
Goa	183	—	2	185
Gujrat	13316	184	19	13519
Haryana	5958	110	16	6084
Himachal Pradesh	2922	72	12	3006
J & K	Not Ratified	U/A 370		
Karnataka	5675	175	20	5870
Kerala	991	152	14	1157
Madhya Pradesh	30922	459	45	31426
Maharashtra	27619	319	29	27967
Manipur	166	—	3	169
Meghalaya	Traditional Councils			
Mizoram	Traditional Councils			
Nagaland	Traditional Councils			
Orissa	5261	314	30	5605
Punjab	11591	138	17	11746
Rajasthan	9185	237	31	9453
Sikkim	148	—	4	152

(Contd.)

States/UTs	GP	PS	ZP	Total
Tamil Nadu	12584	384	28	12996
Tripura	525	16	3	544
Uttar Pradesh	58605	901	68	59574
West Bengal	3314	341	17	3672
A & N Islands	67	—	1	68
Chandigarh				
D & N Haveli	11	—	1	12
Daman & Diu	10	—	2	12
NCT Delhi				
Lakshadeep	10	—	1	11
Pondicherry	10	—	1	11
Total	227698	5906	474	234078

GP: Gram Panchayat *PS: Panchayat Samiti* *ZP: Zila Parishad*

सारणी क्रमांक 3 : Elected Members and Functionaries in Panchayati Raj Institutions in India

States/UTs	Number of	Elected	Members	Total	Development	Functionaries		Total
Andhra Pradesh	230529	14644	1093	246266	8772	10980	572	99324
Arunachal Pradesh	5733	1205	77	7015	4024	560	240	4824
Assam	30360	2564	845	33769	9956	4040	546	14542
Bihar	165452	15344	1585	182381	48724	14500	1430	64654
Goa	1281	--	35	1316	366	150	40	556
Gujrat	123470	3814	761	128045	53264	3680	494	57438
Haryana	48201	2418	319	50938	23832	2200	416	26448
Himachal Pradesh	18258	1661	252	20171	11688	1440	312	13440
J & K	Not Ratified	U/A	370					
Karnataka	78476	3340	919	82735	22700	3500	520	26720
Kerala	10270	1547	300	12117	3964	3040	364	7368
Madhya Pradesh	443429	9097	946	453472	123688	9180	1170	134038
Maharashtra	276190	3524	1762	281476	110476	6380	754	117610
Manipur	3714	--	57	3771	332	135	60	527
Meghalaya	Traditional Councils							
Mizoram	Traditional Councils							
Nagaland	Traditional Councils							
Orissa	81077	5260	854	87191	21044	6280	780	28104
Punjab	90565	2441	274	93280	46364	2760	442	49566

(Contd.)

States/UTs	Number of	Elected	Members	Total	Development	Functionaries		Total
Rajasthan	112897	5494	1028	119419	36740	4740	806	42286
Sikkim	827	--	145	972	296	--	80	376
Tamil Nadu	125852	6499	648	132999	50336	7680	728	58744
Tripura	6477	196	70	6743	1050	240	60	1350
Uttar Pradesh	799780	59991	2687	862458	234420	18020	1768	254208
West Bengal	61398	9516	664	71578	13256	6820	442	20518
A & N Islands	667	--	30	697	134	50	20	204
Chandigarh								
D & N Haveli	124	--	12	136	22	10	20	52
Daman & Diu	63	--	15	78	20	20	40	80
NCT Delhi								
Lakshadeep					20	50	20	90
Pondicherry					20	60	20	100
Total	2715090	148555	15378	2879023	904508	106515	12144	1023167

GP: Gram Pannchayat; PS: Panchayat Samiti; ZP: Zila Parishad

अध्याय तृतीय

मुरैना जिले में महिला प्रतिनिधियों के व्यक्तित्व एवं स्थिति का विश्लेषण

भारतीय जनसंख्या में महिलाएं लगभग आधी है परन्तु काम में महिलाओं की भागीदारी केवल 22.27% है। 1991 की जनगणना के अनुसार संगठित क्षेत्र में कार्यरत महिलाओं की हिस्सेदारी 4% है। कुल योग में से मध्यप्रदेश में मुख्य कामकाजी पुरूषों का प्रतिशत 51.40 तथा मुख्य कामकाजी महिलाओं का प्रतिशत 23.08 है। दूसरी ओर 96% कामकाजी महिलाएं असंगठित क्षेत्र में कार्यरत है जो रोजगार में महिलाओं की स्थिति का स्पष्ट प्रतिबिम्ब है। श्रमिक महिलाएं अधिक सुविधाजनक स्थिति में नहीं है। संपत्ति पर उनका नियंत्रण न के बराबर है तथा प्रत्येक स्तर पर निर्णय लेने की प्रक्रिया में उनकी हिस्सेदारी अत्यन्त निम्न है।

क्षेत्रफल की दृष्टि से मध्यप्रदेश भारत का दूसरा सबसे बड़ा प्रदेश रह गया है (छत्तीसगढ़ राज्य बनने के बाद), मध्यप्रदेश में जनजातियों की संख्या बहुत अधिक (23.3%) है, बड़ा क्षेत्रफल एवं जनजाति जनसंख्या दो ऐसे महत्वपूर्ण तत्व हैं जिन्होने मध्यप्रदेश को पिछड़े राज्य की श्रेणी में रख दिया है, मूलभूत सुविधाओं के अभाव के साथ ही बड़ा क्षेत्रफल होने के कारण बहुत अधिक धनराशि तथा विकास हेतु सही सोच की आवश्यकता है, सामान्य रूप से साक्षरता की दर बहुत नीची है, विशेषकर महिलाओं की (पुरुष 57.43, महिलाएं 28.29) पुरुष स्त्री अनुपात भी कम है (93.2%) जो इस दिशा में समुचित प्रयासों की आवश्यकता की ओर संकेत करता है।[1]

मध्यप्रदेश सरकार ने पंचायतों में आरक्षण के आधार पर महिलाओं की भागीदारी सुनिश्चित कर महिला पंचों, महिला सरपंचो और अन्य प्रतिनिधियों को राजनीतिक व्यवस्था में अपनी सक्षम भूमिका अदा करने

के लिये अवसर तो दिया ही है साथ ही उन्हें इस भूमिका के लिए प्रशिक्षित भी किया है। (देखिए सारणी क्र. 'अ') आज मध्यप्रदेश के गांव और देहातों में महिलायें, पुरुषों के मुकाबले में खड़ी हो रही हैं। विकास के मामलों में तो उनका रवैया पुरुषों की तुलना में कहीं ज्यादा सकारात्मक और रचनात्मक भी है।

आज मध्यप्रदेश के गांव और कस्बे अपने विकास की योजनायें स्वयं बनाते हैं। वहां के चुने हुये प्रतिनिधि अधिकार सम्पन्न हुये हैं उनके वित्तीय, प्रशासनिक अधिकार पहुँचे हैं जिसके जरिये भारत की प्राचीन पंचायती व्यवस्था का पुनर्जागरण हुआ है। इसके साथ महिलाओं की भागीदारी सुनिश्चित करके तो जैसे इसमें प्राण फूंक दिये हों। महात्मा गांधी के ग्राम स्वराज को अमलीजामा पहनाने के लिये प्रदेश ने देश में प्रथम पंचायती राज व्यवस्था लागू करने का गौरव प्राप्त किया। म. प्र. पंचायती राज व्यवस्था के प्रथम पंचवर्षीय कार्यकाल के सफल प्रयास को ध्यान में रखकर जिला सरकार की अवधारणा को मूर्तरूप प्रदान करने का साहसपूर्ण काम किया एवं पंचायत की कालअवधि खत्म होने पर दूसरी बार पूरे प्रदेश में पंचायतों के चुनाव सम्पन्न कराये।

प्रदेश सरकार ने पंचायती राज चुनावों में महिलाओं को तैंतीस फीसदी भागीदारी को सुनिश्चित करके उन्हें अपने गांव के विकास एवं प्रशासनिक गतिविधियों से रूबरू कराया। गौरतलब है कि (जनवरी 2000 की स्थिति में) देश की 7,16,234 महिला पंचायत प्रतिनिधियों में एक चौथाई यानी 1,87,236 महिला पंचायत प्रतिनिधि मध्यप्रदेश से है। देश की सबसे अधिक आबादी वाले राज्य उत्तरप्रदेश से ग्राम पंचायतों में महिला प्रतिनिधियों की संख्या मात्र 20 प्रतिशत है। वहीं मध्यप्रदेश की ग्राम पंचायतों में से 38 प्रतिशत महिलाओं की भागीदारी है जो प्रदेश सरकार के घोषित तैंतीस प्रतिशत आरक्षित महिला पंचायत प्रतिनिधियों से 5% अधिक है। यह पांच प्रतिशत अधिक भागीदारी प्रदेश की ग्रामीण परिवेश की महिलाओं की चेतना तथा ग्राम विकास के सिद्वांत को प्रदर्शित करती है। म. प्र. ग्राम पंचायतों में कुल 4,84,394 प्रतिनिधियों में से 1,84,000 महिला प्रतिनिधियों की संख्या है जो आरक्षित स्थानों से पांच प्रतिशत अधिक है। इसी प्रकार जनपद प्रतिनिधियों में कुल 9097 में से 2921 सीटें महिलाओं के लिये है जो तकरीबन 32 प्रतिशत है। तथा 942 जिला पंचायत प्रतिनिधियों की है जिसमें 315 स्थान महिलाओं के लिये आरक्षित है जो 33 प्रतिशत के लगभग है।[2]

1993 के नवीन पंचायत अधिनियम की पृष्ठभूमि में यह स्मरण योग्य है कि मध्य प्रदेश में पंचायती राज का इतिहास ग्राम पंचायत अधिनियम 1920 के साथ प्रारंभ होता है जिसके अन्तर्गत इसकी कुछ इकाईयों में यह व्यवस्था लागू की गई। इसके पश्चात् 1947 एवं 1948 में कुछ अन्य इकाईयों में अध्यादेश एवं अधिनियम द्वारा पंचायती राज लागू हो गया। जब 1नवम्बर 1956 को पुराने मध्यप्रदेश, मध्यभारत, विन्धय प्रदेश, भोपाल रियासत, राजस्थान के टोंक जिले की तहसील सिरोंज को मिलाकर वर्तमान मध्य प्रदेश अस्तित्व में आया तो इन इकाईयों मे स्थानीय स्वशासन की विरासत भी प्राप्त हुई, नये राज्य में 1962 में एकीकृत पंचायत अधिनियम पारित हुआ, 1981 में एक और व्यापक अधिनियम प्रभाव में आया। बाद में 1990 का नया पंचायत अधिनियम लागू हुआ। इस विधायनी इतिहास और पंचायती राज का अनुभव 1993 के एक और नवीन पंचायत अधिनियम में प्रतिबिम्बित होता है, जो भारतीय संविधान के 73वें संशोधन के तारतम्य में पारित किया गया।

मध्य प्रदेश पंचायत राज विधायन की पृष्ठभूमि एवं स्वरूप

1993 में, मध्यप्रदेश में 1990 से प्रभावी पंचायती राज विधि में संशोधन के स्थान पर 73वें संवैधानिक संशोधन के तारतम्य में एक नवीन अधिनियम प्रभावशील हुआ। इस विकल्प का चयन आवश्यकता, सुविधा या समय की दृष्टि से नहीं वरन् एक नये क्रान्तिकारी कानून एवं शक्ति के सदुपयोग के बारे में किए जा रहे केन्द्रीय प्रचार के कारण किया गया। भारत में पंचायती राज एवं स्थानीय स्वशासन की यह विडम्बना रही है कि उसके बारे में नारे बाजी अधिक हुई और किसी ने भी इस व्यवस्था को शक्ति के पूर्ण विकेन्द्रीकरण की ओर अधिक ध्यान नहीं दिया। मध्यप्रदेश पंचायती राज अधिनियम 1993 दिसम्बर 1993 में पारित हुआ तथा यह 2 जनवरी 1994 को प्रभाव में आया। जैसा कि अपेक्षित था इस अधिनियम में 1981 के अधिनियम का अत्याधिक रूप में समावेश करने का प्रयास किया गया, केवल ग्राम सभा (जो कि पूर्व में 1962 एवं 1990 के अधिनियम में थी) में महिलाओं एवं पिछड़े वर्गो के पक्ष में आरक्षण का छोड़कर। पंचायत

अधिनियम मध्यप्रदेश विधान मंडल द्वारा दिसम्बर 1993 में मात्र एक दिन में पारित कर दिया गया।

मध्यप्रदेश पंचायत राज अधिनियम, 1993: कुछ महत्वपूर्ण प्रावधान

(1) **म. प्र. पंचायत राज अधिनियम क्रमांक 1994 का उद्देश्य** – स्थानीय प्रशासन और विकास सम्बन्धी कार्यो को करने में पंचायती राज संस्थाओं की भागीदारी प्रभाव पूर्ण रखे जाने के उद्देश्य से यह कानून लाया गया है और इस कानून में पंचायतों की स्थापना की सम्बन्धित विधि को इकट्ठा किया गया है और उस विधि को नये रूप में पेश किया गया है। राज्य शासन स्थानीय शासन के स्थान पर स्व-शासन की इकाई बनाने के लक्ष्य की ओर अग्रसर है, ग्राम सभा का आधाभूत महत्वपूर्ण स्थान है।

(2) **राज्य सरकार की विधायिनी शक्तियां**- मध्यप्रदेश पंचायत राज विधेयक, 1933 के खण्ड (धारा) 43 तथा 95 में राज्य सरकार को विधायिनी शक्तियां प्रत्यायोजित की गई है जिसके द्वारा राज्य सरकार विभिन्न पंचायतों के गठन, उनके कार्य संचालन की विधि, शक्तियों के उपयोग, सम्पत्ति, स्थापना आय-व्ययक, लेखे-जोखे कराधान, निरीक्षण तथा संबंधित अन्य सभी बातों को विनियमित करने के लिए प्रक्रिया का निर्धारण करेगी। प्रस्तावित शक्तियों के प्रत्यायोजन सामान्य रूप के हैं और वे उसके प्रतिरूप पर आधारित है जिसका कि समस्त विधानों में साधारणत: अनुसरण किया जाता है। त्रिस्तरीय पंचायतों के विरूद्ध शिकायतों की जांच कार्य का प्रावधान किया गया है।

(3) **मध्यप्रदेश पंचायत राज अधिनियम, 1993 के लाये जाने का मुख्य उद्‌देश्य यह भी है**- कि भारतीय संविधान के तिहत्तरवें (73वां) संशोधन अधिनियम, 1992 द्वारा पंचायत राज प्रणाली के सम्बन्ध में कतिपय महत्वपूर्ण उपबंध संविधान में पार्ट- 9 के रूप में सम्मिलित किये गये हैं संविधान के अनुच्छेद 243 में यह कहा गया है कि संविधान संशोधन अधिनियम, 1992 द्वारा शामिल किये गये पार्ट 9 के रूप में महत्वपूर्ण उपबंधों से यदि भारत के राज्यों में प्रचलित तत्कालीन पंचायत विधि का कोई उपबंध

असंगत हैं तो वह प्रवृत बना रहेगा जब तक कि सक्षम विधान मण्डल द्वारा उसे संशोधित या निरस्त नहीं कर दिया जाता है। अतएव मध्यप्रदेश राज्य द्वारा केन्द्रीय संविधान संशोधन अधिनियम, 1992 के अनुसार उपबंधों को सुसंगत करके यह अधिनियम, 1993 लाया गया है।

(4) **संविधान संशोधन अधिनियम**, 1992 के पार्ट - 9 के द्वारा प्रदत्त अवसर के अनुकूल अनुसूचित जातियों, जनजातियों, अन्य पिछड़े वर्गो और महिलाओं का प्रतिनिधित्व किये जाने की दृष्टि से पर्याप्त उपबंध इस म. प्र. पंचायत राज अधिनियम, 1993 में किये गये हैं। इन उपबंधों का मुख्य उद्देश्य यह है कि स्थानीय नेतृत्व का विकास हो सके और अनुसूचित जाति एवं अनुसूचित जनजाति तथा पिछड़े वर्ग एवं महिला वर्ग को लोकतांत्रिक प्रक्रिया की भागीदारी में सम्मिलित किया जा सके, उन्हें कार्य रूप में उस प्रक्रिया में भाग लेकर अनुभव प्राप्त कराया जा सके तथा उसके योग्य प्रशिक्षण शिल्प में उन्हें ढाला जा सके। साथ ही विकास के कार्यो के अन्तर्गत स्थानीय प्रशासन में पंचायती राज संस्थाओं को भी प्रभावी रूप से शामिल किया जा सके।

मध्यप्रदेश पंचायत राज अधिनियम, 1993 की प्रमुख विशेषताएँ–

(अ) ग्राम पंचायत, जनपद पंचायत और जिला पंचायतों की स्थापना अध्याय 3 में की गई है।

(आ) **'ग्राम'** के सम्बन्ध में किसी ग्राम या ग्रामों के समूह को इस अधिनियम के प्रयोजन के लिए ग्राम के रूप में विनिर्दिष्ट हेतु सार्वजनिक अधिसूचना राज्यपाल, धारा 3 के अधीन जारी करेगे अर्थात् वर्तमान अवस्थित ग्राम ही केवल ग्राम की मतदाता सूची में नहीं आयेगें बल्कि राज्यपाल द्वारा अधिसूचित 'ग्राम' को मतदाता सूची के लिए ग्राम माना जाकर ग्राम समूहों की भी मतदाता सूची बन सकेगी।

(इ) ग्राम पंचायतों के सरपंच/उपसरपंच तथा पंचायतों और जिला पंचायतों के अध्यक्ष एवं उपाध्यक्ष होंगे। चेयर-परसन (Chair-person) में ये सभी आएंगे।

(ई) ग्राम पंचायत धारा 10 (1) के अधीन, जनपद पंचायत धारा 10 (2) के अधीन और जिला पंचायत धारा 10 (3) के अधीन स्थापित होगी।[3]

मध्यप्रदेश पंचायत अधिनियम 1993 में संशोधन

1. प्रथम संशोधन द्वारा (अध्यादेश द्वारा) मई 30, 1994 से पंचायतों में सहयोजन समाप्त करके तथा कुछ अन्य प्रावधानों में कमियों को दूर किया गया।
2. द्वितीय संशोधन भी एक अध्यादेश द्वारा जारी किया गया जिसे दिसम्बर 1994 में कानूनी दर्जा प्रदान किया गया। इसमें जनपद / जिला पंचायतों के अध्यक्ष / उपाध्यक्ष के विरूद्व अविश्वास प्रस्ताव निर्वाचित प्रतिनिधियों द्वारा रखे जाने संबंधी प्रावधान किया गया।
3. वर्ष 1995 में तृतीय संशोधन द्वारा ग्रामसभा की बैठकें आहुत करने का दायित्व सचिव के बजाय सरपंच पर डाला गया।
4. 1996 में चौथे संशोधन द्वारा जिला कलेक्टर, संभागीय कमिश्नर तथा राज्य सरकार को ग्राम पंचायत / जनपद पंचायत / जिला पंचायत के अध्यक्ष / उपाध्यक्ष के विरूद्व पारित अविश्वास प्रस्ताव की वैधता को चुनौती देने संबंधी याचिकाएं सुनने का अधिकार दिया गया। सांसदों एवं विधायकों को जनपद एवं जिला पंचायतों में अपना प्रतिनिधि चुनने का अधिकार दिया गया।
5. अप्रैल 1997 में पांचवे संशोधन द्वारा बिक्री अथवा उपभोग के लिए लाई गई वस्तुओं पर 4% प्रवेश कर लगाया गया परन्तु भारी विरोध के कारण दिसम्बर 1997 के संशोधन अधिनियम द्वारा इसे समाप्त कर दिया गया।
6. सितम्बर 1997 में एक अध्यादेश जारी कर डी. आर. डी. ए. को जिला पंचायतों में मिला दिया गया, राज्य विधानसभा द्वारा पंचायतों को आर्थिक विकास की योजना तैयार करने तथा उन्हें क्रियान्वित करने का अधिकार अनेक बंधनों के अधीन दे दिया गया।
7. वर्ष 1998 के संशोधन द्वारा जिलों की परिभाषा में जिलों के समूह को भी सम्मिलित करने की आवश्यकता की पूर्ति की गई ताकि अविभाजित जिलों की जिला पंचायतों से निरन्तरता बिना नई जिला पंचायतों के गठन के बनाए रखी जा सके। मध्यप्रदेश में 16 जिलों की स्थापना के कारण यह संशोधन आवश्यक हो गया।

8. अप्रैल 1999 में किए गए संशोधन के परिणामस्वरूप सभी पंचायतों में अनुसूचित जाति एवं जनजाति के लिए स्थानों के आरक्षण के चक्रानुक्रम को समाप्त कर दिया गया परन्तु पिछड़े वर्ग एवं महिलाओं के लिए इसे जारी रखा गया। इस संशोधन द्वारा ग्राम पंचायत सरपंच अथवा पंच की शक्तियों का भी प्रावधान भी जोड़ा गया है। इस संबंध में विचारों की सुनवाई का अधिकार जिलाधीश को दिया गया जिसका निर्णय अंतिम होगा।[4]

पंचायतों में आरक्षण

मध्यप्रदेश पंचायत अधिनियम में अनुसूचित जाति, अनुसूचित जनजाति, पिछड़ा वर्ग तथा महिलाओं के लिए हर स्तर पर पंचायत के (सदस्य तथा अध्यक्ष) आरक्षण का प्रावधान है। परिणामस्वरूप राज्य में ग्राम पंचायत सरपंच पद हेतु 14.62 प्रतिशत अनुसूचित जाति के लिए एवं 29.40 प्रतिशत अनुसूचित जनजाति के लिए आरक्षण है। इसी प्रकार जनपद पंचायत अध्यक्ष पद हेतु 13.94 प्रतिशत अनुसूचित जाति के लिए एवं 32.03 प्रतिशत अनुसूचित जनजाति के लिए आरक्षण है, 15.54 प्रतिशत तथा 23.27 प्रतिशत क्रमशः जिला पंचायत अध्यक्ष हेतु पदों के आरक्षण का प्रावधान है। 73वें संवैधानिक संशोधन द्वारा कम से कम एक तिहाई सदस्यों एवं अध्यक्ष पद महिलाओं के लिए आरक्षित हैं, परन्तु अनुसूचित जाति एवं जनजाति हेतु अध्यक्ष पदों का आरक्षण यथासंभव राज्य की जनसंख्या में उन की संख्या के अनुपात में होना चाहिए। पिछड़े वर्गो के लिए ग्राम पंचायत अध्यक्ष के 17.39 प्रतिशत, जनपद पंचायत अध्यक्ष के 16.56 प्रतिशत तथा जिला पंचायत अध्यक्ष के 24 प्रतिशत पद आरक्षित किए गए है। अधिनियम में यह भी प्रावधान है कि यदि पंचायत अध्यक्ष अनुसूचित जाति, अनुसूचित जनजाति अथवा पिछड़े वर्ग से नहीं है तो उपाध्यक्ष इन वर्गो से होना चाहिए। (देखिए सारणी क्रमांक 'ब')

मध्यप्रदेश में पंचायत चुनाव

मध्यप्रदेश में पंचायत चुनाव अनेक वर्षो से लगातार होते रहे किन्तु सफल नहीं हुए। 7 दिसंबर 1993 को सरकार ने मध्यप्रदेश में पंचायती राज की स्थापना कराने का निर्णय लिया। छहः माह की अवधि पूर्व होने

के पहने ही 7 जून 1994 तक तीन चरणों में त्रिस्तरीय पंचायती चुनाव पूर्ण करवाकर प्रदेश की नई सत्ता के विकेंद्रीकरण के जुमले को वास्तविक स्वरूप दे दिया।

सन् 1978, 1983 और 1989 में पंचायत चुनावों की शुरूआत हुई ही थी कि कानूनी व्यवधान आये और चुनाव रूक गए। सन् 1990 में पुन: तत्कालीन सरकार ने पंचायती चुनाव कराने की कोशिश की किन्तु कानूनी खामियों के कारण चुनाव नहीं हो सके। दिग्विजय सिंह सरकार ने सत्ता में आने के दो महीने के भीतर 25 जनवरी 1994 के केन्द्र के अधिनियम के अनुरूप पंचायती राज अधिनियम 1994 बनाया। इस अधिनियम के पहले सरकार ने पंचायती राज अधिनियम 1990 का गहन अध्ययन किया। किन्तु पंचायतों के निर्वाचन के संचालन, उनके अधिकारों, कर्तव्यों तथा वित्तीय साधनों के लिए पूर्व की कुल 129 धाराओं में से 51 धाराओं में परिवर्तन आवश्यक समझा गया। इन परिवर्तनों के फलस्वरूप अन्य धाराओं में भी परिणामिक संशोधन की आवश्यकता हो सकती थी। अत: संविधान के अनुरूप संशोधन में प्रावधान करने तथा इसें सामान्य लोगों के समझने योग्य बनाने के उद्‌देश्य से नया अधिनियम 1994 बनाया गया।

संविधान की मंशा के अनुरूप पंचायतों के चुनाव निष्पक्ष एवं स्वंतत्र रूप से कराने के लिए प्रदेश में फरवरी 1994 को पृथक एवं स्वायत्त राज्य निर्वाचन आयोग का गठन किया गया। श्री एन. बी. लोहनी को आयुक्त नियुक्त किया गया। 5 मार्च 1994 से पंचायत चुनावों के नियम प्रभावशाली किए गए, आयोग ने राज्य शासन की मंशा के अनुरूप नई सरकार के गठन के छ: माह पूरे होने के पहले ही पंचायत चुनाव संपन्न करवा दिए। इस प्रकार मध्यप्रदेश ने पंचायत चुनाव के महायज्ञ की शुरूआत की और राष्ट्रीय गौरव अर्जित किया। केंद्र के नए पंचायत अधिनियम के अर्न्तगत त्रिस्तरीय चुनाव कराने वाला मध्यप्रदेश देश का पहला राज्य बना।

मध्यप्रदेश पंचायती राज अधिनियम 1994 में राज्य सरकार ने पंच, सरपंच तथा जनपद और जिला पंचायतों के सदस्यों के सीधे निर्वाचन की व्यवस्था की। पंचायतों में सदस्यों तथा प्रमुखों के पदों के लिए अनुसूचित जाति, अनुसूचित जनजाति तथा पिछड़े वर्गो के सदस्यों के लिए संविधान के अनुरूप आरक्षण की व्यवस्था सुनिश्चित की। सभी स्तरों की पंचायतों के सदस्यों की तथा प्रमुखों के कुल पदों में से एक तिहाई महिलाओं के लिए आरक्षित किए गए। पंचायतों में प्रमुखों के पदों

पर अनुसूचित जाति, अनुसूचित जनजाति के वर्ग का व्यक्ति न होने की स्थिति में वहां उप प्रमुख अवश्य ही इन वर्गों से लेने का प्रावधान किया गया। ग्रामीण क्षेत्रों को राजनैतिक प्रदूषण से दूर रखने की दृष्टि से पंचायतों के चुनाव दलीय आधार पर नहीं कराए गए। अधिनियम 1994 में प्रत्येक पंचायत का कार्यकाल पांच वर्ष रखा गया। यदि किसी कारणवश छः माह से अधिक हो, तो नवीनतम गठन केवल शेष अवधि के लिए होगा ताकि सभी स्तर की पंचायतें समकालीन हो। यदि ग्राम पंचायत का कार्यकाल पूर्ण होने के पूर्व नवीनतम गठन नही किया गया, तो अधिनियम में यह प्रावधान किया गया है तब पंचायत भंग हो जाएगी और किसी भी हालत में छः माह के भीतर नवीनतम गठन आवश्यक होगा ताकि लोगों का प्रतिनिधित्व खाली न रहे।

आयोग द्वारा पंचायत चुनाव की हर कार्यवाही को प्रायोगिक सोच से अद्यतन स्वरूप दिया गया। मतदाता सूची, मतदान, मतगणना आदि की प्रक्रिया को सरल और पारदर्शी स्वरूप दिया गया ताकि जनता की समझ के अनुरूप ही इनका परिपालन आसान हो सके। मतदाता सूची में प्रदेश के हर वयस्क को शामिल करने में काफी हद तक सफलता अर्जित की गई। पंच, सरपंच तथा जनपद और जिला पंचायतों के सदस्य पद के लिए अलग-अलग रंग के मतपत्र छपाए गए, जो मतदाता को मतदान करने में काफी सरल महसूस हुए। पंचायत चुनावों में कोई 12 करोड़ मतपत्र छपाए गए। प्रारूप मतदाता सूचियां प्रदेश के सभी ग्राम पंचायतों तथा तहसील मुख्यालयों में रखी गई। इस व्यवस्था से पात्रता रखने वाला प्रत्येक व्यक्ति इस मतदाता सूची में अपना नाम जुड़वाने का अवसर प्राप्त कर सका। अंतिम रूप से प्रकाशित सूचियों के आधार पर ही पंचायतों के चुनाव कराए गए।

पंचायतों के चुनाव स्वतंत्रा और निष्पक्ष रूप से कराने के लिए राज्य शासन द्वारा कानून और व्यवस्था बनाए रखने के आवश्यक प्रबंध किए गए, जो मतगणना कार्य पूर्ण होने तक बरकरार रहे। चुनावों की सूचना जारी होते ही हर जिले में आग्रेय शस्त्र और अन्य घातक हथियारों के उपयोग पर प्रतिबंध लगाया गया। सभी जिलों में मतदान की तारीख से दो दिन पहले से लेकर मतदान के दिन तक की अवधि के लिए मद्य-निषेधता कड़ाई से लागू की गई।

सरकार द्वारा अपेक्षित नियमों के अन्तर्गत ग्राम पंचायतों तथा उनमें महिलाओं के लिए आरक्षण के बारे में निर्मित जानकारी का व्यापक

प्रचार प्रसार गांवो में किया गया। चुनावों की तैयारी की गहन समीक्षा जिला कलेक्टरों द्वारा सुनिश्चित की गयी। विशेष तौर पर सुरक्षा व्यवस्था, मत पत्रों में उम्मीदवारों के नाम लिखनें की कार्यवाही, मतगणना तथा चुनाव परिणाम घोषित करने की प्रक्रिया के संबंध में सतर्कता बरती गई। राजनैतिक दलों, संचार माध्यमों और शासन से सम्पूर्ण विचार विमर्श कर आदर्श आचरण संहिता तैयार की गई। इस संहिता का परिपालन असरकारक रहा। अभ्यथियों को निर्वाचन प्रतीकों का आवंटन संबंधित रिटर्निंग आफिसर (पंचायत) द्वारा वर्णक्रमानुसार तैयार की गई नामों की सूची में उल्लेखित क्रम के अनुसार किया गया। मतदान के लिए सभी जिलों में शासकीय कर्मियों और श्रमिकों के लिए अवकाश की सुविधा उपलब्ध कराई गई। चुनावी कार्यवाही पर सतत् नजर रखने की पूर्ण व्यवस्था की गई, जिससे समय-समय पर समस्याओं का तत्काल निदान संभव हो सका। इसी के साथ जिलों में 28 प्रेषक नियुक्त किए गए। ये प्रेषक मतदान के दो दिन पूर्व से लेकर चुनाव परिणाम घोषित होने तक रहे तथा नियमों के पालन पर सतत् नजर रखे रहे।

पंचायती चुनाव के लिए प्रदेश में 76,678 मतदान केंद्र बनाए गए। इसमें सर्वाधिक 65.59 प्रतिशत मतदान केंद्र सामान्य थे। कुल मतदान केंद्रों में 50,578 केन्द्र सामान्य रहे और 13,620 मतदान केंद्र संवेदनशील रहे और 8,420 मतदान केंद्र अतिसंवेदनशील रहे। संवेदनशील और अतिसंवेदनशील मतदान केंद्रो पर जिला कलेक्टरों द्वारा पर्याप्त सुरक्षा व्यवस्था सुनिश्चित की गई और इसी का परिणाम यह रहा कि सम्पूर्ण चुनाव में मात्र छुट-पुट घटनाएं ही हुई। कोई गंभीर और दुःखद माहौल जन्म न ले सका। राज्य निर्वाचन आयोग को कतिपय स्थानों पर गलत ढंग से नाम निर्देशन-पत्र खारिज किए जाने, आरक्षित सीटों में अपात्र व्यक्तियों के नाम निर्देशन-पत्रों को स्वीकृत किए जाने और फर्जी तौर पर उम्मीदवार वापस लिए जाने के संबंध में कुछ शिकायतें मिली, जिनकी कड़ी जांच संबंधित जिला कलेक्टरों से कराई गई। चुनावों की स्वतंत्रता तथा विश्वस्नीयता बनाए रखने के उद्देश्य से आयोग ने ऐसे मामलों में तत्काल हस्तक्षेप करना आवश्यक समझा तथा जांच रिपोर्ट के आधार पर कई स्थानों पर निर्वाचिन प्रत्यादिष्ट भी किए गए और कई स्थानों पर निर्वाचन स्थगित किए गए। चुनावों की विशेषता रही लगभग 60 प्रतिशत स्थानों पर निर्विरोध निर्वाचन। पंचायतों के 34,599 स्थान

रिक्त रहे जिनके चुनाव शीघ्र कराने का निर्णय लिया गया। 1,65,530 स्थानों के लिए चुनाव कराए गए, जिनमें से 4,88,399 अभ्यर्थियों ने हिस्सा लिया। मई-जून की तेज तपनभरी धूप में भी 67 प्रतिशत मतदान हुआ, जो ग्रामीण जागरूकता का सशक्त प्रमाण है। चुनाव कार्य में कुल साढ़े तीन लाख सरकारी कर्मचारी और डेढ़ लाख सुरक्षा कर्मी तैनात किए गए।[5]

जिला मुरैना में पंचायतों में महिला नेतृत्व

मुरैना जिले में कुल 475 पंचायते हैं। प्राप्त आंकड़ों के अनुसार कुल सरपंचो की संख्या 474 है क्योंकि पहाड़गढ़ जनपद में एक सरपंच का पद रिक्त है। इन 475 सरपंचों में से 153 महिला सरपंच है। जिले में उपसरपंच की संख्या 475 है जिसमें 157 उपसरपंच के पद पर महिलाएं आसीन है।

जिले के 7 जनपदों में पंचो की संख्या 7067 है इसमें 2487 महिला पंच सम्मिलित है। इस प्रकार पंचायती राज प्रक्रिया में महिलाओं के 33 प्रतिशत आरक्षण संबंधी प्रावधानों का पालन हुआ है। (देखिए सारणी क्र. 1)

जिला मुरैना में ग्राम पचांयत स्तर पर महिला सदस्यों का सामाजिक वर्गीकरण

पंचायती राज में समाज के पिछड़े एवं अनुसूचित जाति, जनजाति, को आरक्षण द्वारा प्रतिनिधित्व प्राप्त हुआ है। इस वर्ग की महिला सरपंच पहली बार इस प्रक्रिया में सम्मिलित हुई हैं। जिले के 474 सरपंचों में से 153 महिला सरपंच विभिन्न वर्गो का प्रतिनिधित्व करती हैं। अ. जाति - 32, अ. जन जाति - 1, पिछड़ा वर्ग - 38 सामान्य वर्ग से 82 महिला सरपंच है। जिले में 475 उपसरपंच है। इनमें महिला उपसरपंचों की संख्या 157 है।

मुरैना जिले में पंचों की कुल संख्या 7067 है इसमें 2487 महिलाएं है, जिनमें 498 अ. जाति, 19 अ. जनजाति एवं 625 पिछड़े वर्ग की हैं। सामान्य वर्ग से 1345 महिलाएं पंच निर्वाचित हुई हैं। (देखिये सारणी क्र. 2)

जनपद एवं जिला पंचायत स्तर पर महिला सदस्यों का सामाजिक वर्गीकरण

मुरैना जिले में कुल 7 जनपद हैं। जिनमें जनपद पंचायत सदस्यों की संख्या 164 हैं। इसमें 55 महिलाएं हैं - 12 अ. जाति से, 0 अ. जन. जाति से, 14 पिछड़े वर्गा से तथा 29 सामान्य वर्ग से है।

जिला पंचायत में 19 सदस्य हैं तथा महिला सदस्यों की संख्या 7 है इनमें से 2 अ. जाति, 0 अ. जन. जाति से, 4 पिछड़े वर्ग एवं 1 सामान्य वर्ग से है।

जिल पंचायत मुरैना की अध्यक्ष ग्रामीण परिवेश में दलित परिवार में जन्मी पली बढ़ी श्रीमती गुड्डी बाई है। (देखिये सारणी क्र. 3)

जिला मुरैना की महिला सरपंचों की व्यवसायिक पृष्ठभूमि

जिले के विभिन्न जनपदों में 475 पंचायतों में 474 सरपंच कार्यरत हैं। उनमें 153 महिला सरपंचों की व्यवसायिक पृष्ठभूमि के संबंध में प्राप्त जानकारी के आधार पर कहा जा सकता है कि अधिकांश महिलाएं ऐसे परिवारों से हैं जिनका जीवन यापन कृषि पर निर्भर है। इसके पश्चात पारिवारिक व्यवसाय, खेतिहर मजदूरी तथा शासकीय सेवा (सेवा निवृत भी) का क्रम देखा जा सकता है। कुछ की भूमिका सक्रिय है तो कुछ इसमें सहायक भूमिका का निर्वाह करती हैं। (देखिए सारणी क्र. 4)

महिला सरपंचों की पारिवारिक पृष्ठभूमि

संग्रहीत जानकारी के आधार पर निष्कर्ष निकाला जा सकता है कि सभी महिला सरपंच विवाहित हैं तथा कम आयु में ही उन्हें पारिवारिक उत्तरदायित्वों का निर्वाह करने का अवसर मिला। वे अपने परिवार के प्रति उत्तरदायित्व का निर्वाह करने के साथ ही सार्वजनिक जीवन के कर्तव्यों का पालन करती हैं। इस प्रकार उन्हें दोहरे दायित्वों का निर्वाह करना पड़ता है। स्वाभाविक है कि उन्हें अपनी प्राथमिकताओं को निश्चित करने में कठिनाई का सामना करना पड़ता है। अतः महिला प्रतिनिधियों को अपने कार्यकलापों में परिवार के सदस्यों की सहायता लेने के लिए बाध्य होना पड़ता है तो यह आश्चर्य जनक नहीं है।

अविवाहितों का ग्रामीण क्षेत्रों में सार्वजनिक जीवन में प्रवेश कठिन ही है। (देखिए सारणी क्र. 5)

जिला मुरैना की महिला सरपंचों की शैक्षणिक पृष्ठभूमि

वर्ष 2001 में सम्पन्न जनगणना के अनुसार जिला मुरैना में साक्षरों की कुल संख्या 8,50,320 है। पुरुष साक्षरों की संख्या 5,76,89 एवं महिला साक्षरों की संख्या 2,73,511 है जो 1991 की जनगणना के आंकड़ों (पु. 4,29,305 स्त्री - 1,25,076) की अपेक्षा अधिक उत्साह जनक है। लेकिन ग्रामीणों क्षेत्रों में बालिकाओं की साक्षरता के प्रति सामाजिक उदासीनता निश्चित ही चिन्ता का विषय है। यही कारण है कि महिला सरपंचों में अधिकांश केवल प्राथमिक परीक्षा उत्तीर्ण हैं। कुछ मिडिल अथवा उच्चतर माध्यमिक परीक्षा उत्तीर्ण है। स्नातक उपाधिधारी महिला प्रतिनिधियों का तो अभाव है। कुछ महिला प्रतिनिधि तो मात्र साक्षर की श्रेणी में रखी जा सकती हैं। ग्राम पंचायत में निरक्षर महिला पंचों के उदाहरण भी अध्ययन से प्राप्त हुए। इसका सीधा प्रभाव उनकी कार्य क्षमता पर पड़ता है। ऐसे में पंचायती राज प्रक्रिया की जानकारी का अभाव कोई आश्चर्य नहीं। नियमों एवं विधियों की अज्ञानता उन्हें दूसरों पर निर्भर रहने के लिए बाध्य करती है। इसी लिये पंचायती राज में प्रशिक्षण पर विशेषकर महिलाओं के लिए प्रशिक्षण पर बल दिया गया है। प्रशिक्षण का स्वरूप क्या हो यह निर्धारण करते समय ग्रामीण परिवेश की समस्याओं पर ध्यान देना आवश्यक है। (देखिए सारणी क्र. 6)

जिला मुरैना की महिला सरपंचों का राजनीति प्रवेश का निर्णय

यद्यपि कुछ महिला सरपंचों ने साक्षात्कार में यह मत व्यक्त किया कि वे स्वेच्छा से राजनीति में आई हैं लेकिन इस कथन पर विश्वास करना शोधकर्ता के लिए कठिन है। सत्य यह है कि महिला सरपंचों का चुनाव में प्रवेश उनके पति परमेश्वर की इच्छा पर निर्भर करता है। यह पुरुषों की राजनीतिक महत्वाकांक्षाओं को महिलाओं के माध्यम से पूर्ण करने का प्रयास मात्र ही कहा जायेगा। चुनाव प्रचार का दायित्व भी पति या परिवार के अन्य सदस्यों ने संभाला। (देखिए सारणी क्र. 7)

जिला मुरैना की महिला सरपंचो का राजनीतिक प्रवेश का उद्देश्य

ग्रामीण क्षेत्रों में महिलाओं का राजनीति प्रवेश उनकी इच्छा पर नहीं वरन अन्य कारणों से होता है। अतः उनके राजनीति प्रवेश का उद्देश्य क्या है वे स्वयं नहीं जानतीं। अधिकांश महिला प्रतिनिधियों का कथन था कि वे महिलाओं के विकास के लिए राजनीति में आई हैं। इस क्रम में ग्रामीण विकास की इच्छा, पिछड़े दलित वर्ग, अल्प संख्यको का कल्याण जैसे उद्देश्य के बारे में बताया गया। समाज के इन वंचित वर्गो के प्रति उनकी सहानुभूति व्यक्त करना स्वाभाविक है क्योंकि वे स्वयं विकास के अवसरों से वंचित रही हैं। (देखिए सारणी क्र. 8)

जिला मुरैना की महिला सरपंचों का पंचायती राज का अनुभव

महिला सरपंचों को पंचायती राज प्रक्रिया का अनुभव नहीं है क्योंकि वे प्रथम बार चुनाव में निर्वाचित होकर आई हैं। पंचायती राज में महिलाओं के लिए आरक्षण 1994 से लागू है। दूसरी बार हुए चुनाव में दूसरी बार निर्वाचित होने वाली महिला सरपंचों की अत्यन्त कम है या तो उनके द्वारा दुबारा चुनाव लड़ा ही नहीं गया अथवा वे पराजित हो गई। (देखिए सारणी क्र. 9)

जिला मुरैना की महिला सरपंचों में राजनीतिक चेतना पंचायती राज के उद्देश्यों की जानकारी

अधिकांश महिला सरपंचों को पंचायती राज के उद्देश्यों की जानकारी इस व्यवस्था में प्रवेश से पूर्व नही थी। कुछ को थोड़ी जानकारी थी तो कुछ पंचायती राज के बारे में पूर्ण अनिभिज्ञ थी। निर्वाचित होने के पश्चात उन्हें प्रशिक्षण की अवधि में पंचायती राज की जानकारी प्राप्त हुई तथा मध्य प्रदेश पंचायत अधिनियम के मुख्य प्रावधानों को समझने का प्रयास किया। साक्षरता के निम्न स्तर के कारण अधिनियम को पढ़ने का कोई प्रश्न अपस्थित नहीं होता। परन्तु उन्हें यह अहसास अवश्य हुआ कि पंचायती राज की सफलता के लिए नियमों का ज्ञान होना चाहिए। (देखिए सारणी क्र. 10)

जिला मुरैना की महिला सरपंचों की ग्रामीण विकास की प्राथमिकताएं

भले ही महिला सरपंचों की साक्षरता का स्तर कम हो और पंचायत अधिनियम की जानकारी उन्हें न हो लेकिन ग्रामीण विकास की प्राथमिकताओं को निर्धारित करने में उन्हें अधिक कठिनाई नहीं होती। ग्रामीण क्षेत्रों में आवास, पानी शिक्षा, स्वास्थ्य, रोजगार के अवसरों का विकास उनकी दृष्टि में वे प्राथमिकताएं हैं जिनकी उपेक्षा नहीं की जा सकती और पचांयती राज की सफलता या असफलता इन प्राथमिकताओं को पूरा करने पर निर्भर करता है। महिलाओं, बच्चों के कल्याण के बारे में उनकी प्राथमिकता सर्वोपरि है। (देखिए सारणी क्र. 11)

पंचायती राज संस्थाओं में महिलाओं की स्थिति

पंचायतों के वर्तमान स्वरूप के अध्ययन करने के पश्चात यह कहना कठिन है कि ग्रामीण शक्ति ढांचे की पहचान अभिजनवादी रूप में की जावे या बहुलवादी रूप में क्योंकि पारंपरिक प्रतिनिधित्व स्वरूप में परिवर्तन हुआ है। पंचायती राज संस्थाओं में महिलाओं विशेषकर जो निर्धन हैं तथा निम्न जाति की हैं, के प्रवेश ने ग्रामीण शक्ति ढांचे में उच्च जाति के लोगों का शिकंजा ढीला कर दिया है। प्रतिनिधित्व के बदले हुए स्वरूप ने निर्णय करने की प्रक्रिया को आमूल रूप से प्रभावित नहीं किया है परन्तु कुछ परिवर्तन स्पष्ट है जो पारंपरिक शक्तधारियों के घटते हुए प्रभाव का संकेत देते है।

ग्रामीण क्षेत्र में शक्ति ढांचे को पंचायतों में तीनों प्रकार के पदाधिकारियों की आर्थिक तथा राजनैतिक पृष्ठभूमि से समझा जा सकता है - सरपंच, उपसरपंच तथा वार्ड सदस्य जो पंचायत के निर्णय का प्रभावित करने की स्थिति में होते हैं। पंचायती राज के इन लोकप्रिय प्रतिनिधियों के व्यवहार से पंचायत की निर्णय लेने की प्रक्रिया प्रभावित होती है। अतः उनकी राजनैतिक पृष्ठभूमि, राजनैतिक महत्वाकाक्षाएं स्वयं सेवी संघों में भागीदारी, किसी समस्या के प्रति उनका दृष्टिकोण, ग्रामीणों के साथ सम्पर्क, राजनैतिक निष्ठाएं पंचायत में निर्णय लेने की प्रक्रिया को प्रभावित करते है।

एक व्यक्ति का दृष्टिकोण, व्यवहार, प्रेरणा तथा वर्ग चरित्र सामाजिक तथा राजनैतिक प्रकियाओं को प्रभावित करते है। जहां तक

निर्णय लेने की प्रक्रिया का प्रश्न है निर्णय लेने वालों की सामाजिक पृष्ठभूमि उसमें महत्वपूर्ण भूमिका का निर्वाह करती है। एक कृषि प्रधान ग्रामीण अर्थव्यवस्था में जिसमें प्रजातांत्रिक संस्थाओं का प्रबंध करने के लिए एक प्रजातांत्रिक मनोदशा का का विकास अभी होना है, सामाजिक पृष्ठभूमि के तत्व निर्णय को आकार प्रदान करते है जो सामंती एवं प्रजातांत्रिक अभिमुखीकरण का मिश्रण होती हैं।

73वें संवैधानिक संशोधन के फलस्वरूप त्रिस्तरीय पंचायतों में 33 प्रतिशत स्थान महिलाओं के लिए आरक्षित किये गए हैं। पूर्व में ग्राम पंचायतों में महिलाएं सहयोजित या नामांकित की जाती थीं। फलस्वरूप उनकी संख्या एक प्रतिशत से भी कम होती थी। 33 प्रतिशत आरक्षण के बावजूद पुरुषों की अपेक्षा महिलाओं की संख्या कम ही है।

गांव में सामाजिक तथा आर्थिक हैसियत के निर्धारण में जाति एक महत्वपूर्ण निर्धारक तत्व होती है। सर्वेक्षण से स्पष्ट है कि निम्न जाति की महिलाओं का पंचायती राज में प्रतिनिधित्व का अनुपात सामान्य वर्ग की महिलाओं से अधिक है। पंचायतों की निर्वाचित महिला सदस्यों की शैक्षिक स्तर बहुत ऊंचा नहीं है।

पंचायत में निर्वाचित होने के पश्चात महिलाओं के पारिवारिक व्यवसाय में कोई परिवर्तन नहीं हुआ। जो महिलाएं पहले मजदूरी करती थीं पंचायत राज संस्थाओं में निर्वाचित होने के बाद उसी कार्य में लगी रहीं। परन्तु ऐसे मामलों में महिलाओं ने बाहर जाकर काम करना बन्द कर दिया। इसका कारण उनकी सुधरी हुई आर्थिक स्थिति और बढ़ती आयु मानी जा सकती है। परन्तु कुछ शिक्षित महिलाओं ने सिलाई, स्कूली छात्रों को टयूशन पढ़ाने, निश्चित पारिश्रमिक पर कल्याणकारी कार्यक्रमों में हिस्सेदारी की ओर पंचायती राज संस्थाओं में पद सम्भालने के बाद ध्यान दिया।

महिला प्रतिनिधियों की राजनैतिक पृष्ठभूमि

महिलाओं के राजनैतिक व्यवहार, मूल्य तथा अभिमुखीकरण अधिकतर उनकी राजनैतिक पृष्ठभूमि से प्रभावित होते हैं जिसमें सम्मिलित है – पारिवार के राजनैतिक प्रभाव, राजनैतिक सामाजीकरण, राजनीति मे प्रवेश की आयु, राजनीतिक दल से सम्बद्वता, दल में स्थान, सम्बद्वता तथा राजनैतिक भागीदारी। ये तत्व उनके राजनैतिक व्यवहार

का निर्धारित करने के साथ ही उनके द्वारा निर्णय लेने की दक्षता को भी प्रभावित करते है।

बहुत कम महिलाएं ऐसे परिवारों से है जहां उनके पति सक्रिय राजनीति में हैं या किसी राजनैतिक दल के सक्रिय सदस्य हैं। पंचायती राज संस्थाओं में प्रवेश से पूर्व अधिकांश महिलाओं को राजनीति का कोई अनुभव नहीं था। परन्तु पंचायती राज संस्थाओं के मामलों में भागीदारी के पश्चात उनकी दक्षता में सुधार हुआ तथा अपने राजनैतिक अभिमुखीकरण का स्वरूप निर्धारित किया। अपने सरकारी पद के कारण उन्हें गांव के प्रभावशाली व्यक्तियों, दलीय कार्यकर्ताओं, गैर सरकारी संगठनों की गतिविधियों के सम्पर्क में आना पड़ता है। सरकारी हैसियत से वे पंचायतों की बैठक में सम्मिलित होती हैं। ऐसी गतिविधियां तथा सम्पर्क उन्हें निष्ठा एवं समपर्ण के साथ अपने दायित्वों के निर्वहन में प्रेरणा प्रदान करती हैं। लेकिन उनके राजनैतिक दृष्टिकोण तथा व्यवहार को राजनैतिक प्रेरणा, राजनीति में रूचि जैसे व्यक्तिगत तत्व काफी हद तक प्रभावित करते हैं। उनकी दक्षता तथा कुशलता सहयोगियों, परिवार तथा समुदाय की बैठकों में नियमित उपस्थिति से प्रभावित होती है। आर्थिक पुरस्कार उनके द्वारा पंचायती राज संस्थाओं में भाग लेने तथा स्वयं को उनसे जोड़ने की इच्छा को मजबूती प्रदान करते है। इनमें नियमित रूप से भागीदारी उन्हें अपनी दक्षता को विकसित करने के साधन प्रदान करती है।

राजनीति में प्रवेश के बारे में उत्तरदाताओं के विचारों को दो वर्गों में विभाजित किया जा सकता है - प्रथम, बाहरी प्रभाव दूसरे, व्यक्तिगत कारणों से, अधिकांश, उत्तरदाताओं का कहना है कि दोनों तत्वों के मिले जुले प्रभाव के कारण उन्होंने पंचायती राज संस्थाओं में प्रवेश किया। स्थानीय स्तर के राजनैतिक नेताओं के साथ सम्पर्क एक महत्वपूर्ण कारण था। साथ ही परिवार के सदस्यों के प्रभाव ने उनके राजनीति में प्रवेश के निर्णय को अतिरिक्त समर्थन प्रदान किया। इन सभी तत्वों ने सार्वजनिक पदों पर कार्य करने की उनकी हार्दिक अभिलाषा को सम्बल दिया। इसके फलस्वरूप परिवार एवं गांव में उनकी हैसियत ऊंची हो गई तथा जनता की सेवा करने का उन्हें एक अवसर प्राप्त हुआ।

अधिकांश महिला सरपंच स्वयं सेवी संस्थाओं की सक्रिय सदस्य हैं। वे समाज कल्याण, सांस्कृतिक, जातिगत, व्यापारिक, धार्मिक

गतिविधियों में भाग लेती हैं। इनमें जातिगत संगठन राजनीति में प्रवेश के लिए महत्वपूर्ण हैं। ग्राम स्तर पर पंचायती राज संस्थाओं में प्रवेश करते समय एक जाति विशेष के संगठन की सहायता लेना आवश्यक सा हो गया है।

एक वार्ड का प्रतिनिधि आमतौर पर गांव की बहु संख्यक जाति से होता है। लेकिन कुछ मामलों में जहां उच्च जाति बहुमत में थी उसका प्रतिनिधित्व अन्य जाति की महिला द्वारा किया गया। इसका कारण उच्च जाति की महिलाओं में सार्वजनिक पदों पर कार्य करने की अनिच्छा बताया गया।

राजनैतिक महत्वाकांक्षाएं

अधिकांश उत्तरदाताओं ने आमतौर पर किसी प्रकार की राजनैतिक महत्वाकांक्षाओं से इन्कार किया। उनके अनुसार यह एक संयोग मात्र है कि उन्होंने पंचायती राज संस्थाओं में प्रवेश किया। भविष्य में इन पदों पर दुबारा चुने जाने के प्रति वे आशावान नहीं हैं। परन्तु विस्तार से पूछे जाने पर उत्तरदाताओं ने चुनाव लड़कर पंचायती राज संस्थाओं के पद प्राप्त करने की इच्छा व्यक्त की। इसका कारण सार्वजनिक गतिविधियों में संलग्न रहने के फलस्वरूप प्राप्त संतोष की भावना है। पारश्रमिक, मान्यता तथा सम्मान की प्राप्ति कुछ महत्वपूर्ण कारण है जिनके कारण वे सार्वजनिक जीवन में बने रहना चाहती हैं। कुछ महिला प्रतिनिधियों ने तो राज्य स्तर के चुनाव लड़ने की इच्छा भी व्यक्त की। अतः स्पष्ट है कि उनमें राजनीतिक महत्वकांक्षा का जन्म पंचायती राज संस्थाओं के अनुभव के बाद हुआ।

महिला प्रतिनिधियों का ग्रामीण विकास के प्रति दृष्टिकोण

पंचायती राज संस्थाओं की महिला प्रतिनिधि अपने गांव की समस्याओं के बारे में क्या सोचती है? यद्यपि प्रत्येक गांव एक प्रथक इकाई होता है परन्तु उनकी समस्याएं लगभग समान हैं जैसा कि उत्तरदाताओं के विचारों से स्पष्ट है। उनके अनुसार गांव की कुछ प्रमुख समस्याएं हैं :

1. सालभर रोजगार प्राप्त न होना
2. पीने की पानी की सुविधा का अभाव
3. समुचित सिंचाई सुविधा न होना
4. संचार सुविधाओं का अभाव
5. स्कूल एवं अस्पतालों की कमी। जहां है वहां उनका ठीक प्रकार से संचालन न होना।
6. ग्राम स्तर के सरकारी अधिकारियों का असहयोग पूर्ण व्यवहार।
7. कल्याण गतिविधियों में नागरिकों की रूचि का अभाव।
8. जानवरों के लिए समुचित चारे की व्यवस्था न होना।
9. भ्रष्टाचार
10. सरकारी कर्मचारियों की डयूटी से गायब रहने की प्रवृति।

ग्रामीण समस्याओं के हल के लिए सुझाव

महिला प्रतिनिधियों ने समस्याओं के हल के लिए निम्न सुझाव दिए :

1. संचार सुविधाओं को बढ़ाया जावे।
2. साल में कम से कम आठ महीने रोजगार की व्यवस्था हो।
3. भ्रष्ट अधिकारियों को दंड, गैर हाजिर रहने वाले शिक्षकों, डाक्टरों तथा ग्राम स्तर के अन्य कर्मचारियों को दंडित करने की समुचित व्यवस्था हो।
4. ग्राम स्तर के कर्मचारियों पर नियंत्रण करने के लिए पंचायती राज संस्थाओं के प्रतिनिधियों को व्यापक अधिकार दिये जावें।
5. सिंचाई सुविधाओं का और विस्तार हो।

गांव की आर्थिक स्थिति की चिन्ता

उत्तरदाताओं के विचार गांवों की आर्थिक स्थिति के बारे में उनकी चिन्ताओं की अभिव्यक्ति है, विशेषकर कृषि एवं आय के साधनों को लेकर। सत्य तो यह है कि अधिकांश ग्रामीणों के पास पर्याप्त जमीन नहीं है जिस के सहारे वे अपना जीवन यापन कर सकें। उनके पास न अपने या दूसरों के खेतों में सालभर करने के लिए काम है। इस प्रकार

गांवों में बेरोजगारी एक बड़ी समस्या बन गई है। अनेक युवक शहरों अथवा दूर दराज़ के महानगरों में काम करने के लिए भाग जाते हैं। इनमें से कुछ को काम मिल जाता है और वे गांव नहीं लौटते। परन्तु इनमें से अनेक बीमारियों के शिकार हो जाते हैं तथा कुछ की मृत्यु भी हो जाती है। गांवो में नवयुवकों के लिए रोजगार एक बड़ी समस्या बनता जा रहा है।

कृषि के लिए अपर्याप्त पानी, पशुओं के लिए चारा तथा पशु चिकित्सालय का अभाव की समस्या को उत्तरदाताओं ने रेखांकित किया। यद्यपि अधिकांश गांवों में सिंचाई की सुविधा है लेकिन कभी-कभी अपर्याप्त वर्षा के कारण ग्रीष्मकाल में पानी की कमी हो जाती है। कभी-कभी फसल चौपट होने के कारण लोगों का जीवन कठिन हो जाता है क्योंकि वे पूर्ण रूपेण कृषि पर निर्भर रहते हैं। स्वास्थ्य, शिक्षा तथा पोषण के बारे में ग्रामीणों की चिन्ता उनकी स्वास्थ्य एवं भोजन की देखभाल के बारे में उनके आधुनिक अभिमुखीकरण का द्योतक है।

पंचायती राज में महिलाओं को प्रशिक्षण

संविधान के 73वें संशोधन में पंचायतों को अधिक स्वतंत्र व प्रभावशाली बनाया गया है। पंचायतों में महिलाओं को एक-तिहाई पद देकर उन्हें समानता का दर्जा देने का प्रयास किया गया है। महिलाओं को यह अवसर तो दिया गया है पर इसका प्रभावी उपयोग तभी हो सकता है जबकि उन्हें इसके निर्वाह के लिए उपयुक्त प्रशिक्षण देकर सशक्त बनाया जाए। इसमें सरकारी और गैरसरकारी संस्थाओं की महत्वपूर्ण भूमिका हो सकती है। महिलाओं को सशक्त बनाने की प्रक्रिया में निम्नलिखित कार्य शामिल हो सकते है:[6]

1. **महिला मंडलों की स्थापना**–छोटे समूह के महिला संगठनों की स्थापना करना तााकि महिलाएँ अपनी समस्याओं पर खुलकर बात कर सकें।
2. **सामाजिक नेतृत्व**–उनसे समबन्धित मामलों में महिलाओं की नेतृत्व क्षमता विकसित करना ताकि उन समस्याओं को हल करने के लिए उचित स्तर पर वे अपने प्रभाव का उपयोग कर सकें।
3. **आर्थिक स्वतंत्रता**–महिलाओं से सम्बन्धित आर्थिक क्रियाकलापों की उन्हें जानकारी देना।

4. **व्यक्तिगत स्वायत्तता**—उपरोक्त उपायों के आधार पर वे उपने व्यक्तिगत जीवन को और अच्छा बना सकें और उपने हक की मांग कर सकें, चाहे वे परिवार से सम्बन्धित हों या बच्चों की शिक्षा या और कोई। महिला मंडलों की के माध्यम से वे अपनी व्यक्तिगत समस्याएँ भी सामूहिक प्रभाव से हल करा सकें।
5. **राजनीतिक नेतृत्व**—इन सब उपायों के साथ वे पंचायतों के चुनाव में सक्रिय रूप से भाग लें और पंचायतीराज के माध्यम से महिलाओं को और सशक्त बनाने की कार्यवाही करें।

प्रशिक्षण की आवश्यकता

संविधान के 73वें संशोधन से महिलाओं को अधिकार तो मिल गए परंतु इतिहास यह बताता है कि आज तक उन्हें दूसरा दर्जा ही मिला है। अतः पंचायतीराज में वे अपनी नई भूमिका निभा सकें और पूरी शक्ति पहचानें, नेतृत्व के गुणों का विकास करें और प्रबंध कुशलता भी प्राप्त करें जिससे वे अपनी पूरी शक्ति से कार्य कर सकें।

प्रशिक्षण के प्रकार

पारम्परिक प्रशिक्षण में मुख्य जोर सूचनाएँ देने पर होता है और वक्ता यह जानकर अपनी बात कहता है कि श्रोता इस बारे में कुछ नहीं जानता। भाषण इसका एक मुख्य माध्यम होता है। इस प्रकार की प्रक्रिया ऊबाऊ होती है क्योंकि इसमें संवाद नहीं होता और न ही वास्तविक स्थितियों का पता लग सकता है। अतः आवश्यक है कि प्रशिक्षण सहभागी हो।

प्रशिक्षण की विषयवस्तु

प्रशिक्षण की विषयवस्तु को प्रशिक्षणार्थियों के समूह को ध्यान में रखकर ही निर्धारित किया जाना चाहिए क्योंकि सभी व्यक्ति समान नहीं होते और न ही सभी समूह समान होते है फिर भी सामान्य रूप से पाठ्यक्रम की रूपरेखा के बारे में निम्न बिन्दुओं पर ध्यान देना चाहिए -

1. सीखने का वातावरण, जानने और सीखने वालों की चिन्ताएँ समझने के लिए सम्बन्धित विषयवस्तु,

2. व्यक्तित्व कुशलताओं का विकास जो साधारण, स्व-सम्मान, विचार को सही रूप से प्रस्तुत करने व सुनने की कला विकसित करने और विचार विश्लेषण से सम्बन्धित हो,
3. बैठकों में भाग लेने, प्रस्तुत विचारों को समझने और उन्हें संतुलित करने की क्षमता बढ़ाना,
4. ग्राम पंचायतों के अधिकारों का ज्ञान ताकि उनके बारे में सभी निर्णय ले सकें,
5. विकास के प्रतिमान व परिदृश्य,
6. महिलाएँ और शिक्षा
7. महिलाएँ और पर्यावरण,
8. महिलाएँ और स्वास्थ्य,
9. महिलाएँ और कानून, एवं
10. महिलाएँ और प्रबंध

उपरोक्त सभी विषय ग्राम पंचायतों सम्बन्धी आँकड़ो व तथ्यों से संग्रहीत कर प्रस्तुत किये जाने चाहिए ताकि बात केवल सैद्वान्तिक स्तर तक ही सीमित नहीं रहे। बात महिलाओं की वस्तुस्थितिगत जानकारी पर आधारित होनी चाहिए और उसके सहारे फिर नये ज्ञान की खोज होनी चाहिए। धीरे-धीरे यह प्रयत्न भी होना चाहिए कि महिलाएँ इतनी सशक्त हो जाएँ की आगे प्रशिक्षण का संचालन भी वे स्वयं कर सकें ताकि लिंग असमानता प्रशिक्षण में बाधा न बने।

प्रशिक्षण के सिद्वांत

प्रशिक्षण व्यूहरचना बनाते समय निम्नलिखित सिद्वान्तो को ध्यान में रखा जाना चाहिए:

1. प्रशिक्षण को एक सतत् प्रक्रिया के रूप में देखा जाना चाहिए।
2. प्रशिक्षण विकेन्द्रीकृत हाना चाहिए।
3. प्रशिक्षण आवासीय होना चाहिए ताकि उसका वांछित प्रभाव हो। यह न्यूनतम 3 दिन और अधिकतम 10 दिन के लिए एक साथ हो सकता है। 5 दिन ज्यादा उपयुक्त रहते हैं।
4. प्रशिक्षण उन्ही लोगों द्वारा दिया जाना चाहिए जो लगातार प्रशिक्षण से जुड़े रह सकें।

5. प्रशिक्षण एक सशक्त साधन है, अतः तटस्थ न रहकर उसे वर्ग, जाति और लिंग चेतना व समानता के लिए सही परिप्रेक्ष्य तैयार करना चाहिए।
6. प्रशिक्षण के कई प्रतिमान होते है, अतः विभिन्न प्रतिमानों को स्वीकार कर स्थिति के अनुसार उन पर कार्य होना चाहिए।

संदर्भ

1. Kamlesh Sharma, "Women in Panchayats of Madhya Pradesh", *Kurushetra*, 47 (6), March 1999: pp. 33-35.
2. श्रीमती विजया पाठक, ''पंचायतों में महिलाओं की भागीदारी'', *मध्यप्रदेश पंचायिका*, मार्च 2000, पृ. 39.
3. देखिए आर. डी. जैन, *मध्यप्रदेश पंचायत निर्वाचन नियम 1994*, (ग्वालियर).
4. Rajiv Gandhi Foundation, New Delhi, Task Force on Panchayti Raj, *Panchayti Raj in India - Status Report, 1999*, (March 2000)-
5. विस्तृत विवरण क लिए देखिए, डा. मीनाक्षी पंवार, *ग्रामीण विकास की विकेंद्रीत व्यवस्था ''पंचायती राज''*, मध्यप्रदेश हिन्दी ग्रन्थ अकादमी, भोपाल, (1999), पृ. 106 - 109.
6. डा. बसन्ती लाल बावेल, *पंचायती राज एवं ग्रामीण विकास योजनाएं*, राजस्थान ग्रन्थ अकादमी, जयपुर, पृ. 87.

सारणी क्रमांक 1 : मुरैना जिला की महिला पंचायत प्रतिनिधि (जनपद वार)

जनपद पंचायत	ग्राम पंचायत	सरपंच	महिला सरपंच	उप. सरपंच	महिला उपसरपंच	पंच	महिला पंच	जनपद पंचायत सदस्य	महिला सदस्य जनपद पंचायत	जिला पंचाचत सदस्य	महिला सदस्य जिला पंचायत
पोरसा	53	53	17	53	17	881	306	25	8	3	1
अम्बाह	54	54	18	54	18	939	334	25	8	3	1
मुरैना	116	116	34	116	38	1524	526	25	8	4	3
कैलारस	60	60	20	60	20	906	312	20	7	2	-
पहाढ़गढ़	63	62	21	63	21	878	318	22	7	2	-
जौरा	69	69	23	69	23	1067	389	25	9	3	1
सबलगढ़	60	60	20	60	20	872	302	22	8	2	1
महायोग	475	474	153	475	157	7067	2487	164	55	19	7

स्रोत :- उपसंचालक पंचायत विभाग कार्यालय, मुरैना, (सांख्यिकी सेक्शन), 2000

सारणी क्रमांक 2 : मुरैना जिला की महिला पंचायत प्रतिनिधि

ग्राम पंचायत

(सामाजिक वर्गीकरण)

जनपद	ग्राम पंचायतों की संख्या	सरपंचों की संख्या	महिला सरपंचों की संख्या					उपसरपंचों की संख्या	महिला उप-सरपंचों की संख्या	पंचों की संख्या	महिला पंचों की संख्या				
			अ.ज.	अ.ज.ज.	पि.	सा.	कुल				अ.ज.	अ.ज.ज.	पि.	सा.	कुल
पोरसा	53	53	4	-	4	9	17	53	17	881	61	-	77	168	306
अम्बाह	54	54	4	-	5	9	18	54	18	939	74	-	84	176	334
मुरैना	116	116	7	-	8	19	34	116	38	1524	95	1	136	294	526
कैलारस	60	60	4	-	5	11	20	60	20	906	60	6	76	170	312
पहाड़गढ़	63	62	4	1	5	11	21	63	21	878	62	8	75	173	318
जौरा	69	69	4	-	6	13	23	69	23	1067	74	-	105	210	389
सबलगढ़	60	60	5	-	5	10	20	60	20	872	72	4	72	154	302
महायोग	475	474	32	1	38	82	153	475	157	7067	498	19	625	1345	2487

स्रोत :- उपसंचालक पंचायत विभाग कार्यालय, मुरैना, (सांख्यिकी सेक्शन), 2000

सारणी क्रमांक 3 : मुरैना जिला की महिला पंचायत प्रतिनिधि
जनपद एवं जिला पंचायत
(सामाजिक वर्गीकरण)

जनपद पंचायत	सदस्य जनपद पंचायत	महिला सदस्य जनपद पंचायत					जिला पंचायत सदस्य	महिला सदस्य जिला पंचायत				
		अ.जा.	अ.ज.ज.	पि.	सा.	कुल		अ.जा.	अ.ज.ज.	पि.	सा.	कुल
पोरसा	25	2	-	2	4	8	3	-	-	1	-	1
अम्बाह	25	2	-	2	4	8	3	-	-	-	1	1
मुरैना	25	2	-	2	4	8	4	2	-	1	-	3
कैलारस	25	1	-	2	4	7	2	-	-	-	-	-
पहाड़गढ़	20	1	-	2	4	7	2	-	-	-	-	-
जौरा	20	2	-	2	5	9	3	-	-	1	-	1
सबलगढ़	22	2	-	2	4	8	2	-	-	1	-	1
महायोग	164	12	-	14	29	55	19	2	-	4	1	7

स्रोत :- उपसंचालक पंचायत विभाग कार्यालय, मुरैना, (सांख्यिकी सेक्शन), 2000

सारणी क्रमांक 4 : मुरैना जिला की महिला सरपंचों की व्यवसायिक पृष्ठभूमि

जनपद पंचायत	ग्राम पंचायतों की संख्या	सरपंचों की संख्या	महिला सरपंचों की संख्या	शासकीय सेवा	कृषि	पारिवारिक व्यवसाय	खेतिहर मजदूर	योग
पोरसा	53	53	17	2	7	3	5	17
अम्बाह	54	54	18	1	9	3	5	18
मुरैना	116	116	34	3	15	7	9	34
कैलारस	60	60	20	-	10	5	5	20
पहाड़गढ	63	62	21	-	11	6	4	21
जौरा	69	69	23	1	12	4	6	23
सबलगढ़	60	60	20	1	10	5	4	20
महयोग	475	474	153	8	74	33	88	153

स्रोत :- शोधकर्ता द्वारा सर्वेक्षण के आधार पर

सारणी क्रमांक 5 : मुरैना जिला की महिला सरपंचों की पारिवारिक पृष्ठभूमि

जनपद पंचायत	ग्राम पंचायतों की संख्या	सरपंचों की संख्या	महिला सरपंचो की संख्या	अववाहित	विवाहित	विधवा	तलाकशुदा	योग
पोरसा	53	53	17	-	17	-	-	17
अम्बाह	54	54	18	-	18	-	-	18
मुरैना	116	116	34	-	34	-	-	34
कैलारस	60	60	20	-	20	-	-	20
पहाड़गढ	63	62	21	-	21	-	-	21
जौरा	69	69	23	-	23	-	-	23
सबलगढ़	60	60	20	-	20	-	-	20
महायोग	475	474	153	-	153	-	-	153

स्रोत :- शोधकर्ता द्वारा सर्वेक्षण के आधार पर

सारणी क्रमांक 6 : मुरैना जिला की महिला सरपंचों की शैक्षिक पृष्ठभूमि

जनपद पंचायत	ग्राम पंचायतों की संख्या	सरपंचों की संख्या	महिला सरपंचों की संख्या	निरक्षर	प्राइमरी	मिडिल	हायर सैकेंड्री	स्नातक	स्नातोकत्तर	योग
पोरसा	53	53	17	1	12	3	1	—	—	17
अम्बाह	54	54	18	1	11	4	2	—	—	18
मुरैना	116	116	34	2	15	10	7	—	—	34
कैलारस	60	60	20	1	10	7	2	—	—	20
पहाड़गढ	63	62	21	1	11	6	3	—	—	21
जौरा	69	69	23	2	10	7	4	—	—	23
सबलगढ़	60	60	20	1	12	5	2	—	—	20
महायोग	475	474	153	9	81	42	21	—	—	153

स्रोत :- शोधकर्ता द्वारा सर्वेक्षण के आधार पर

सारणी क्रमांक 7 : मुरैना जिला की महिला सरपंचों की राजनीति में प्रवेश की पृष्ठभूमि

जनपद पंचायत	ग्रम पंचायतों की संख्या	सरपंचों की संख्या	महिला सरपंचो की संख्या	पिता के कहने पर	पति के कहने पर	स्वेच्छा से	योग
पोरसा	53	53	17	2	15	-	17
अम्बाह	54	54	18	1	16	1	18
मुरैना	116	116	34	2	31	1	34
कैलारस	60	60	20	1	18	1	20
पहाड़गढ	63	62	21	2	17	2	21
जौरा	69	69	23	1	20	2	23
सबलगढ़	60	60	20	2	17	1	20
महायोग	475	474	153	11	134	8	153

स्रोत :- शोधकर्ता द्वारा सर्वेक्षण के आधार पर

सारणी क्रमांक 8 : मुरैना जिला की महिला सरपंचों की राजनीति प्रवेश का उद्देश्य

जनपद पंचायत	ग्राम पंचायतों की संख्या	सरपंचों की संख्या	महिला सरपंचों की संख्या	वर्तमान राजनैतिक दशा	ग्रामीण विकास की इच्छा	महिलाओं का विकास	पिछड़े एवं दलित वर्ग का कल्याण	योग
पोरसा	53	53	17	2	7	5	3	17
अम्बाह	54	54	18	1	8	5	4	18
मुरैना	116	116	34	5	20	4	5	34
कैलारस	60	60	20	3	11	3	3	20
पहाड़गढ	63	62	21	4	12	2	3	21
जौरा	69	69	23	2	11	5	5	23
सबलगढ़	60	60	20	1	10	8	1	20
महायोग	475	474	153	18	79	32	24	153

स्रोत :- शोधकर्ता द्वारा सर्वेक्षण के आधार पर

सारणी क्रमांक 9 : मुरैना जिला की महिला सरपंचों का पंचायती राज का अनुभव

जनपद पंचायत	ग्राम पंचायतों की संख्या	सरपंचों की संख्या	महिला सरपंचों की संख्या	प्रथम बार निर्वाचित	द्वितीय बार निर्वाचित	तृतीय बार निर्वाचित	योग
पोरसा	53	53	17	16	1	-	17
अम्बाह	54	54	18	16	2	-	18
मुरैना	116	116	34	32	2	-	34
कैलारस	60	60	20	19	1	-	20
पहाड़गढ	63	62	21	20	1	-	21
जौरा	69	69	23	21	2	-	23
सबलगढ़	60	60	20	19	1	-	20
महायोग	475	474	153	143	10	-	153

स्रोत :- शोधकर्ता द्वारा सर्वेक्षण के आधार पर

सारणी क्रमांक 10 : मुरैना जिला की महिला सरपंचों की राजनीतिक चेतना
(पंचायती राज के उद्देश्य की जानकारो)

जनपद पंचायत	ग्राम पंचायतों की संख्या	सरपंचों की संख्या	महिला सरपंचों की संख्या	हाँ	नहीं	पूरी जानकारी नहीं	योग
पोरसा	53	53	17	6	10	1	17
अम्बाह	54	54	18	4	12	2	18
मुरैना	116	116	34	8	25	1	34
कैलारस	60	60	20	5	13	2	20
पहाड़गढ	63	62	21	5	15	1	21
जौरा	69	69	23	6	15	2	23
सबलगढ़	60	60	20	6	12	2	20
महायोग	475	474	153	40	102	11	153

स्रोत :- शोधकर्ता द्वारा सर्वेक्षण के आधार पर

सारणी क्रमांक 11 : मुरैना जिला की महिला सरपंचों की ग्रामीण विकास की प्राथमिकताएं

जनपद पंचायत	ग्रम पंचायतों की संख्या	सरपंचों की संख्या	महिला सरपंचों की संख्या	आवास	पानी	स्वास्थ्य	सड़कें	बिजली	रोजगार विशेषकर महिलाओ को	योग
पोरसा	53	53	17	1	8	3	1	1	3	17
अम्बाह	54	54	18	2	7	3	1	1	4	18
मुरैना	116	116	34	5	11	4	5	5	4	34
कैलारस	60	60	20	3	7	2	2	1	5	20
पहाड़गढ	63	62	21	4	7	1	1	3	5	21
जौरा	69	69	23	5	7	2	1	1	7	23
सबलगढ़	60	60	20	4	6	1	1	3	5	20
महायोग	475	474	153	24	53	16	12	15	33	153

स्रोत :- शोधकर्ता द्वारा सर्वेक्षण के आधार पर

सारणी क्रमांक 'अ' : पंचायती राज संस्थाओं में निर्वाचित अनुसूचित जाति, अनुसूचित जनजाति एवं महिला प्रतिनिधि

States/UTs	Gram Panchayat				Panchayat Samiti				Zilla Parishad			
	SC	ST	Women	Total	SC	ST	Women	Total	SC	ST	Women	Total
Andhra Pradesh	38674	15304	78000	230529	789	803	5420	14644	128	66	363	1093
Arunachal Pradesh		5733	86	5733		1205	39	1205		77		77
Assam			5469	30360			669	2564				845
Bihar				165452				15344				1585
Goa				1281				—				35
Gujrat	4739	9550	21351	123470	279	561	1275	3814	57	114	254	761
Haryana	1191		17928	60117			807	2528			101	319
Himachal Pradesh	3824	672	1877	18625	280	74	180	1661	46	14	27	252
J & K												
Karnataka	10318	1585	35305	80627	601	169	1343	3340	165	47	33	919
Kerala				10270				1547				300
Madhya Pradesh	64997	132638	156181	474351	1345	2780	3169	9097	143	267	31	1036
Maharashtra				276190	478	396	1435	3524	193	160	579	1762
Manipur				3714				—				57
Meghalaya												
Mizoram												
Nagaland												
Orissa	7394	11823	27036	81077	478	809	1754	5260	85	131	284	854
Punjab	20727	—	23990	78983	338	—	326	2441	84	—	89	274
Rajasthan	17902	15616	33566	112897	943	804	1740	5494	177	154	33	1028

(Contd.)

States/UTs	Gram Panchayat				Panchayat Samiti				Zilla Parishad			
	SC	ST	Women	Total	SC	ST	Women	Total	SC	ST	Women	Total
Sikkim	11	277	27	1827				—		57	1	145
Tamil Nadu	18886	686	31548	125852	1358	41	2295	6499	137	3	22	648
Tripura	718	415	1805	6477	48	26	67	228	5	7	24	76
Uttar Pradesh	101939	867	120591	799780	9126	135	13865	59991	389	7	634	2687
West Bengal	16966	4114	21742	62139	2734	676	3202	9516	184	47	22	664
A & N Islands	—	—	229	667	—	—	25	—	—	—	10	30
Chandigarh												
D & N Haveli	3	103	46	135				—	—	11	4	16
Daman & Diu	1	18	25	63				—	1	3	5	15
NCT Delhi												
Lakshadeep				129				—				15
Pondicherry				120				—				16
Total	308290	199401	577270	2750865	18797	8479	37611	148697	1794	1165	2516	15509

सारणी क्रमांक 'ब' : जिला, जनपद एवं ग्राम पंचायत अध्यक्ष एवं सदस्य पद का आरक्षण

पंचायत/पद	कुल स्थान	आरक्षित स्थान					महिलाएं			
		SC	ST	OBC	GEN.	Total	SC	ST	OBC	GEN.
जिला पंचायत										
अध्यक्ष'	45	7	13	11	14	15	2	4	4	5
सदस्य	946	143	267	164	372	319	51	89	56	173
जनपद पंचायत										
अध्यक्ष'	459	64	147	76	172	162	20	49	30	63
सदस्य	9097	1345	2780	1541	3431	3109	436	942	527	1204
ग्राम पंचायत										
सरपंच	30922	4530	9050	5389	11953	10451	1504	3058	1343	4046
पंच	443429	64997	132638	75410	170384	150181	22348	44904	26309	56620
योग	484394	71015	144735	82504	186140	164060	24339	48993	28735	61993
महायोग''		(14.86)	(29.88)	(17.03)			(14.84)	(29.86)	(17.51)	(17.79)

नोट : कोष्ठक में संख्या प्रतिशत का संकेत है

' सदस्यों में से निर्वाचित होगा

'' जिला एवं जनपद अध्यक्षों को छोड़कर

अध्याय चतुर्थ

जनमत एवं महिला नेतृत्व

महिलाओं को पंचायत राज व्यवस्था में तैंतीस फीसदी भागीदारी तो दी गयी है लेकिन वे अपने इच्छा से अपनी ग्राम पंचायतों के विकास को आकार नहीं दे सकीं। ऐसा भी नहीं था कि सभी महिलाएं अनपढ़ और प्रशासनिक दृष्टि से गैरजानकार थी लेकिन जो पढ़ी लिखी भी थीं उनको भी ''डमी'' बनाये रखने की कोशिश की गई। ज्यादातर महिलाओं ने कुछ समय बाद ही स्वयं को दासता से मुक्त कराने का साहसी प्रयास किया और उसमें वे काफी हद तक सफल भी रहीं। उनके जागरूक होने के बाद वे पूरी तरह स्वतंत्र निर्णय लेने में भी सफल हुई। जहां महिलाओं को 33% आरक्षण देकर मध्यप्रदेश सरकार ने अपना वचन पूरा किया वहीं ग्राम पंचायत द्वारा स्वराज्य की कल्पना एवं बापू के सपनों को साकार करने की दिशा में एक ठोस कदम उठाया है। इस तरह पंचायतीराज लागू करने में मध्यप्रदेश ने देश का पहला राज्य होने का दर्जा प्राप्त किया है। केंद्र शासन द्वारा 27 नवम्बर 1997 को पत्र द्वारा मध्यप्रदेश को पंचायती राज्य के विषय में देश के अन्य राज्यों के लिये एक आदर्श राज्य घोषित किया गया था।

आरक्षण का औचित्य

राजनीति में महिलाओं की भागीदारी नहीं बढ़ी तो महसूस होने लगा कि कोई रास्ता निकालना होगा। जो महिला नेता आरक्षण की विरोधी थीं उन्हें भी महसूस हुआ कि 'प्रतीकात्मक संरक्षणवाद' को खत्म करने के लिए आरक्षण के जरिये ही अधिक महिलाओं के लिए राजनीति के दरवाजे खोलने होगें। पहले वे भी मानती थीं कि आरक्षण की जरूरत नहीं है क्योंकि गांधीजी कहा करते थे कि आरक्षण की मांग

मत करो, उस से थोड़ा मिलेगा, वरना सीमा अनंत है। लेकिन जब संविधान में समान अधिकार मिलने के बाद भी सामाजिक आर्थिक ढांचे में महिलाओं का स्थान दोयम ही रहा तो लगा कि कोई रास्ता बनाना पड़ेगा ताकि महिलाएं अपने को बराबरी के स्तर पर ला सकें। आरक्षण वही रास्ता है। राजनीति में महिलाओं की भागीदारी बढ़ाने के लिए आरक्षण एक समाधान है, लेकिन साथ ही हमें ध्यान रखना होगा कि राजनीति में प्रवेश करने के बाद महिलाएं पति के मन मुताबिक काम करें या उन्हीं की जुबान में बात करें तो ऐसे आरक्षण का कोई लाभ नहीं।

यह चिंता सभी की है। यह सवाल तिहत्तरवें संविधान संशोधन द्वारा पंचायतों में महिलाओं के लिए एक तिहाई आरक्षण की व्यवस्था के समय भी उठा था। कई महिला पक्षधरों का मानना है कि महिलाओं में शिक्षा, जागरूकता और आर्थिक आजादी आए बिना उन्हें आरक्षण के जरिए सत्ता के गलियारों में पहुंचाना उचित नहीं। कुछ क्षेत्रों में आरक्षण की मांग का विरोध करते हुए कहा गया कि एक तरफ आरक्षण की मांग और दूसरी तरफ समानता की बात करना परस्पर विरोधी है। आरक्षण राजनीति में महिलाओं के प्रवेश के लिए भले ही सहायक साबित हो लेकिन केवल आरक्षण के जरिए राजनीति और शासकीय प्रक्रियाओं में महिलाओं की भागीदारी राजनीति में उनकी वास्तविक जगह बनाएगी।[1]

हमें यह नहीं भूलना चाहिए कि पंचायत में आकर ही महिलाओं ने अनपढ़ होते हुए सीधे-सीधे अपने निर्णय लेने की शक्ति को पहचाना है। यह ठीक है कि वे बहुत से फैसले घूंघट में रह कर पुरुष सदस्यों के इशारों पर करती रही हो। लेकिन इन्हीं अनुभवों में उनमें अपने बूते पर फैसले करने की इच्छा भी जगाई है।

पंचायत राज में महिला आरक्षण के अनुभवों ने हमें सिखाया है कि महिलाओं की राजनीति में भागीदारी बढ़ाने की यह काफी सार्थक पहल है। कर्नाटक की पंचायतों में जो महिलाएं शुरू में डम्मी उम्मीदवार का काम कर रही थीं, आज उन्होंने खुद फैसले लेने शुरू कर दिये हैं। जो महिला पंच अपने पतियों के साथ चल कर कामकाज देखती थीं, वहीं आज ऐसे कानून लाने की मांग कर रही है जिससे उनके कामकाज में पतियों का हस्तक्षेप बंद हो सके।

पंचायतों में आरक्षण को लेकर अक्सर यह आरोप लगाया जाता है कि पंचायत चुनाव में जो महिलाएं चुनकर आ रही हैं वे अनपढ़ है। पंच

महिलाएं अक्सर घूंघट निकाल कर अपने पतियों के इशारों पर काम करती हैं। उन्हें अपने इलाके की समस्याओं तक की जानकारी नहीं होती। वे जनप्रतिनिधित्व नियम तक का अर्थ नहीं जानती।

भले ही कुछ हद तक यह आरोप सही हो, लेकिन हमें यह नहीं भूलना चाहिए कि पंचायत में आकर ही महिलाओं ने अनपढ़ होते हुए भी साध-सीधे अपनी निर्णय लेने की शक्ति को पहचाना है।[2] यह ठीक है कि वे बहुत से फैसले घूंघट में रह कर पुरुष के इशारों पर करती रही हों। लोगों को अभी पूरी तरह अहसास नहीं है कि ग्रामीण महलाओं में भी एक खामोश क्रान्ति की शुरूआत हो गई है। पंचायतों के माध्यम से महिलाओं का बहुत बड़ा प्रतिशत सक्रिय राजनीति में उतरा है। ये अनपढ़ है, तथ्यों की जानकारी का अभाव है। शुरूआती दौर में इनसे ज्यादा अपेक्षाएं करना गलत है। लेकिन धीरे धीरे परिवार में पुरुष का प्रभाव कम होगा, जागृति आयेगी तो उनकी भूमिका स्पष्ट होगी। ये महिलाएं जीवन से जुड़ी बुनियादी समस्याओं जैसे पीने का पानी, बिजली का अभाव, सहकारी समितियों की वितरण प्रणाली आदि मुद्दों को लेकर कम से कम चर्चा तो कर रही हैं।[3]

महिला प्रतिनिधियों के समक्ष चुनौतियां

यह बात आसानी से समझी जा सकती है कि निर्वाचित महिलाओं को अपना दायित्व निभाने में कितनी मुश्किलों का सामना करना पड़ रहा है। गांव के संपन्न और प्रतिष्ठित समझे जाने वाले लोगों की नाराजगी का शिकार हो रही हैं। उनका कसूर यह है कि वे महिला हैं, लेकिन जब तक समाज में महिलाओं और दलितों के प्रति समताजनक मानसिकता का विकास नहीं होता, तब तक अकेले सरकार के भरोसे बैठे रहना उचित नहीं। पंचायतों में महिलाओं को भागीदारी देकर सरकार ने एक तरह से तालाब में ठहरे हुए पानी में कंकड़ फेंककर हलचल पैदा करने का काम किया है। अब समाज के संवेदनशील लोगों का दायित्व है कि वे महिला समता की वकालत करते हुए समाज में नया वातावरण बनाएं। खासकर ऐसे उदाहरण देखकर यह दायित्व और भी बढ़ जाता है जिनमें तमाम विरोधों व विपरीत स्थितियों के बावजूद महिला सरपंचों ने अपनी सफलता के लिए आयाम रचे हैं।[4]

कुछ ग्राम पंचायतें इस मामले में अनूठी हैं कि यहां कोई भी पुरुष प्रतिनिधि नहीं है। पंचायत की सरपंच, सभी पंच व जनपद प्रतिनिधि भी

महिलाएं ही है। पर इस पंचायत में विकास कार्यो के नाम पर अनूठा कुछ भी नहीं हो पाया। गहराई से अध्ययन करने पर पता चला कि इसके लिए महिला प्रतिनिधि दोषी नहीं है बल्कि दोष पुरुष प्रधान मानसिकता का है।

महिला सरपंचों की आम शिकायत होती है कि ग्राम पंचायत द्वारा पारित प्रस्ताव जब जनपद पंचायत में भेजे जाते हैं तो वहां उस पर कोई कार्रवाही नहीं होती। विकास कार्यों हेतु धनराशि भी उन्हें समय पर नहीं मिलती। अक्सर देखा गया है कि जनपद पंचायत द्वारा ऐसे हितग्राही को लाभ दे दिया जाता है जिनका चयन ग्राम पंचायत द्वारा नहीं किया गया, जिससे ग्राम पंचायत द्वारा चयनित हितग्राही योजनाअें के लाभ से वंचित हो जाते है। इससे लोगों में यह भ्रम उत्पन्न होता है कि महिला पंचायत प्रतिनिधि हितग्राहियों के चयन में सक्षम नहीं हैं। गांव के खंडहर हो रहे शाला भवन के जीर्णोद्वार की मांग पिछले दो सालों से की जा रही है। इसके अलावा गांव के एक सबसे बड़े एवं पुराने तालाब को सुधार कर घटे भूजल स्तर और मवेशियों के पीने के पानी की समस्या के निदान के लिए ग्राम पंचायत द्वारा डेढ़ लाख रूपयों की लागत की कार्य योजना भी शासन को भेजी गई। पर लम्बे समय तक इस पर कोई कार्रवाई नहीं हुई। जाहिर है कि पंचायतों में महिला प्रतिनिधियों को कई सामाजिक व प्रशासनिक दिक्कतों से जुझना पड़ रहा है। किन्तु इसमें एक सकारात्मक बात यह है कि उनके 33 फीसदी आरक्षण से उन्हें दिक्कतों से जूझने का मौका मिला। कई ऐसे उदाहरण भी है जहां महिला सरपंचों के साहस को देखकर सदियों पुरानी जड़ता यकायक टूट गई।

आमतौर पर महिला सरपंचों की सक्षमता को लेकर कई सवाल उठाए जाते हैं। कहा जाता है कि वे निरक्षर है और पंचायत का काम-काज ठीक से नहीं चला पातीं। पंचायत के समस्त कार्य पंचायतकर्मी या उनके पति अथवा गांव के किसी प्रभावशाली व्यक्ति के हाथों में ही केंद्रित रहते हैं। अगर हम इस संदर्भ में महिला सरपंचों की ग्राम पंचायतों का अध्ययन करें तो पाते हैं कि सभी महिला सरपंच कमजोर नहीं हैं। जिले में ऐसी कई ग्राम पंचायतें मौजूद है जहां महिला सरपंचों ने पंचायत के कामकाज और गांव की विकास योजनाओं का बेहतर ढंग से संचालन किया। उन्होने पंचायत के दायित्व को निभाते हुए सक्षमता हासिल की और विकास कार्यो को सफलतापूर्वक गति भी प्रदान की है।

ग्रामीण क्षेत्रों में प्रायः शिक्षा और राजनीति में महिलाओं की भागीदारी को गैर जरूरी समझा जाता है। मुरैना जिले में अनेक महिला

सरपंच अपने निर्वाचन के समय निरक्षर थीं। पंचायत की सरपंच निर्वाचित होते ही महिला सरपंचों ने पढ़ना-लिखना सीखा करीब तीन चार महीनों के परिश्रम के बाद वे किताबें पढ़ना सीख गईं और सबसे पहले उन्होंने 'मध्य प्रदेश पंचायत राज अधिनियम' नामक किताब पढ़ी। कई सरपंच बताती हैं कि उन्होंने 500 पन्नों की यह किताब दो बार पढ़ी है और अब उन्हें पंचायत राज के सारे नियम-कायदे मालूम हैं। सरपंच ने खुद साक्षर होने के अलावा गांव की कई महिलाओं को भी साक्षर होने के लिए प्रोत्साहित किया। यहां तक कि खुद उन्होंने महिलाअें को साक्षर किया। पढ़े-लिखे युवकों के सहयोग से गांव में कई साक्षरता केंद्र खुलवाए और उनमें पढ़ने के लिए लोगों को प्रेरित किया। साथ ही गांव के सभी बच्चों को शाला में भर्ती करवाया।

इस तरह उन्होंने सिर्फ अपनी पंचायत में ही नहीं बल्कि पूरे क्षेत्र में शिक्षा व लोक चेतना का माहौल बनाया। उन्होंने साक्षरता केंद्रों में महिलाओं को पढ़ने हेतु प्रेरित किया व घर-घर जाकर गांव के सभी बच्चों को स्कूल में भर्ती करवाया। उनके प्रयासों से आज गांव में 70 फीसदी महिलाएं साक्षर हैं। अनेक महिला सरपंच बालिका शिक्षा का विशेष प्रयास कर रही हैं। किन्तु गांव के स्कूल में महिला शिक्षिका नहीं होने से उन्हें इस कार्य में कठिनाइयां उत्पन्न हो रही हैं। उन्होंने महिला शिक्षिका की पुरजोर मांग की जिससे इस गांव में आजादी के बाद पहली बार महिला शिक्षिका की नियुक्ति हुई। महिला सरपंच ने सरपंच बनने के बाद गांव में दलितों और सवर्णो के बीच सद्भाव कायम करने का प्रयास किया। ग्राम पंचायत की आर्थिक दशा सुधारने के लिए उन्होंने विभिन्न करों की वसूली को नियमित किया। क्योंकि उनका मत है कि ग्राम पंचायत को अपने ही स्रोतों से विकास कार्यो को अंजाम देना होगा, सरकारी अनुदान पर सदैव निर्भर नहीं रहा जा सकता।

हालांकि कई असफल उदाहरणों के जरिए महिला सरपंचों को कमजोर सिद्व किया जाता है। किन्तु वास्तव में यह पाया गया है कि जिले की कुल सफल पंचायतों में आधी से ज्यादा में महिला सरपंच सक्रिय हैं। इसके अलावा यह भी देखा गया है कि महिला सरपंचों द्वारा मात्र निर्माण कार्य ही संपन्न नहीं कराये गए बल्कि शिक्षा, साक्षरता, स्वास्थ्य, भूमि सुधार, महिला समता जैसे मुद्दों पर भी सक्रियता से कार्य किया जिससे जिले में जन विकास का एक नया अध्याय शुरू हुआ है, इसे प्रोत्साहन देने की जरूरत है।

निर्वाचित महिला प्रतिनिधियों से साक्षात्कार करने पर उनके अनुभवों से कुछ निष्कर्षों पर पहुँचा जा सकता है।

1. पंचायतों में निर्वाचित सभी महिलाओं ने घर गृहस्थी से बाहर आकर बाजार तथा अपने समुदाय में किसी न किसी प्रकार का साधन जुटाने की क्षमता है, चाहे वह मजदूर, छोटे मोटे व्यापार के रूप में हो। ये महिलाएं दूसरी महिलाओं के बच्चों के प्रति ध्यान देती है, पूर्णरूपेण उन्हें सामाजिक कार्यकत्ता नहीं कहा जा सकता परन्तु उनकी छवि एक सामाजिक कार्यकत्ता की ही है क्योंकि किसी भी संकट के समय ग्राम की महिलाएं उन्हीं की ओर देखती हैं।
2. सभी महिलाओं ने नेतृत्व की चुनौती को स्वीकार किया है तथा स्वयं के नेतृत्व को स्थापित करने का प्रयास कर रही हैं। अत: यह मिथक कि महिलाओं में नेतृत्व का विकास होने में अनेक पीढ़ियां लग जाएगी इन मामलों में सही सिद्ध प्रतीत नहीं होता। यह सिद्ध हो गया है कि उनकी प्रबंधकीय क्षमता यद्यपि अभी तक घरों की चार दीवारों तक सीमित थी, परन्तु एक बार अवसर मिलने पर वे अपनी प्रबंधकीय क्षमता का विस्तार समाज के बड़े दायरे में भी कर सकती हैं, साथ ही समाज के निर्बल वर्ग के हितों की देखभाल भी।
3. पंचायत के माध्यम से निर्वाचित महिला प्रतिनिधि समाज के दलित एवं वंचित वर्ग के कल्याण हेतु वास्तविक रूप से कार्य कर रही है। भावनात्मकता की जो अभिव्यक्ति महिलाएं अपने घर के सदस्यों के प्रति करती रही हैं अब उस भावनात्मकता की अभिव्यक्ति समुदाय वे बड़े वर्ग के प्रति करती है।
4. अपने दायित्व को समझने या न समझने के मध्य अत्यन्त कम दूरी होती है। यदि महिलाएं अपनी महत्वपूर्ण भूमिका को नहीं समझ पाती तो उसका एक कारण यह है कि उनकी भूमिका का निर्धारण परम्परागत रूप में समाज के अन्य सदस्यों द्वारा किया जाता है। यदि एक बार उन्हें सही निर्देशन प्राप्त हो जावे या पंचायती राज की योजनाओं तथा कार्यक्रमों के पीछे वास्तविक उद्‌देश्य तथा उनमें अपनी भूमिका को एक बार समझने का अवसर प्राप्त होता है तो उसका निर्वाह करने की तत्परता उनमें होती है।

5. महिला प्रतिनिधि समानता की पक्षधर होती है तथा पंचायत के पुरुष प्रतिनिधि की अपेक्षा दलित एवं वंचित वर्ग के प्रति उसकी सहानुभूति एवं समर्थन होता है।
6. महिलाओं के लिए आरक्षण की व्यवस्था के साथ भारतीय संविधान के 73वें एवं 74वें संवैधानिक संशोधनों के अन्तर्गत विकेन्द्रीकरण की प्रक्रिया महिलाओं को राष्ट्र की मुख्यधारा में लाने की दिशा में एक महत्वपूर्ण कदम है। विशेषकर उन्हें निर्णय लेने की प्रक्रिया में सम्मिलित कर उन्हें समाज की वास्तविक आवश्यकताओं की प्राथमिकता निश्चित करने का अवसर प्रदान कर।
7. पुरुषों की भांति महिलाएं भी पंचायत के कानून, अधिकारों एवं उत्तरदायित्व से अधिक परिचित नहीं होती।
8. पंचायतों की प्राथमिकता सड़कों, भवनों के रूप में अधिक दिखाई देती है। व्यक्ति उनकी प्राथमिकता नहीं होते। महिला प्रतिनिधि इस स्थिति में परिवर्तन की पक्षधर होती है।
9. सूचनाओं के बारे में महिला प्रतिनिधि अधिक सर्तक होती है। पंचायतों के वार्षिक प्रस्तावों की तैयारी में यह स्पष्ट रूप से दिखाई देता है।
10. महिला प्रतिनिधि गांव की जनता के प्रति उत्तरदायित्व की भावना रखती है विशेषकर दलित एवं वंचित वर्ग के प्रति, क्योंकि विकास के बारे में उनकी सोच सकारात्मक होती है। कार्यक्रमों का क्रियान्वयन उनके पीछे मूल भावना के अनुरूप होगा ऐसी आशा की जा सकती है।[5]

पंचायती राज व्यवस्थाः स्व अस्तित्व के लिये महिला नेतृत्व

महिला चेतना के लिए चलाये गये संघर्षो के फलस्वरूप नये पंचायती राज संशोधन अधिनियम का सबसे महत्वपूर्ण व चमत्कारी पहलू पंचायत संस्थाओं में महिलाओं के लिए एक तिहाई स्थान आरक्षित करना है। इस तरह इस व्यवस्था के अनुसार पंचायत समितियों के तीनों स्तरों से कम से कम 33 प्रतिशत स्थान महिलाओं के लिए पद आरक्षित किये गये हैं इस दृष्टि से लगभग आठ लाख महिलाएं पंचों के रूप में चुनी जाएगीं जो अपने गांव की गतिविधियों की मुखिया होगी। सम्पूर्ण देश गें लगभग सवा दो लाख पंचायतें है, जिसमें साढ़े बाईस लाख

सदस्य चुने जा सकगें, इनमें एक तिहाई यानी लगभग 8 लाख महिलाएं अपने क्षेत्र की अपने गांव की व देश की कल्याणकारी गतिविधियों में अपनी भागीदारी निश्चित करेंगी। कानूनों के माध्यम से आवश्यकता इस बात की है कि इनका क्रियान्वयन उचित रूप में हो। कानूनों के बन जाने के बाद जनता कानूनो के प्रति कितनी सजग है यह चुनौती आज स्वयं सेवी संस्थाओं और महिलाओं संगठनों के सामने है।

महिलाओं के लिए आरक्षण के सम्बन्ध में यह स्पष्ट है कि पंचायत राज में इस के लागू होने से कई क्रान्तिकारी परिवर्तन आए हैं। महिलाओं में जागरूकता आई और उनमें स्वावलंबन की स्थिति का जन्म हुआ है। पंचायती राज से जहाँ एक ओर राजनीति के अपराधीकरण पर रोक लगेगी, वही गांधीजी का ग्राम स्वराज्य का सपना भी पूरा होगा, जिसमें उन्होने महिलाओं की भागीदारी को महत्वपूर्ण माना है। आज देश के कई प्रमुख शहरों में महिलाएं वहां की प्रथम नागरिक हैं। अन्य कई महत्वपूर्ण पदों पर आसीन हैं और अपने कार्यो का संचालन कुशलता पूर्वक कर रही हैं। पंचायतों और स्थानीय निकायों में आरक्षण दिये जाने से राजनीति के क्षेत्र में महिलाओं की दखलंदाजी बढ़ी है, जो सामाजिक और राजनीतिक दोनो ही दृष्टि से प्रशंसनीय है।

परन्तु महिलाओं को आज भी कुत्सित मानसिकता से गुजरना पड़ता है। गांवो में आज भी अंधविश्वास, रूढ़िवादिता, अशिक्षा, पिछड़ापन है, कई मिथकों को उन्होने लाद रखा है, पुरातन युगीन जीवन मूल्य इंसाफ के बारे में पुराने मिथक असहिष्णुवाद, आज भी ग्रामीण संस्कृति पर हावी होती है। जिसका खामियाजा महिला सरपंचों को उठाना पड़ रहा है। पुरुष कभी बर्दाश्त नहीं करेंगे की एक महिला उन पर हुकम चलाये या उनसे सवाल जवाब करें। महिलाओं को पुरुषों के समान अधिकार दिये जाने के प्रयासों ने महिलाओं के खिलाफ अनावश्यक रूप से विरोध का वातावरण निर्मित किया है। पंचायतों ने गांवों में महिलाओं को सत्ता प्रदान कर पुरुषों की इस प्रतिक्रियावादी ईर्ष्या को जगाया ही है। वे महिलाओं को सत्ता के ऊंचे पद पर देखना कतई पसंद नहीं करते। बहरहाल राष्ट्रीय विकास की नीति रीतियों में स्व से ऊपर उठकर कानून का सम्मान करना प्रत्येक नागरिक का पहला कर्त्तव्य है। चाहे कोई बहुत बड़ा आदमी हो वर्ण से या जाति से अथवा धन बल से। पहली मर्तबा हम बहुत ईमानदार सोच के जरिए नारी को प्रतिष्ठित करने का संकल्प लेकर राष्ट्र के विकास में अपनी भूमिका का निर्वाह करें तो सम्भव है, हम वह सब हासिल कर लेगे, जिसकी हमें आवश्यकता है।

महिलाओं के संदर्भ में पंचायती राज की समस्याएं

देश और प्रादेशिक सीमाओं के अन्दर बसने वाले लोगों में वर्ण व्यवस्था में जातिगत संस्करणों में कहीं तो शिक्षा की स्थिति संतोषप्रद है और कहीं जनजातीय समुदायों में निरक्षता की स्थिति महिलाओं के लिये एक अभिशाप बनी हुई है। मुरैना जिले में महिला शिक्षा और विशेषकर आदिवासी महिला शिक्षा के मामले में आज की स्थिति में पिछड़ी हुई दिखाई दे रही हैं निरक्षता के बाद किसी भी स्थिति में यह कल्पना भी नहीं कि जा सकती कि हम ग्रामीण सामाजिक संरचना में विकास की स्थिति देख सकें। जहाँ ग्रामसभा में बैठने वाली महिला स्वयं के लिये ही एक अजूबा हो उससे यह कल्पना करना ही व्यर्थ होगा कि वह ग्रामीण विकास के बारे में सोच भी सके। वस्तुत महिलाओं में शिक्षा का स्तर कम होना एक सबसे बड़ी बाधा है, इसके साथ ही उनमें जागरूकता की कमी भी है, इस कारण बाहरी दुनिया में क्या हो रहा है, वे नही जानतीं। अतः उनका जागरूक होना बहुत आवश्यक है।

7हांलाकि महिलाओं ने सिद्व कर दिया है कि वह परिवार, गांव, समाज तथा देश का नेतृत्व भी कर सकती हैं इसलिए यह मौका महिलाओं को चूकना नहीं चाहिये, पुरुषों की तुलना में महिलाएं मेहनती तथा चीजों को सही तरह से समझने-बूझने की इच्छाशक्ति वाली होती हैं। कुछ मामले जैसे पंचायत की न्याय व्यवस्था, पशुपालन, बागवानी, स्कूल, स्वास्थ्य केंद्रों की देखभाल महिलाएं ज्यादा अच्छे ढंग से कर पाएंगी। क्योंकि इनसे महिलाओं का रात-दिन का संपर्क होता रहता है। इसके अलावा महिलाओं के ऊपर ज्यादा काम का बोझ पूरे दिन में लगभग 17-18 घंटे होता है। अतः महिलाओं को इसके लिए अलग से समय निकालना मुश्किल होगा। इस पंचायती राज कानून में महिलाओं को एक तरफ राजनीति में हस्तक्षेप करने तथा दूसरी तरफ विकास के कार्यों में सक्रिय भागीदारी निभाने का मौका प्रदान किया गया है। इन सबको महिलाएं कैसे निभा पाएंगी यह एक चुनौती है।

सरकार का दायित्व

साक्षर बनाना राज्य का दायित्व है, इसलिए सरकार को ऐसी व्यवस्था करनी होगी कि शिक्षा एवं पंचायती राज संबंधी प्रशिक्षण एक साथ हो।ऐसा जरूरी नहीं है कि महिलाएं, प्रशिक्षण कार्यक्रम के लिए

अलग से शिक्षित हो, दोनो कार्यक्रम साथ में चलें ऐसी व्यवस्था करना होगी, ताकि महिलाएं पंचायत कार्यो में आगे आने के लिए प्रेरित हो व उनकी झिझक भी दूर हो।

महिला संगठन एवं स्वयंसेवी संस्थाओं की भूमिका

विभिन्न संस्थाओं का यह प्रयास होना चाहिये कि ज्यादा से ज्यादा किशोर एवं युवा वर्ग की महिलाओं को चौका-बर्तन से बाहर लाकर समाज के कार्यो के लिए पंचायत सदस्य बनाकर उन्हें अपनी जिम्मेदारी से अवगत कराया जावे। तभी वे निश्चित रूप से सफल होगें। इस पूरी प्रक्रिया में महिला स्वयं सेवी संस्थाओं का भी महत्वपूर्ण दायित्व बनता है।

यह सच है कि जब भी सत्ता एक वर्ग के हाथ से निकलकर दूसरे वर्ग के हाथ में जाती है, तो तनाव बढ़ता है इसलिए ऐसे नाजुक मौके पर स्वयंसेवी संस्थाओं और खासकर महिला संगठनों की यह जिम्मेदारी बनती है कि पुरुष मानसिकता को बदलने के लिए प्रयास करें और जहां तक संभव हो तनाव को कम करने की कोशिश करें। इसी संदर्भ में महिला पंचायतों ने सामान्य पंचायतों की तुलना में अधिक ध्यान लोक विकास विषयों पर दिया है, जैसे बायों गैस प्लांट लगाना, नए स्कूल खुलवाना और अन्य समाज के कार्य तथा गृह आधारित आर्थिक योजनाएं।

पंचायती राज में महिलाओं की भागीदारिता के अनुभव में यह तथ्य प्रकाश में आया है कि ज्यादातर महिलाएं अनपढ़ या कम पढ़ी लिखी हैं, इन्हें पहले वर्ष के कार्यकाल में पुरुष प्रतिनिधि बोलने तक नहीं देते थे। पर इन्ही महिलाओं ने अपने कार्यकाल के दूसरे व तीसरे वर्षो में ज्यादा सक्रियता दिखाई और गलत निर्णय का जबर्दस्त विरोध करने लगीं और यह भी देखा गया कि महिलाएं अपने गांव के विकास में ज्यादा जिम्मेदारी से रूचि लेती है। महिला जागरूकता लाने वाले स्वंसेवी संस्थाएं गांव-गांव स्त्री शक्ति मेला, महिला हाट, महिला प्रशिक्षण कार्यक्रम एवं जागरूकता संबंधी प्रतियोगिता करके महिलाओं की इस पंचायती राज में भागीदारी बढ़ाकर गांधीजी के सपनों को साकार कर सकती हैं।

कानून का निर्माण एवं संशोधन आसान है, परंतु सामाजिक प्रथाओं और लोगों के व्यवहार में परिवर्तन आसान नहीं, अतैव अपने व्यक्तित्व

एवं अस्तित्व को संवारने के लिये और सामाजिक न्याय एवं प्रतिष्ठा को हासिल करने के लिये महिलाओं को स्वयं आगे आना होगा। साथ ही इस अधिनियम के उद्देश्य एवं मंशा को प्राप्त करने के लिये निम्नलिखित सुझावों को व्यवहार में लाने का प्रयास करना का चाहिए।

1. महिलाओं को आर्थिक रूप से निर्भर बनाया जाय,
2. सामाजिक प्रथाओं एवं परम्पराओं में परिवर्तन की जरूरत,
3. पुरुष मानसिकता में परिवर्तन की जरूरत,
4. सरकार सभी महिलाओं को शिक्षित करने का अविलम्ब प्रावधान करें
5. स्त्रियों से सम्बन्धित सभी कानूनों की जानकारी दी जाए और
6. महिलाओं को जागरूक बनाया जाए।

यदि उपर्युक्त सुझावों को निष्ठापूर्वक क्रियान्वित किया जाए तो निश्चित ही महिलाओं को पुरुषों के समान सामाजिक न्याय और प्रतिष्ठा प्राप्त हो सकेगी और वे समाज में सच्ची सहभागिनी की भूमिका निभा सकेंगी और तभी परिवार, समाज व देश और मानवता का सच्चे अर्थो में विकास हो सकेगा। प्रजातंत्र की यही पुकार है, संविधान और इस विधान की भी यही मंशा है। संविधान की मंशा में ही जनहित और जन आकांक्षा सन्निहित है।[6]

जनसहभागिता: महिलाओं की भूमिका

पंचायती राज के संदर्भ में जनसहभागिता की अन्तर कड़ियों में महिलाओं की भूमिका को आज भी संशय की दृष्टि से देखा जा रहा है यह संशय इसलिए भी है कि वह एक सनातन सत्य की तरह पुरुष वर्ग के समक्ष लगभग हर युग में शोषण की वस्तु ही समझी गई है। इसकी वजह पुरुष की अपेक्षा उसमें भावुकता का प्रतिशत अधिक रहा है, कभी वह कुछ न कर पाने की अविश्वनीयता का वज्राघात भी सहती रही। यही वजह है कि वह दासता की लम्बी दूरी तय करने के बाद आत्मविश्वास का अलख जगाने में नितान्त कमजोर सिद्ब हुई। आज जब सारा विश्व विकास के दौर से गुजर रहा है तब नारी को पीछे रखना एक कंलक की तरह ही है।

सामान्य सर्वेक्षण और समाचारों के जरिए यह ज्ञात हो रहा है कि जहाँ शिक्षित महिलाएं आगे आकर अपनी सहभागिता निश्चित कर आगे

बढ़ना चाहती हैं, वहां पुरुष की पौरूष मानसिकता उसके बड़प्पन को स्वीकार करने में हिचक महसूस कर रही है, यही कारण है कि महिलाएं कहीं कहीं अपने आत्मविश्वास को डिगाए स्वनिर्णय की भूमिका में असफल हो रही है। कहीं मजबूरन समझौता है और कहीं वह अवमानना का शिकार हुई अपमानित हो रही है। साक्षर महिला साक्षर पुरुष के समक्ष पराभूत हुई दिखाई दे रही है और कहीं निरक्षर महिला साक्षर वर्ग की दासी बनी केवल अंगूठे चस्पा कर रही है, उसे न कानून का ज्ञान है और न उसे कोई कानून समझाने की स्थिति में है। उसकी निरक्षरता होने का लाभ अधिकारी वर्ग से लगाकर निम्नस्तर का कर्मचारी भी ले रहा है।

महिला सदस्यों को दंडित करने का एक तरीका निकाला गया है, अविश्वास प्रस्ताव का दो तिहाई सदस्यों द्वारा पारित कर देने पर संबंधित सरपंच या उपसरपंच को इस्तीफा देना पड़ता है। जिन पंचायतों में महिलाएं सरपंच है, वहां के पुरुष सदस्य उनके विरूद्व अविश्वास प्रस्ताव लाकर उन्हें बेदखल कर देते हैं इस षढ़यंत्र का शिकार ज्यादातर पिछड़ी जातियों की महिलाओं को होना पड़ता है।

शासन तंत्र से यह अपेक्षा की जाती है कि वह शिकायतों और शोषण की अन्तर व्यवस्था के प्रति गंभीर रूख अपनाकर उपचार की रूपरेखा निश्चित करें। पिछड़े वर्ग के प्रति लोगो के मन में बंधी गांठें कुछ इस तरह से खोली जाय कि महिलाएं भी प्रजातांत्रिक मूल्यों का लाभ ले सकें। तेज गति से परिवर्तन की ओर बढ़ रहे समाज में नारी का पिछड़ा रह जाना सम्पूर्ण समाज के लिये कंलक की बात होगी। होना यह भी चाहिए कि पुरुष अपनी तथाकथित अहंवादी मानसिकता का त्याग कर उसे आगे बढ़ने के लिए रास्ता दे दे, उसकी रूकावटों को हल करने में अपना योगदान दे और एक ऐसे भारत के निर्माण में संकल्पित हो जो न केवल भेदभाव रहित हो वरन उसमें विकास की अनन्त संभावनाएं भी खोजी जा सकें।

महिलाएं सहभागिता और शासकीय योजनाएं

म. प्र. में सरकार के प्रयासों से महिला कल्याण कार्यक्रमों को बीते वर्षों में जो गति प्रदान की गई, उससे जीवन के विविध क्षेत्रों में महिलाओं की भागीदारी अब सिर्फ प्रतीकात्मक नहीं है। इस दौरान प्रदेश में महिलाओं के आर्थिक उन्नयन की योजनाओं के अच्छे अमल के

अलावा जो सर्वाधिक महत्वपूर्ण कार्य हुआ है, वह है महिलाओं की सत्ता में सहभागिता।

प्रदेश की पंचायत राज संस्थाओं और स्थानीय संस्थाओं में महिलाओं के लिए एक तिहाई पदों के आरक्षण की व्यवस्था से आज महिलाएं अध्यक्ष जनपद और जिला पंचायत अध्यक्ष जैसे पदों पर कार्य कर रही है। महिलाओं ने समाज के हित में अपनी भूमिका निभाने के लिए पंचायत राज संस्थाओं के माध्यम से अच्छी भागीदारी की है। इन संस्थाओं में महिलाओं के लिए 33% आरक्षण की व्यवस्था के मुकाबले 38% महिलाएं निर्वाचित हुई। एक समय घर-परिवार कि सीमित रहने वाली महिलाएं अब पंच, सरपंच या किसी स्थानीय निकाय की प्रमुख के नाते नागरिकों को बेहतर प्रशासन दे रही हैं। नगरों, कस्बों में पेयजल आपूर्ति, स्वच्छता कार्य, उत्सवों, मेलों में विशेष व्यवस्थाओं, बच्चों के टीकाकरण, स्वास्थ्य रक्षा और सार्वजनिक वितरण प्रणाली से जुड़े कार्य महिलाओं के नेतृत्व में किए जा रहे हैं। इस तरह सत्ता में महिलाओं की सीधी भागीदारी है। राज्य में महिला आयोग का गठन भी एक महत्वपूर्ण कदम है। आयोग को अधिकारों की दृष्टि से शक्तिशाली बनाने के लिए कानूनी शक्तियां भी दी गई है।

महिलाओं को परिवार, समाज और प्रदेश के निर्माण में सहभागी बनाने के साथ उनकी और बच्चों की भलाई के लिए अनेक नए काम म. प्र. में किए गए हैं। ऐसे काम जो महिलाओं, बच्चों की जिंदगियों को नया अर्थ दे रहे हैं। वर्ष 1988 में महिला और बाल विकास विभाग का गठन करने वाला म. प्र. पहला प्रदेश था। पिछले वर्षो में इस विभाग ने अपनी योजनाओं का क्रमशः विस्तार किया। प्रदेश में विश्व मे बैंक के सहयोग से नई समन्वित बाल विकास योजनाएं स्वीकृत की गई। समेकित बाल विकास परियोजना के तहत सुविधाओं का तेजी से विस्तार हुआ है। महिलाओं और बच्चों को पर्याप्त मात्रा में पोषाहार उपलब्ध कराए जाने के उद्‌देश्य से आंगनवाड़ी केन्द्रो से पोषाहार की व्यवस्था की गई। बच्चों के शारीरिक और मानसिक विकास को ध्यान में रखते हुए 30 जनवरी 1994 से प्रदेश में बाल कल्याण की महत्वकांक्षी कार्य योजना शुरू की गई।[7]

मुरैना जिले में कार्य योजना के माध्यम से सन् 2000 तक बच्चों और माँ का स्वास्थ्य, बच्चों को पोषण, बच्चों की बुनियादी शिक्षा, साफ पेयजल और स्वच्छ पर्यावरण की उपलब्धता, बाल मजदूरों का सुव्यवस्थित

पुनर्वास, लिंग आधारित भेदभाव में कमी जैसे व्यापक मुद्दों पर कार्य किया जा रहा है। महिला बंदियों के बच्चों को शिक्षा सुविधा सुलभ कराने के उद्देश्य से कारागारों में विशेष व्यवस्था की गई। बाल श्रमिकों की समस्या के मद्देनजर 'शिक्षा के लिए अन्न' का मार्गदर्शी कार्यक्रम शुरू हुआ है। इस कार्यक्रम में जितने दिन कमाऊ बच्चा शाला जाएगा उतने दिन की मजदूरी के बराबर अनाज सरकार उसके पालकों को देगी। बालिका शिक्षा और महिलाओं को सामर्थ्यवान बनाने पर ध्यान केंद्रित किया गया। गरीब ग्रामीण महिलाओं के समूहों को संगठित कर आय उपार्जन के काम में लगाने की योजना का विस्तार किया गया।

अनुसूचित जाति, अनुसूचित जनजाति कल्याण विभाग द्वारा खोली जाने वाली नई शिक्षण संस्थाओं में से दो तिहाई शिक्षण संस्थाएं विशुद्ध रूप से बालिकाओं के लिए ली जा रही है। इसी प्राकर प्रत्येक जिले में छात्राओं के लिए कम से कम एक छात्रावास बनाने का निश्चय सरकार की इस दिशा में गंभीरता का परिचायक है। राजीव गांधी अतिसार नियंत्रण मिशन, राजीव गांधी आयोडीन अल्पता निवारण मिशन में महिलाओं की समुचित भागीदारी से बीमारी के रोकथाम के जिले में सार्थक परिणाम मिले।

राज्य सरकार की नई महिला नीति के प्रावधान म. प्र. में महिलाओं की स्थिति को बेहद सम्मानजनक बनाने में समर्थ हैं। इस नीति के परिपालन में 30% स्थान महिलाओं के लिए आरक्षित कर दिए गए है। इस नीति के अन्य प्रमुख प्रावधान इस प्रकार है महिलाओं को भूमि का अधिकार देने के साथ ही संबधित कानूनों में संशोधन, भविष्य के सभी नामांतरणों में परिवार की पात्र महिलाओं के नाम भू-अभिलेखों में स्वामी के रूप में दर्ज करने, सरकारी भूमि के वितरण-पुनर्वितरण में महिलाओं की प्राथमिकता, भूमि प्रबंध में महिलाओं की भागीदारी, भूमि संपत्ति और अन्य सामूहिक संस्थाओं पर महिलाओं का नियंत्रण बढ़ाने को सक्रिय प्रोत्साहन, नियोजन की प्रक्रिया और कार्यक्रमों के निर्धारण में महिलाओं को मान्यता और समर्थन की बात भी महिला नीति में शामिल है। नई महिला नीति के अमल में महिला मृत्यु दर बढ़ने से रोकने और कम करने की पहल की गई है। महिला बचत और साख समूहों को सक्रिय समर्थन देने के अलावा प्रदेश सरकार भारतीय दंड संहिता में ऐसे संशोधन की सिफारिश करने जा रही है, जिससे बलात्कार को मृत्यु दंड से दंडित करने योग्य अपराध माना जाए। महिलाओं की प्रतिष्ठा और

उनके हितों की सुरक्षा के मद्देनजर प्रदेश के सभी कानूनों का परीक्षण भी होगा। यह सही है कि सरकार के प्रयासो से ही सारा माहौल और समाज महिलाओं के पक्ष में नहीं हो सकता, फिर भी सरकार की इन कोशिशों को अनदेखा नहीं किया जा सकता। जरूरत महिलाओं की समानता के पक्ष में माहौल बनाने की है और धीरे-धीरे ही सही वह आकार ले रहा है। पंचायती राज संस्थाओं में महिला नेतृत्व शासन की नीतियों और कार्यक्रमों को क्रियान्वित कर ग्रामीण क्षेत्रों में महिलाओं की दशा सुधारने में महत्वपूर्ण योगदान दे सकता है।[8]

पंचायती राज संस्थाओं में निर्णय निर्माण

पंचायती राज संस्थाओं में निर्णय व्यकित की उनमें स्थिति, निर्णय लेने वाली संस्था में व्यक्ति का आदर किसी मामले में व्यक्ति की भागीदारी, तथा व्यक्ति की वास्तविक शक्ति के प्रयोग पर निर्भर करता है। निर्णय निर्माण के ये तीनों तत्व किसी न किसी रूप में प्रभावित करते हैं। मुरैना जिले की महिला सरपंचों में आधे से अधिक गांव में किसी एक या अधिक संगठन से जुड़ी हुई हैं जिसके कारण उनके विचारों को असंगत नहीं माना जाता। जब उन्होंने पंचायती राज संस्थाओं में प्रवेश किया तथा सरपंच का पद संभाला तो उनकी नेता के रूप में मान्यता और भी अधिक मजबूत हो गई। परन्तु औपचारिक पद धारण करने से कोई वास्तविक शक्तिधारी बन जाता है। यह उस समय स्पष्ट होता है जब इन गतिविधियों को महत्वपूर्ण निर्णय लेते समय समर्थन जुटाने की आवश्यकता होती है।

आज पंचायत राज संस्थाओं के महिला प्रतिनिधि एवं पदाधिकारी ग्राम स्तर पर कार्यरत अधिकारियों की कार्यशैली को मूक दर्शक के रूप में देखते रहने की मजबूरी से पीड़ित नहीं है। उनकी समझ में आने लगा है कि गांव में भ्रष्टाचार का स्वरूप क्या है चाहे वह रोजगार देने में हो या सार्वजनिक वितरण की वस्तुओं को देने में हो या उनकी डयूटी से गायब रहने की प्रवृति। उनके विचारों से स्पष्ट है कि वे विकास के संकेतक के रूप में सेवाओं की संख्या के बजाय उनकी गुणवत्तता के बारे में अधिक चिन्तित हैं। यही कारण है कि अधिकांश उत्तरदाता नए स्कूल खोलने के पक्षधर नहीं है क्योंकि वर्तमान में चल रहे स्कूल ठीक ढंग से नहीं चल रहे हैं। उनका सुझाव है कि गांव के ही व्यक्ति का क्षेत्र के स्कूलों में कार्य करने के लिए चयन किया जाना चाहिए। वे

बाहरी व्यक्ति की अपेक्षा अपना कार्य अधिक अच्छी तरह कर सकते हैं। बाहरी व्यक्ति गांव की दशा में सुधार लाने में कोई रूचि नहीं रखते।

उत्तरदाताओं से प्राप्त सूचनाओं के आधार पर यह स्पष्ट है कि सरकारी अधिकारियों में गांव की जनता के प्रति उदासीनता का उन्हें कड़वा अनुभव है। अतएव वे चाहते है कि उन्हें और शक्तियां दी जानी चाहिए। पंचायती राज संस्थाओं में पदासीन होने के पश्चात गांव वालों के साथ उनका सम्पर्क और अधिक बढ़ गया है। गांव वालों के साथ बातचीव के बाद गांव की समस्याओं को और ठीक तरह से समझने लगे हैं। गांव वालों को उनसे बहुत उम्मीदें है परन्तु शक्ति के अभाव में उनके द्वारा कार्य न कर पाने से उनमें असंतोष का भाव है। ग्राम तथा खंड स्तर पर कार्यरत अधिकारियों की उनके प्रार्थनापत्रों के प्रति उदासीनता पर उन्होंने ध्यान देना प्रारम्भ कर दिया है।

पंचायती राज संस्थाओं में महिलाओं को आरक्षण प्रदान कर उन्हें शक्ति प्रदान करने की आलोचना करने वाले प्रायः महिलाओं में निर्णय लेने की दक्षता पर ध्यान केंद्रित करते है। उनका तर्क है कि महिलाओं के हाथ में शक्ति प्रदान करने से पंचायतों की भूमिका या कार्य शैली पर कोई विशेष प्रभाव नहीं पड़ेगा क्योंकि पंचायत के फैसले वास्तव में पुरुष सदस्यों द्वारा ही लिये जायेंगे। इस आलोचना की सत्यता जानने के लिए पंचायत की बैठकों में महिला सदस्यों द्वारा उठाई गई समस्याओं और निर्णय लेने से पूर्व विभिन्न विकल्पों पर विचार विमर्श पर दृष्टि डालना आवश्यक हैं। बैठकों की कार्रवाई पर दृष्टि डालने पर स्पष्ट है कि महत्वपूर्ण विषयों पर विचार विमर्श के समय लगभग सभी महिला सदस्य उपस्थित रहती हैं। साल भर सिंचाई की सुविधा, पीने के पानी की व्यवस्था, कम से कम 6 महीने रोजगार, तालाबों की सफाई एवं मरम्मत, वार्ड सदस्यों को और अधिक शक्तियां तथा शिक्षा एवं स्वास्थ्य गांव वालों के लिए महत्वपूर्ण समस्याएं होती हैं। यह सभी मामले ऐसे हैं जिनसे गांव के सभी वर्गों के व्यक्ति किसी न किसी रूप में प्रभावित होते है क्योंकि गांवों की अर्थव्यवस्था मुख्य रूप से कृषि आधारित होती है। गांव के 90% व्यक्ति रोजगार की समस्या से प्रभावित हैं। पीने का पानी, शिक्षा एवं स्वास्थ्य आम समस्याओं पर अनौपचारिक ढंग से चर्चा भी होती है। जब महिला प्रतिनिधियों ने इन समस्याओं को पंचायतों की बैठक में उठाया तो पुरुष सदस्यों ने उनका समर्थन किया। इन समस्याओं पर पंचायत में विचार विमर्श में पक्षपातपूर्ण राजनीति का कोई स्थान नहीं था।[9]

पंचायती राज तथा नौकरशाही

जिला एवं जनपद पंचायतों के मुख्य कार्यपालिका अधिकारी की भूमिका के बारे में निरंतर चिंतन की प्रक्रिया शासन के विभिन्न स्तरों पर जारी रही है। प्रारंभ में जिला कलेक्टरों को जिला पंचायतों का मुख्य कार्यपालिका अधिकारी बनाया गया था तथा उनकी सहायता के लिए पूर्णकालिक अतिरिक्त मुख्य कार्यपालिका अधिकारियों का प्रावधान रखा गया। बाद में स्वतंत्र मुख्य कार्यपालिका अधिकारियों की नियुक्ति हुई। ये अधिकारी मुख्यत: आई. ए. एस. एवं प्रांतीय सिविल के पदाधिकारी थे। जनपद पंचायतों में विभिन्न विभागों से प्रतिनियुक्ति पर आए अधिकारियों को मुख्य कार्यपालिका अधिकारी बनाया गया।

राज्य सरकार पंचायतों को सौंपे गए विकास एवं कल्याणकारी कार्यक्रमों के लिए बजट तथा स्टाफ देने के दायित्व से बचती रही है यद्यपि इस संबंध में समय समय पर घोषणाएं अवश्य की गई। पंचायत राज कार्यक्रमों से जुड़े सरकारी कर्मचारियों को जिले एवं जनपद के मुख्य कार्यपालिका अधिकारी के प्रति उत्तरदायी सरकारी स्टाफ के रूप में बनाए रखने की व्यवस्था अधिक संतोष जनक नहीं कही जा सकती। आवश्यक यह है कि उन्हं जिला पंचायत के अधीन रखा जावे। प्रजातांत्रिक विकेन्द्रीकरण अथवा पंचायतों को अधिकार सौंपने के बारे में कोई आधा अधूरा समझौता नहीं हो सकता।[10]

मध्य प्रदेश में पंचायती राज में अभी भी साधनों, कर्मचारियों, शक्तियों की कमी बनी हुई है। पंचायतें अभी भी राज्य शासन की ऐसी एजेन्सी है जिनमें विभिन्न विभागों के कार्यो का विभागीय निर्देशो के अन्तर्गत पूरा करने की अपेक्षा की जाती है। पंचायतों द्वारा वसूल किए जाने वाले करों में परिवर्तन करने का अधिकार राज्य शासन के पास है। पंचायतों को राज्य शासन द्वारा भंग किया जा सकता है। इनमें कार्यरत कर्मचारियों को निलम्बित करने, पद से हटाने का अधिकार शासन को प्राप्त है। पंचायतों की महिला प्रतिनिधियों की शिकायत है कि यदि किसी सरपंच या अध्यक्ष के विरूद्ध अविश्वास प्रस्ताव पारित हो जाता है तो उसे राज्य शासन या उसके अधीनस्थ अधिकारियों तक दौड़ लगानी पड़ती है। प्रत्येक पांच वर्ष के बाद पंचायती चुनाव कराने अथवा भंग होने या पद रिक्त होने की दशा में छ: महीने की अवधि में चुनाव करने की गारंटी मात्र पंचायती राज व्यवस्था में की गई है। स्थानीय स्व

शासन की संस्था के रूप में पंचायत की यह तस्वीर कुछ उत्साहवर्धक नहीं है।

जनपद पंचायत एवं जिला पंचायत में सांसद तथा विधायकों तथा उन के प्रतिनिधियों की भरमार रहती है। निर्वाचित प्रतिनिधियों वाली संस्था के लिए निश्चित ही ऐसी स्थिति सुविधाजनक नहीं है। त्रिस्तरीय पंचायतों के प्रमुख का पद आरक्षित श्रेणी में रखना, ग्राम सभा में महिलाओं की निश्चित संख्या में उपस्थिति की अनिवार्यता कुछ सराहनीय प्रावधान हैं। परन्तु पंचायतों को वित्तीय सहायता तथा कर्मचारियों पर नियंत्रण की कमी प्रजातांत्रिक विकेंद्रीकरण के मार्ग में बाधाएं बनी हुई हैं।

अनेक महिला सरपंचों का कहना है कि पंचायती राज में पहली बार प्रवेश करने वाले विशेषकर समाज के कमजोर वर्गो की क्षमता में वृद्धि करने की दिशा में अधिक ध्यान नहीं दिया गया है। पंचायती राज के कानूनों में बार बार परिवर्तन करने से व्यवस्थाओं एवं प्रक्रियाओं, परंपराओं को विकसित करने एवं उनमें स्थायित्व लाने में कठिनाई होती है। जनप्रतिनिधियों से परामर्श, आम सहमति की भावना का अभाव है। पंचायतों से संबंधित मामलों की जानकारी जनता को पर्याप्त नहीं होती। आम बहस और आम सहमति का अभाव मजबूत पंचायती राज के विकास में सहायक नहीं हो सकता।

पंचायतें प्रभावकारी ढंग से कार्य कर सकें इस हेतु यह आवश्यक है कि निर्वाचित एवं सरकारी अधिकारियों, कर्मचारियों के मध्य समन्वय, सहयोग प्रभावकारी ढंग से बना रहे। प्रजातंत्र की यह अनिवार्य आवश्यकता है कि प्रशासनिक वर्ग नीति निर्माताओं के अधीन कार्य करें, नौकरशाही निर्वाचित राजनैतिक नेतृत्व के प्रति उत्तरदायी हो। परन्तु क्षेत्र से प्राप्त सूचनाओं के आधार पर कहा जा सकता है कि पंचायती राज में स्थिति ऐसी नहीं है। पंचायती राज अधिनियम में राज्य सरकार को नौकरशाही के माध्यम से, पंचायतों का निरीक्षण करने, उन्हें भंग करने तथा उनके प्रस्तावों को अस्वीकार करने का अधिकार प्राप्त है। परिणामस्वरूप यह देखने में आया है कि जिला स्तर पर पंचायत नेतृत्व एवं प्रशासकीय नेतृत्व के मध्य टकराव की स्थिति प्रायः बन जाती है। इसका कारण राज्य पंचायती राज के क्रियान्वन के लिए उत्तरदायी वर्ग के मध्य शक्तियों, कार्यों, जिम्मेदारियों का विभाजन स्पष्ट रूप से न होना पाया है। विशेषकर प्रंचायतों के अध्यक्ष तथा मुख्य कार्यपालिका अधिकारियों

के मध्य इस समस्या के निदान के लिए पंचायती राज सेवा के गठन का सुझाव दिया गया है। इससे अनेक समस्याओं का हल प्राप्त होगा, यह आशा की जा सकती है।

मुरैना जिले की पंचायती राज संस्थाएं एवं महिला नेतृत्व

एक कहावत है कि औरत में एक तीसरी आंख छिपी होती है जो उसे ज्यादा मानवीय बनाती है और इसी मानवीयता को आधार बनाकर जिले की पंचायतों में महिला प्रतिनिधियों ने मानव सेवा यानी जनता सेवा के लिए अभी राजनैतिक जीवन में छलांग लगाई है। देश विदेश में डाकुओं की शरण स्थली के नाम से विख्यात चम्बल क्षेत्र की भोली भाली जनता ने 'ग्रामीण विकास' की अपेक्षा लेकर उन्हें जो जनादेश प्रदान किया है उन अपेक्षाओं को पूरा करने में हर संभव प्रयास कर रही हैं। ग्रामीणों के बीच जाकर अपने गंभीर लगनशील एवं निष्पक्ष व्यक्तित्व की जो पहचान उन्होंने बनाई है उससे ग्रामीणों की उम्मीदें विकास के प्रति पुनः जागृत हुई हैं। उनकी सोच हर ग्रामवासी को समस्याओं से मुक्ति दिलाना है। फिर मामला गांव की मूलभूत समस्याओं के निराकरण का हो - पानी, बिजली, खरंजा, स्कूल, मनोरंजन गृह की स्थापना या ग्रामीणों को उनके उचित हक दिलाने का।[11]

अधिकांश महिला प्रतिनिधियों के अनुसार प्रदेश सरकार ने जिस उद्देश्य को लेकर पंचायती राज की स्थापना की है वह विभागों में अफसरों के बढ़ते दबदबे से सफल नहीं हो पाया। वैसे तो हर विभाग का अपना महत्व है लेकिन विभाग की अपेक्षा किसानों की समस्याओं को प्रमुखता के आधार पर निकाकृत करना पहली प्राथमिकता होनी चाहिए। जितने विकास कार्य होने चाहिए उतने नहीं हो पा रहे हैं। पंचायतों में व्याप्त भ्रष्टाचार से महिला प्रतिनिधि चिंतित हैं और उन्हें विश्वास है कि ग्रामीण विकास के कार्यो में भ्रष्टाचार करने वाले अधिकारी, कर्मचारी को अब किसी कीमत पर सहन नहीं किया जावेगा तथा दोषियों के विरूद्व दंडात्मक कार्रवाही की जावेगी।

जिले की महिला सरपंचों को यह अच्छी तरह से मालूम है कि 73वें संविधान संशोधन के अंतर्गत मध्यप्रदेश में न केवल देश मे सबसे पहले पंचायती राज लागू हुआ बल्कि यहां त्रिस्तरीय पंचायती राज संस्थाओं को व्यापक वित्तीय व प्रशासनिक अधिकार भी सौंपे गये है। जिससे गांव की समस्याएं गांव में ही निपटने लगी हैं और विकास की

गति में तेजी आई है। वे पंचायती राज की सफलता के प्रति पूरी तरह आश्वस्त होने के साथ साथ पंचायत अध्यक्ष जैसे गरिमामय पद पर आसीन होने से अभिभूत भी हैं। वे कहती है कि पंचायती राज के जरिये न केवल लोगों में जागृति आयी है बल्कि वे अपनी जिम्मेदारियां भी समझने लगे हैं। विकास कार्यो में जनभागीदारी अब नारा नहीं रहा बल्कि यथार्थ में परिलक्षित हो रहा है। उपेक्षित गांवो में गण और तंत्र के रिश्ते मजबूत हो रहे हैं। आम जनता के शासन की अवधारणा को बल मिला है। अन्य पंचायत प्रतिनिधियों की तरह थोड़ी बहुत व्यवहारिक कठिनाईयों का अहसास उन्हें भी हो रहा है। तंत्र में पुरानी पड़ी लेट लतीफी और लाल फीताशाही की आदत अभी भी बरकरार है। जिससे निर्णय लेने की प्रक्रिया धीमी है। इसे पंचायत प्रतिनिधियों और सरकारी मुलाजिमों के बेहतर तालमेल तथा समन्वय के जरिये ठीक किया जा सकता है, जिसके लिए वे निरंतर प्रयत्नशील हैं।

महिला होने कारण उपेक्षित रही महिला प्रतिनिधि न्याय की पक्षधर हैं। वे कहती है कि शुरू शुरू में उन्हें काम काज में कुछ कठिनाईयां आती थी। जिनमें उनके पति स्वाभाविक रूप से उनकी मदद करते थे। लेकिन अब हिम्मत बढ़ती जा रही है जिससे सब कुछ आसान लगने लगा है। वैसे भी सरकार ने समाज के शोषित पीड़ित व्यक्ति तथा महिलाओं की तरक्की व खुशहाली के लिए जो फैसले लिये हैं, उनसे काफी राहत मिली है। सभी जगह जगह जाति व लिंग के आधार पर भेदभाव प्रायः समाप्त हो गया है। खासतौर से पंचायतों में आरक्षण लागू होने से यह काम और ज्यादा आसान हो गया है। अब तो सभी लोग एक जगह साथ साथ बैठकर व्यापक जनहित में फैसले ले रहे हैं। जहां महिलाओं को मदद की जरूरत है वहां उनके परिजन ही करेंगे। पुरुषों के मामले में भी तो ऐसा ही होता है। फिर महिलाओं को लेकर हाय तौबा मचाना उचित नहीं है। महिलाओं की भागीदारी से लोकतंत्र को और अधिक मजबूती मिली है। पुराने जमाने की तरह अब पुरुष महिलाओं से परामर्श करना अपनी तौहीन नहीं समझते। यह भी पंचायती राज की सफलताओं में से एक है।

ग्रामीण क्षेत्रों में तैनात अधिकारी तथा कर्मचारियों पर पंचायत प्रतिनिधियों द्वारा निगाह रखे जाने के आशातीत परिणाम सामने आये है। गांव की सेवाओं में पंचायती राज की स्थापना के बाद भारी सुधार आया है। अब बदलाव की प्रक्रिया सरकारी मुलाजिमों की आदत में आ जाने

से सब कुछ सामान्य और सहज हा गया है। जिला सरकार तथा जिला पंचायत के अधिकारों में पारदर्शिता तथा स्पष्ट विभाजन नहीं होने की बात पर महिला प्रतिनिधि कहती हैं कि इससे कई बार अभूतपूर्व संकट खड़ा हो जाता है और निर्णय लेने में कठिनाईयां आती है। इसलिए अधिकारों का विभाजन स्पष्ट होना चाहिए। वैसे मुरैना जिले में अभी तक कोई ऐसी अप्रिय स्थिति नहीं बनी है। सभी मिल जुलकर व्यापक जनहित में कार्य कर रहे हैं। जिला प्रशासन का भी पंचायत प्रतिनिधियों को उपेक्षित सहयोग मिल रहा है। और सभी बदलाव की प्रक्रिया में भागीदारी बन रहे हैं। पंचायती राज के लागू होने के बाद लोगों ने इस बात को गहराई से समझने की कोशिश की है कि न्याय करने वाले कहीं और से नहीं आयेंगे अपितु सबको मिल जुलकर अपना न्याय खुद करना है। अपनी तरक्की और अपनी खुशहाली के रास्ते भी खुद ही खोजना है। आम लोगो की यह समझ जितनी मजबूत होगी पंचायती राज भी उतना ही मजबूत होता जायेगा।

इसकी शुरूआत भी हो चुकी है लोग ग्रामसभा की बैठकों में जाते हैं और अपने फैसले खुद करते हैं। विकास कार्यो के मूल्यांकन भी ग्राम सभा की खुली चौपाल में होने से भ्रष्टाचार तथा हेराफेरी की शंकाओं का समाधान होना शुरू हो गया है। इससे लोगों के बीच सामुहिक निर्णय और जवाबदेही की भावना निरंतर बढ़ती जा रही है।

मौजूदा समय में महिलाएं अब घर परिवार तक सीमित नहीं हैं। वे लोकतंत्र में भागीदार होकर ग्राम स्वराज के सपने को साकार करने में बढ़ चढ़ कर हिस्सेदारी कर रही हैं। ग्रामीण परिवेश में पली बढ़ी ऐसी ही एक दलित महिला श्रीमती गुड्डी बाई मुरैना जिला पंचायत की अध्यक्ष है। केवल आठवीं कक्षा तक पढ़ी श्रीमती गुड्डी बाई ने अपने कार्यकाल में ग्रामीणों के बीच जाकर अपने गंभीर, लगनशील एवं निष्पक्ष व्यक्तित्व की जो पहचान बनाई है उससे ग्रामीण विशेषकर महिलाओं की उम्मीदें विकास के प्रति पुनः जागृत हुई है। ऐसे बहुत ही कम निर्वाचित प्रतिनिधि देखने को मिलेंगे जो अपने निजी हितों से ज्यादा जनहित के निए सोचते हों, जिनके जहन में जनता जनार्दन के प्रति अपार सहानुभूति ही नहीं अपितु उनकी अपेक्षाओं को पूर्ण करने का जज्बा भी हो, ग्रामीण अंचलों में विकास की चहुं ओर गंगा बहाने का ध्येय लेकर वहां विकास की संभावनाओं का पता लगाने की लगन हो। ग्रामीण विकास में गति लाने के उद्देश्य से वे अभी तक एक सैंकड़ा गांवों का

दौरा कर दो करोड़ रूपये के आबंटन पर भी ठप्पा लगा चुकी है। इसके पीछे उनकी सोच हर ग्रामवासी को समस्याओं से मुक्ति दिलाना है। उनका कहना है कि पदीय कर्तव्यों के निर्वहन में उनका दलित होना कतई आड़े नहीं आ रहा है। अत्याधिक पिछड़ा क्षेत्र एवं अफसरशाही का दबदबा कायम होने के कारण उनके समक्ष जनता से किए गए वायदों को पूर्ण करने की कठिन चुनौती है।[13]

पंचायती राज व्यवस्था में प्रजातंत्र का घोड़ा बेलगाम होकर जिस गति से इन दिनों दौड़ रहा है अब से पहले शायद कभी नही दौड़ा था। मगर दूसरी ओर नौकरशाही में आज भी ऐसी हस्तियां हैं जिनके हाथ में नियमों की चाबुक हमेशा रहती है और जरूरत पड़ने पर वे उसका इस्तेमाल भी करते है। जिला पंचायत अध्यक्ष के रूप में श्रीमती गुड्डी बाई महिलाओं के निर्गय निर्माण के अधिकार की सुरक्षा के प्रति सजग रहती हैं। अकसर देखा जाता है कि जिला पंचायत जनपद पंचायत या ग्राम पंचायत की जब भी कोई बैठक होती है तो महिला जनप्रतिनिधि आधे या पूरे घूंघट के साथ मूर्ति के मनिंद कुर्सी पर आकर बैठ जाती है और उसके आगे वाली कुर्सी पर उनके पति विराजमान होते हैं। बैठक में रखे गए प्रस्ताव और लिए गए निर्णयों पर उस पति का ही एक छत्र राज्य रहता है। महिला जनप्रतिनिधि के हस्ताक्षर या उसकी सहमति असहमति उसके पति की सहमति या असहमति पर निर्भर करती है। बैठक में उपस्थित शासकीय सेवक मन मसोसकर रह जाते हैं। मगर कुछ हैं जिन्हें सच बात कहने में संकोच नहीं होता। घटना जिला पंचायत के सभागार की है। जिला पचांयत की साधारण सभा की बैठक होनी थी। हर बार की तरह महिला जन प्रतिनिधियों के पति अपनी-अपनी पत्नियों के साथ सभागार में पहुंच चुके थे और हैसियत के मुताबिक अग्रिम पंक्ति की कुर्सियों पर जाकर जम गए थे। बेचारी पत्नियां हमेशा की तरह पीछे की कुर्सियों पर बैठी थीं। मुख्य कार्यपालन अधिकारी सभागार में पहुंचे और तत्पश्चात अपने लिए निर्धारित स्थान पर बैठ गए। तत्पश्चात उन्होंने सदस्यों की उपस्थिति का जायजा नजर दौड़ाकर लिया। इसी बीच उन्होंने पाया कि महिला जनप्रतिनिधियों के पति अग्रिम पंक्ति में जमे हैं और उनके पीछे उनकी पत्नियां बैठी हैं। स्थिति से क्षुब्ध होकर उन्होंने जिला पंचायत अध्यक्ष श्रीमती गुड्डी बाई से पूछा कि क्या महिला जनप्रतिनिधियों के पतियों का इस तरह बैठक में आना, आगे की कुर्सी पर बैठना और निर्णय में हस्तक्षेप करना उचित है? जिला पंचायत की अध्यक्ष ने कहा कि नहीं। मुख्य कार्यपालन

अधिकारी ने अध्यक्ष से प्रति प्रश्न किया तो क्या इन लोगों को इस बैठक से अलग कर दिया जायें? अध्यक्ष ने कहा हां। मुख्य कार्यपालन अधिकारी ने तत्काल उपस्थित कर्मचारियों को निर्देश दिया कि जनप्रतिनिधियों के अतिरिक्त आए हुए लोग खासकर महिला जनप्रतिनिधियों के पतियों को बैठक से उठकर बाहर जाने के लिए कह दिया जाय।

पंचायतों में आर्थिक संसाधनों का अभाव एवं जनसहयोग

पंचायती राज की स्थापना का एक महत्वपूर्ण उद्देश्य ग्रामीण विकास के उद्देश्य को प्राप्त करना है। आज पंचायतों को संवैधानिक दर्जा प्रदान कर अधिकार सम्पन्न तो बना दिया गया है परन्तु आर्थिक संसाधनों के अभाव में ग्राम पंचायतें ठीक ढंग से कार्य न ही कर पा रही है। महिला सरपंचों से साक्षात्कार में यह बात सामने आई हैं कि ग्रामीण विकास के जो प्रस्ताव शासन को भेजे जाते हैं उन्हें स्वीकृत होने में विलम्ब होता है तथा वांछित धनराशि प्राप्त नहीं होती। ऐसी स्थिति में गांव की समस्याएं हल नहीं हो पाती। अतः सामुदायिक विकास कार्यक्रम तथा पंचायती राज संस्थाओं के सफल कार्य संचालन के लिए स्थानीय जनता का सक्रिय सहयोग और समर्थन केवल अपेक्षित ही नहीं वरन् वांछनीय भी है। इसके बिना सीमित साधनों से ग्राम विकास का लक्ष्य प्राप्त करना ही कठिन बन जाएगा वरन् स्थानीय जनता में पहल की शक्ति और नेतृत्व का विकास भी असम्भव हो जाएगा।

पंचायती राज संस्थाओं में कार्यरत महिला प्रतिनिधियों को गांव के विकास हेतु जनसहयोग जुटाने की चुनौती का सामना करना होगा। सार्वजनिक कार्यो में जन सहयोग प्रजातांत्रिक व्यवस्था की मूल आत्मा एवं राजनीतिक अपेक्षा है। नैतिक, धार्मिक और मानवीय दृष्टि से सार्वजनिक कार्यो में जन सहयोग की परम्पराएं भारत में प्राचीन काल से ही रही हैं। सम्पूर्ण भारतीय संस्कृति, दया, धर्म, दान, परोपकार आदि के मूल्यों से ओत-प्रोत है। यहां न केवल समर्थ और धनी लोगों द्वारा सार्वजनिक हित के लिए धर्मशालाएं, तालाब, बगीच, प्याऊ, वृक्षारोपण आदि की व्यवस्था की जाती थी वरन् जन साधारण भी अपनी सामर्थ्य के अनुसार ऐसे कार्यो में भागीदार बनता था। श्रमदान की परम्पराएं हमारे सामाजिक और सांस्कृतिक रीति-रिवाजों का अंग बन गई थी। इनका प्रभाव आज भी सार्वजनिक सहयोग से खोले गये अस्पतालों, विद्यालयों, पुस्तकालयों, अनाथालयों आदि के रूप में उपलब्ध होता है।

स्वतंत्रता के बाद देश में आर्थिक गरीबी, सामाजिक पिछड़ापन, शिक्षा का निम्न स्तर एवं अभाव की समस्याएं गम्भीर थी। स्वतंत्र भारत की सरकार को अपने सीमित साधनों से इन समस्याओं और चुनौतियों का सामना करना था। इसके लिए न केवल मूल्य और आदर्श की दृष्टि से वरन् एक मजबूरी की आवश्यकता के रूप में गांवों के विकास हेतु पंचायत राज संस्थाओं को अपनाया गया ताकि समस्याओं और चुनौतियों का सामना करने के लिए स्थानीय जनता का अधिकाधिक सहयोग प्राप्त किया जा सके।

जन-सहभागिता का अर्थ

जन सहयोग अथवा सहभागिता एक नई अवधारणा है जिसका अर्थ और स्वरूप अभी विकास की स्थिति में है। सर्वप्रथम यह ज्ञात करना आवश्यक है कि देहाती विकास के संदर्भ में जन-सहयोग का क्या महत्व है और इसका अर्थ क्या है। जब भारत स्वतंत्र हुआ तो यह अनुभव किया गया कि राष्ट्रीय पुननिर्माण का महान कार्य जनता के सक्रिय एवं उत्साहपूर्ण सहयोग से ही किया जा सकता है। आर्थिक विकास की दृष्टि से जनता के सहयोग की बात पूर्व शर्त के रूप में प्रथम पंचवर्षीय योजना में भी उल्लेखित की गई थी। पंचायती राज के संदर्भ में जनसहयोग अथवा श्रमदान का अर्थ सामान्य हित या परस्पर लाभ की योजनाओं अथवा कार्यो हेतु किसी व्यक्तियों के समूह अथवा समुदाय द्वारा श्रम, सामग्री अथवा नकद रूप में दिए जाने वाले योगदान से है। स्पष्ट है कि इस रूप में जन सहयोग और श्रमदान को पर्यायवाची माना गया है। जन सहयोग में भाग लेने वाली इकाईयां व्यक्ति, समूह अथवा पूर्ण समाज कुछ भी हो सकती है। ये योगदान के रूप में श्रम, सामग्री एवं नगद मुद्रा प्रदान करते हैं जो जन-सहभागिता का भौतिक अथवा आर्थिक स्वरूप है। वे राजनीतिक और प्रशासनिक क्रिया कलापों में सक्रिय भाग लेते हैं, निर्णय निर्माण की प्रक्रिया को प्रभावित करते हैं और अधिकारियों एवं जन नेताओं के दोषपूर्ण कार्यो को सुधारने में प्रभावशील भूमिका निभाते हैं। जन-सहभागिता की स्थिति में राजनेताओं का दृष्टिकोण एवं कार्यक्रम जनहितोन्मुख बना रहता है। इसी प्रकार नौकरशाही भी कार्यक्रमों की सफलता पर विशेष ध्यान देने लगती है।[14]

इस प्रकार स्पष्ट है कि पंचायती राज में ग्रामीण, ब्लाक एवं जिला स्तर पर व्यक्ति समूह और समुदाय के द्वारा विकास के किसी कार्यक्रम में किसी भी प्रकार का सहयोग तथा जनसहभागिता कहा जा सकता है।

पंचायती राज में जनसहभागिता की स्थिति

पंचायती राज की स्थापना से पूर्व पंचवर्षीय योजनाओं एवं सामुदायिक विकास कार्यक्रमों के अन्तर्गत भारत की ग्रामीण जनता ने पर्याप्त सहभागिता का परिचय दिया। स्वयं सरकार ने भी यह प्रयास किया कि देहाती जनता में जनसहयोग की भावना जागृत की जाए। फलतः बड़ी मात्रा में ग्रामवासियों ने इन कार्यों में योगदान किया। तदानुसार सामुदायिक विकास की प्रारम्भिक स्थितियों में जनता ने पर्याप्त उत्साह प्रदर्शित किया और लोग बड़ी संख्या में श्रम, नगद और सामग्री के रूप में योगदान करने के लिए सामने आए। यह देखा गया कि जनता के प्रयत्न सरकारी व्यय से भी अधिक मूल्य के थे। कार्यक्रम में संगठन सभी कार्यकर्ता अधिकाधिक जनसहयोग प्राप्त करने की भावना से ओत-प्रोत थे। सन् 1954-55 से 1956-57 के बीच श्रमदान सप्ताहों एवं पखवाड़ों का एक नियमित सा कार्यक्रम बन गया। इसके फलस्वरूप सामूहिक लाभ के कार्यो के लिए श्रम, सामग्री और नगद धन के रूप में पर्याप्त योगदान प्राप्त हुआ। इस प्रकार की स्वस्थ प्रतिस्पर्द्धा और प्रतियोगिता की भावना ने केवल गांवों और पंचायतों में ही नहीं वरन् उनसे आगे के लिए भी प्रयत्न किये। जनसहयोग की यह मात्रा सन् 1957-58 के बाद घट गई। पंचायती राज की स्थापना के बाद जनसहयोग में पुनः एक बार वृद्धि हुई किन्तु यह वृद्धि अस्थायी सिद्ध हुई तथा सन् 1962-63 में पुनः प्रारम्भ हो गयी।

पचांयती राज की स्थापना के कुछ समय बाद से जनसहयोग निरन्तर कम होता गया राजनीतिक जागरूकता बढ़ते हुए भी राजनीतिक सहभागिता में कमी के लिए उत्तरदायी कारणों पर विचार किया गया। जन-सहभागिता में कमी के लिए उत्तरदायी कारणों का निम्न प्रकार विवेचन किया सकता है:

1. द्वितीय पंचवर्षीय योजना में जन सुविधाओं की रचना की अपेक्षा कृषि उत्पादन बढ़ाने पर जोर दिया गया।
2. प्रजातांत्रिक विकेंद्रीकरण अधिनियम के अनुसार मूलभूत संरचनाओं की स्थापना में अधिकांश राजनीतिक और प्रशासनिक शक्ति लग

गई। चुनावों के बाद कुछ महीनों तक खंड कार्यालय में प्रायः सभी सामान्य कार्य रूक गये। अतः जन सहभागिता पर भी विपरीत प्रभाव पड़ा। प्रारम्भिक वर्षो में देहाती जनता को ऐसा प्रतीत हुआ कि अब सरकार कम रूचि लेने लगी है और योजना व्यय को घटा दिया गया है। इसकी प्रतिक्रिया के रूप में जनता का उत्साह एवं सहयोग भी घट गया।

3. प्रारम्भ में जनसहयोग का मूल्याकंन ठीक प्रकार नहीं हो पाता। प्रायः सभी पंचायते अपने क्षेत्र में जन सहयोग को अधिक बताने के लिए आंकड़े बढ़ा-चढ़ा कर प्रस्तुत करतीं किन्तु बाद में पंचायतों और पंचायत समितियों की प्रगति का प्रतिवेदन सही रूप में आ सके अब जन सहयोग का सही मूल्यांकन किया जाने लगा और यह पाया गया कि जन सहयोग कम हो गया है।
4. ऐच्छिक श्रमदान के प्रति जन भावना एवं जन उत्साह इसलिए भी कम हो गया क्योंकि लोग स्थानीय विकास कार्यक्रमों में नियमित कर देकर उन्हें वित्तीय सहायता देने के पक्ष में हो गये।
5. जन सहयोग के कम होने का एक अन्य कारण यह भी है कि देहाती विकास कार्यक्रमों सरकारी योगदान का अनुपात क्रमशः घटता चला गया। सरकार ने जन सुविधाओं के कार्यक्रमों की अपेक्षा उत्पादन कार्यक्रमों पर विशेष जोर देना प्रारम्भ कर दिया जिनके प्रति जनता की प्रत्यक्ष रूचि और लगाव नहीं होते। फलतः जन सहयोग घट गया।
6. प्रारम्भ में सामुदायिक विकास कार्यक्रम नवीन थे और सरकार की और से उनमें पर्याप्त धनराशि लगाई गई। इस कारण लोगों में उत्साह था और समुचित जन सहयोग होता था। धीरे-धीरे योजनाएं और विकास के कार्य बढ़ते गये और पुरानी चीज होने के कारण लोगों में पहले जैसा उत्साह भी न रहा तो जन सहयोग में कमी आ गई।
7. नियामानुसार राज्य का अनुदान प्राप्त करने के हिसाब को बढ़ा चढ़ाकर दिखाने की परम्परा थी। इसके परिणाम स्वरूप विकास कार्यो के प्रति लोगों में जो एक पवित्रता का भाव था वह समाप्त हो गया जिसका जन सहभागिता पर भी विपरीत प्रभाव पड़ा।
8. विकास कार्यो में जन सहयोग की दृष्टि से धनवान और उच्च वर्ग के लोग कदाचित ही सामने आते थे अधिकतर समाज के अशक्त

और कमजोर वर्ग के लोग ही कार्य करते थे। कुछ समय बाद इस वर्ग के लोगों को यह अपना शोषण प्रतीत हुआ। श्रमदान सामुदायिक भावना से संचालित न होने के कारण पिछड़ गए।

9. जन सहभागिता की द्रुतगति को आघात पहंचाने का दोष सरकारी तथा गैर सरकारी अधिकारियों को भी दिया जा सकता है। इन अधिकारियों ने अपने दायित्वों को सही रूप में निभाने की अपेक्षा भ्रमित मार्ग का अनुशीलन किया। विकास अधिकारी देहाती क्षेत्रों में सीमित हो गए। इसी प्रकार जन प्रतिनिधि जन सेवा के स्थान पर शक्ति प्राप्त करने की होड़ में शामिल हो गये। जन जागृति और श्रमदान कार्यक्रमों के स्थान पर राजनीतिक विवाद शक्ति संघर्ष तेज हो गए। पंचायती राज के साथ ही देहाती स्तर पर दलबंदी और गुटबंदी ने गांवों के शान्ति प्रिय वातावरण में संघर्ष और विघटनकारी प्रवृतियों को बढ़ावा दिया। प्रत्येक गांव अल्पमत और बहुमत वाले दलों में बंट गया। ऐसी स्थिति में श्रमदान के लिए तथा अन्य विकास कार्यो में सहयोग के समूचे गांव को संगठित करना असम्भव हो गया।

10. सरकारी अनुदान प्राप्त करने के लिए जन सहयोग की शर्ते लगाई गई। देहात के निर्धन एवं साधनहीन लोग इन शर्तो का पालन करने में असमर्थ थे। इस स्थिति ने जन सहयोग को प्रभावित किया।

11. गांव के लोगों ने शहरों और कस्बों के लोगों की तुलना करते हुए यह निष्कर्ष निकाला कि शहर वालों की तुलना में उनके साथ पक्षपात किया जा रहा है। उन्होंने देखा कि शहर और कस्बे के लोगों को बिना किसी जनसहयोग के सड़क, सफाई, रोशनी, आवास व्यवस्था, स्वास्थ्य शिक्षा आदि की सुविधाएं मिल जाती है जबकि दोहाती लोग इन्ही चीजों की मांग करें तो उनसे श्रमदान तथा अन्य जन सहयोग की मांग की जाती है।

12. देहाती लोगों में सहयोग एवं सहभागिता की अभिलाषा अभी भी है, किन्तु इसके अनुकूल वातावरण नहीं है।[15]

ग्राम पंचायतें इतनी प्रभावशील और सार्थक नहीं हो सकी कि देहाती लोगों में पहल करने की प्रवृति को जागृत कर सेंके और सामान्य हितों की योजनाओं में उनका सहयोग प्राप्त कर सकें। अपेक्षित जन सहयोग प्राप्त करने के लिए जनता को यह विश्वास दिलाया जाना चाहिए कि सार्वजनिक जीवन में सभी स्तरों पर ईमानदारी, सज्जनता और शिष्टता से काम हो रहा है।

जनसहभागिता का महत्व

पंचायती राज संस्थाओं के कार्यकलाप और विकास योजनाओं की कार्यन्विति में जन सहभागिता का कम होना एक चिन्ता का विषय है। ने केवल जनतांत्रिक मूल्यों की स्थापना की दृष्टि से ही नहीं वरन् भारत जैसे अभावग्रस्त एवं साधनहीन राज्य में राष्ट्रीय विकास की दृष्टि से भी जन सहभागिता का विशेष महत्व है। गांव वालों को उनके मामलों में सक्रिय एवं रूचिशील बनाकर ही उनकी क्षमता एवं आत्मविश्वास को जगाया जा सकता है उनमें सहकारी जीवन प्रसार एवं समाज में समरसता की स्थापना की जा सकती है। जन सहभागिता का महत्व भौतिक की अपेक्षा भावनात्मक अधिक है। जन सहभागिता का महत्व केवल यह नहीं माना जाना चाहिए कि सरकार ने साधनों की कमी के कारण लोगों को बाध्य किया कि वे धन, वस्तु एवं श्रम के रूप में सरकार के कार्यक्रम को सफल बनाने में सहयोग दें और न ही इसे एक ऐसा प्रयास समझा जाना चाहिए जो लोगों को कृषि जन स्वास्थ्य ग्राम उद्योग आदि के उन्नत तरीके अपनाने को प्रेरित करता हो वरन् इसका महत्व इस बात में है कि इसके माध्यम से लोग सामुदायिक विकास के सभी पहलुओं को अपना समझने लगते है तथा अपनी समस्याओं को सुलझाने के लिए सपने सहकारी कार्यो की प्रभावशीलता में तथा स्वयं अपनी क्षमता एवं विश्वास का विकास कर लेते हैं।

स्थानीय समस्याएं लोगों की रूचि का प्रमुख विषय होती है। ये स्वयं अपनी प्राथमिक आवश्यकताएं पूरी कर सकते है तथा कपड़ा पैदा कर सकते है गांव की सफाई व्यवस्था कर सकते हैं। यदि विकास कार्यक्रमों में उनकी पूरी सहभागिता रहे तो सभी कार्य वे सुगमता पूर्वक सम्पन्न कर सकते है। इन कार्यो के लिए उन्हें तकनीकी सहायता और मार्गदर्शन तथा कभी वित्तीय सहायता की आवश्यकता होती है। सरकार का योगदान केवल बाधाओं को हटाने और अनुकूल परिस्थितियों की रचना करने का रहता है। किन्तु पहल और मुख्य भूमिका स्थानीय जनता की ही रहती है। इसी अर्थ में जन सहभागिता का महत्व है। स्वतंत्रता के बाद विभिन्न राष्ट्रीय और स्थानीय कार्यो में जन सहयोग का अवसर एक वरदान बन कर आया। सदियों के बाद यह पहला अवसर था जबकि देशवासियों को उनके प्रशासन में सहभागिता का सौभाग्य मिला। इस पृष्टभूमि में स्थानीय स्तर पर जन सहभागिता का अवसर विशेष रूप से महत्वपूर्ण है।

जन सहभागिता की वृद्धि के सुझाव

उपरोक्त विवेचन से एक ओर तो यह तथ्य स्पष्ट होता है कि देहाती विकास और पंचायती राज संस्थाओं की सफलता के लिए जन-सहभागिता अत्यन्त आवश्यक है। दूसरी ओर यह तथ्य भी स्पष्ट होता है कि जन सहभागिता निरन्तर कम होती जा रही है, यह स्थिति चिन्ता का विषय है। इस दिशा में गम्भीर पूर्वक यह चिन्तन किया गया है कि सहभागिता के स्तर को किस प्रकार बढ़ाया जाए। इस विषय पर कतिपय सुझाव प्रस्तुत किये गए हैं, इनमें मुख्य निम्नलिखित है-

1. वर्तमान में जन सहभागिता अधिक प्रभावशील नहीं है। इसे अधिक व्यापक बनाने की दृष्टि से यह नगद धन या सामग्री के रूप में ही होना चाहिए, श्रम के रूप में यह कम लिया जाए।
2. पंचायतों एवं समितियों को कर साधनों एवं गैर साधनों से अपनी आय बढ़ानी चाहिए। ऐसे प्रयास किए जाने चाहिए ताकि इन साधनों के साथ आय के कुछ स्थानीय साधन उपलब्ध हो सकें। ऐसा होने पर लोगों से धन के रूप में आर्थिक सहयोग लेने की बाध्यता कम हो जाएगी।
3. किसी कार्यक्रम को प्रारम्भ करने के लिए जनता के योगदान की जो एक आवश्यक शर्त रखी गई है, हटा देना चाहिए।[17]

जिला पंचायतों और पंचायती समितियों पर यह कार्य छोड़ देना चाहिए कि वे जिन पंचायत समिति या पंचायतों को कुछ योजनाएं सौंपी गई है उनके लिए वे योगदान का परिणाम निश्चित करें। पंचायतों एवं पंचायत समितियों को यह विकल्प दिया जाए कि वे तो स्वयं के पर्याप्त साधन जुटाएं अथवा जो अनुदान की राशि उन्हें प्राप्त हुई है उसी की सीमा में अपने विकास कार्यक्रम पूरा करें। जब इन संस्थाओं का अनुदान एवं सहायता कम कर दी जाएंगी तो ये अपने स्रोत बढ़ाने में तथा अपना योगदान करने में तथा अपना योगदान करने में स्वत: ही आगे आयेगें। लोग अभी भी उन योजनाओं में अपना योगदान करने को तैयार है जो उनकी प्राथमिकताओं के अनुरूप है, और जो उनकी अनुभवित आवश्यकताओं को पूरा करती है। पंचायती राज में विभिन्न स्तरों पर आसीन महिला प्रतिनिधियों को जनसहभागिता के द्वारा ग्रामीणों की समस्याएं हल करने के लिए निश्चित ही विशेष प्रयत्न करना होगा यदि वे ऐसा कर पाती है तो पंचायत के दायित्वों को पूरा करने में सरकार पर निर्भर नहीं रहना पड़ेगा।

संदर्भ

1. *जनसत्ता* 28-7-1996, ''क्या अगली संसद महिलाएं संभालेगी।''

2. वही

3. *राष्ट्रीय सहारा* (दिल्ली) 15 फरवरी 1998, ''राजनीति में कितनी कदम बढ़ी महिलाएं,'' शबाना आज़मी के विचार

4. *जनसत्ता* (दिल्ली), 6-6-1999, राजेन्द्र बंधु, ''महिला सरपंचों का रास्ता''

5. शोधकर्ता द्वारा किए गए सर्वेक्षण के आधार पर

6. देखिए, डा. निकुंज, *पंचायती राज व्यवस्था*, एक दृष्टि एक दृष्टिकोण (बढ़बानी) (1995) (सम्पादन)

7. देखिए, *दैनिक भास्कर*, (ग्वालियर), 2-6-2000

8. देखिए, मीनाक्षी पंवार, *ग्रामीण विकास की विकेंद्रीत व्यवस्था, पंचायती राज*, (भोपाल) (1999) पृ. 189

9. डा. स्नेहलता पंडा, ''डिसीजन मेंकिंग इन पंचायतस, रोल आफ वीमेन,'' *योजना* जुलाई 1998, पृ. 11

10. देखिए, *नवभारत, ग्वालियर*, 24-5-2000

11. देखिए, *मध्यकेसरी*, मुरैना, 4-9 जनवरी 2001

12. *नवभारत*, ग्वालियर 7-8-2000

13. *नवभारत*, ग्वालियर 24-5-2000

14. देखिए, एस. सी. जैन, कम्यूनिटी डेवलपमेंट एंड पंचायती राज इन इंडिया, एलाइड पब्लिशर्स, 1967

15. एस. सी. जैन, वही

16. देखिए बी. मुकर्जी, *कम्यूनिटी डेवलपमेंट इन इंडिया*, ओरियन्ट लागमेंस, (1962)

17. देखिए, डा. प्रभुदत्त शर्मा, *ग्रामीण स्थानीय प्रशासन*, (नई दिल्ली) 1986

अध्याय पंचम

सारांश, निष्कर्ष एवं सुझाव

पंचायतों का महत्व

भारत को मुख्यत: गांवों का देश मानते हुए गांधी जी देश के एक दर्जन शहर और हजार-दो हजार कस्बों को सात लाख से भी अधिक गांवों को केवल बिखरे हुए झोपड़े ही नहीं मानते थे। बल्कि सुविभाजित आबादी के सम्यक रूप के समूह मानते थे, जिसमें लोगों के सभ्य जीवन के लिए आवश्यक सभी दस्तकारियों का समावेश होता है। गांव में बढ़ई और लुहार, राज और सुनार, जिसमें घरों का निर्माता और दूसरा शोभा की वृद्धि करने वाला है, कातने वाले, बुनने वाले जुलाहे, छीपी और रंगसाज, धोबी और नाई, मोची और किसान, पुरोहित और वैद्य, कवि और लेखक सभी रहते हैं, ये सभी मिलकर राष्ट्रीयता की एक स्वावलम्बनपूर्ण इकाई बनाते है। इस इकाई का अपना सुरक्षात्मक गुण भी है, जिसे शत्रु के आक्रमण तथा दैवी प्रकोप आदि का कोई भय और चिन्ता नहीं होती है।

राष्ट्रपिता गांधी जी भारतीय गांवों को एक संघबद्व इकाई मानते हुए उन्हें एक छोटे लोक की ही संज्ञा दिया जाना अधिक सार्थक मानते थे। गांव अपनी आवश्यकता की सभी चीजें अपने में ही रखकर, समय और परिवर्तन से अप्रभावित रहते हुए आज भी राष्ट्रीयता की स्वावलम्बी और आत्मनिर्भर इकाई बने हुए हैं। इसी आधार पर उनके द्वारा दिशा निर्देश देते हुए कहा गया था कि यदि भारत को अपने अखण्डनीय व्यक्तित्व की रक्षा करनी है तो उस प्राचीन ग्राम्य को स्थिर और सुरक्षित रखा जाना आवश्यक है। इस प्रकार गांधी जी द्वारा भरतीय ग्राम संगठन को एक सहयोगात्मक लोकतांत्रिक राज्य निरूपित किया गया, जिसमें सबके लिये और सब एक के लिए की दृष्टि से निवास करते हैं।

भारतीय ग्राम संगठन को देश की स्वाधीनता के पश्चात् लोकतंत्र का आधार बनाए जाने की आंकाक्षा से स्वतंत्रता प्राप्ति के पूर्व ही गांधी जी द्वारा अपना संकल्प व्यक्त किया गया था कि स्वतंत्रता का प्रारम्भ नीचे से होना चाहिए। इसका तात्पर्य यह है कि प्रत्येक गांव को इस सीमा तक आत्म संतुष्ट एवं अपनी व्यवस्था के लिए इतना सक्षम होना चाहिए कि वह सारी दुनिया से मुकाबला कर अपनी रक्षा कर सके।

भारतीय ग्राम समाजों की इन्ही आधारभूत इकाईयों के अन्तर्गत अहिंसक समाज व्यवस्था के उपयुक्त राजनैतिक संगठन का अन्वेषण करते हुए गांधी जी द्वारा दावा किया गया था, कि अहिंसा पर आधारित समाज की संरचना केवल गांवो में बसे उन समुदायों द्वारा ही हो सकती है, जो गौरवयुक्त शान्तिपूर्ण अस्तित्व के लिए स्वेच्छा से सहयोग की शर्त स्वीकार करते है।

देश की स्वाधीनता के पूर्व ही अनुभव किया गया था कि भारत का विकास भारतीय ढंग से ही सम्भव हो सकता है। पश्चिम की किसी भी प्रणाली का मात्र अनुकरण करके संतुष्ट हो जाने से लाभ नहीं होगा। भारत गांवो में बसा है। भारत की वास्तविक प्रगति वह है जो उसके 7 लाख गांवों में दिखाई देती है। देश की 80 प्रतिशत जनसंख्या गांवो में निवास करती है। देश के बड़े-बड़े कुछ छोटे-से नगर भरत की प्रगति के प्रतीक नहीं हो सकते है। अतएव शहरों में केन्द्रित शक्ति को भारत के गांवों में बांटना आवश्यक है।

देश की स्वाधीनता के पश्चात् दिशा निर्देश करते हुए नेहरू द्वारा समाजवादी समाज की संरचना के राष्ट्रीय लक्ष्य की प्राप्ति हेतु किसी भी बात को ऊपर से थोपे जाने के स्थान पर उसकी शुरूआत नीचे से अर्थात् प्रत्येक गांव में पंचायत या ग्राम सहकारी समिति की स्थापना के माध्यम से किये जाने की आवश्यकता व्यक्त की गई थी। देश में समाजवाद और प्रजातंत्र की आधारशिला सुदृढ़ बनाने हेतु नेहरू द्वारा देश के प्रत्येक गांव में एक स्वस्थ पंचायत, एक स्वस्थ विद्यालय तथा एक स्वस्थ सहकारी समिति की स्थापना किए जाने की आकांक्षा व्यक्त की गई थी। इस प्रकार नेहरू चाहते थे कि देश में प्रजातांत्रिक शासन प्रणाली का वास्तविक आधार पंचायतें तथा अन्य ऐसी ही स्थानीय स्वायत्त संस्थाएं बनाई जावें और यही वास्तविकता भी रही, क्योकि जब तक प्रजातंत्र की आधारशिला को नीचे से सुदृढ़ नहीं किया जाता है, तब तक उससे उच्च स्तर की सुदृढ़ता की आशा नहीं की जा सकती है।

देश में स्वाधीनता के पश्चात् राष्ट्रपिता की मूल भावना अर्थात् भारतीय ग्राम संगठन व पंचायत प्रणाली तथा विकेन्द्रीयकरण के विचार को स्वतंत्र भारत का संविधान निर्माण करते समय प्रारूप समिति के अध्यक्ष डा. भीमराव अम्बेडकर सहित समिति द्वारा संविधान में कोई स्थान न देकर उपेक्षा की गई थी। फलस्वरूप संविधान के प्रथम प्रारूप में पंचायत प्रणाली व विकेन्द्रीकरण जैसे महत्त्वपूर्ण पहलुओं का उल्लेख भी नहीं किया गया। गांधी जी को जब यह अवगत कराया गया तो उन्होने दिशा निर्देश करते हुए पत्र लिखकर अपनी तीव्र प्रतिक्रिया व्यक्त की थी।

संविधान निर्माण करने वाली समिति की कार्यवाही एवं डा. अम्बेडकर द्वारा भारतीय ग्राम्य प्रणाली के प्रति नकारात्मक दृष्किोण वाले दिए गए भाषण का सर्वत्र तीव्र विरोध किया गया, सभा और समिति में भी एक दूसरे पर आरोप और प्रत्यारापों के तीखे प्रहारों के पश्चात् किसी प्रकार सदस्य के. सन्थानम् द्वारा प्रस्तुत एक प्रस्ताव स्वीकार कर लिया गया और संविधान के नीति निर्देशक सिद्वांतों के भाग 4 में अनुच्छेद 40वां और सम्मिलित किया गया। सभी सदस्य भावी विकास की सम्भावनाओं की आशा से मात्र इस अनुच्छेद से ही संतुष्ट हो गए। पंचायती राज इसी अनुच्छेद की वचन पूर्ति की दिशा में एक कदम है।

संविधान में पंचायत प्रणाली के प्रति उपेक्षा के अन्य बहुत से कारणों में से एक यह भी था कि हमारा तत्कालीन अध्ययन व व्यावहारिक अनुभव एवं संविधानों का अनुकरण सभी कुछ पाश्चात्य देशों से ही लिया हुआ था। सम्भवत: हम उस प्रभाव से मुक्त नहीं हो सके थे। भारतीय पंचायत प्रणाली के जहां एक ओर अतीत के सुनहरे चित्र प्रस्तुत किये जाते थे, जो वर्तमान में अव्यवहारिक एवं असम्भाव्य थे, वहीं दूसरी ओर भारतीय ग्रामीण जन समुदाय की योग्यता एवं क्षमता में संदेश प्रकट किया जाता रहा है। इस प्रकार इन दोनों ही परस्पर विरोधी एवं अव्यवहारिक दृष्किोणों के बीच पंचायत प्रणाली को समुचित स्थान मिल पाना सम्भव भी कैसे हो सकता था?

इस प्रकार कहा जा सकता है कि स्वतंत्र भारत के संविधान निर्माण के समय सम्भव है, कि अतीत के अनुभव के आधार पर भावी ग्रामीण भारतीय प्रशासन के स्वरूप निर्धारण में कतिपय भ्रान्तियां संविधान निर्माताओं के मस्तिष्क में रहीं हों, तथा ग्रामीण जन समुदाय की कार्यक्षमता एवं योग्यता में अविश्वास रहा हो।

स्वाधीनता के पश्चात् 5 दशक से अधिक समय व्यतीत हो जाने पर अब इस प्रश्न पर एक बार फिर नये सिरे से विचार किये जाने की आवश्यकता है ताकि वर्तमान के साथ भविष्य के लिए भी अविश्वास एवं भ्रान्तियों के लिए कहीं कोई स्थान न रह जाये। फलस्वरूप देश की जनसंख्या का लगभग 80 प्रतिशत से भी अधिक भाग निर्दोष होकर और भ्रान्तियों का शिकार होकर अधिक समय तक अपने समुचित विकास एवं प्रशासन में भागीदारी के दायित्व से वंचित न रह सके।

स्वतंत्रता प्राप्ति के पश्चात् से ही भारत सरकार द्वारा देश में समानता के आधार पर सामाजिक न्याय को प्रतिष्ठित करते हुए नवागत स्वाधीनता देश के करोड़ो लोगों में बांटे जाने का लक्ष्य रखा गया। देश के प्रत्येक नागरिक को एक महत्त्वपूर्ण व्यक्ति के रूप प्रतिष्ठित करते हुए, उसकी क्षमता और योग्यता में भरपूर विश्वास के साथ, उसे सर्वांगीण विकास के अवसर उपलब्ध कराते हुए, राष्ट्र के विकास में महत्त्वपूर्ण भूमिका निभा सकने योग्य बनाने का भी लक्ष्य निश्चित किया गया, ताकि देश के एक सामान्य व्यक्ति को भी संभाव्य राष्ट्र नायक के रूप में विकास के लिए अवसर उपलब्ध हो सके।

भारत सरकार अपने लक्ष्य के अनूरूप समानता, सामाजिक न्याय और स्वतंत्रता पर आधारित समाजवादी समाज की संरचना के ढांचे को विकसित करने की ओर अग्रसर हुई। इस लक्ष्य पूर्ति हेतु आवश्यकता अनुभव की गई कि भारतीय ग्रामीण अंचल के लिए एक ऐसा कार्यक्रम तैयार किया जावे, जो उनके जीवन से पूर्ण-रूपेण सम्बद्ध हो, तथा उसका क्रियान्वयन भी उन्हीं के द्वारा किया जावें। निश्चय ही प्रजातांत्रिक विकेन्द्रीयकरण अर्थात् पंचायती राज की त्रिस्तरीय प्रणाली इस दिशा में एक रचनात्मक कदम है।

स्वाधीनता के पश्चात् भारत में लोकतांत्रिक शासन प्रणाली अपनायी गई है। लोकतंत्र शासन प्रत्यक्ष व अप्रत्यक्ष इन दो रूपों में जाया जाता है। प्रत्यक्ष लोकतंत्र प्रायः छोटे आकार व कम जनसंख्या वाले राष्ट्रों में अधिक सफल व्यावहारिक माना जाता है, जहां जनता अपने प्रतिनिधि निर्वाचित कर अनके द्वारा शासन संचालित करती है। पंचायती राज भी स्थानीय विभिन्नताओं के आधार पर छोटी-छोटी इकाइयों में संस्थायें गठित कर उन्हें अपने प्रतिनिधियों को निर्वाचित करके सीमित स्वायत्तता के आधार पर प्रशासन का अवसर उपलब्ध कराता है। इस प्रक्रिया में प्रत्येक व्यक्ति का सहयोग योग्य व्यक्तियों को निर्वाचित करके तथा

स्वयं प्रत्याशी के रूप में निर्वाचित होकर इन दो रूपों में चाहा जाता है। यह सम्पूर्ण प्रक्रिया सफलतापूर्वक शासन संचालन के लिए जितनी आवश्यक है, वैसी हीं जटिल है जब तक कि उचित प्रशिक्षण व व्यावहारिक अनुभव न मिला हो।

इस प्रकार का सफल व व्यावहारिक अनुभव भली-भांति सुगठित स्थानीय संस्थाओं के माध्यम से ही प्राप्त होता है। यही व्यावहारिक अनुभव एवं स्थानीय प्रशासन का प्रशिक्षण उच्च स्तरीय (राज्यीय अथवा केन्द्रीय) शासन हेतु सुयोग्य मतदाता और प्रतिनिधि तैयार करने में सहायक होता है। अवएव पंचायती राज संस्थाएं लोकतंत्र की सफलता की कुंजी है, और सहभागी प्रजातंत्र की प्रयोगशालायें।

लोकतंत्र की सफलता के लिए लोगों की सतत् जागरूकता व सतर्कता नितान्त आवश्यकता होती है। इसके बिना लोकतंत्र की बड़ी भयावह एवं घातक स्थिति वह होती है, जबकि जनता एक निश्चित समयावधि पर अपना मत देकर प्रतिनिधियों को चुन देने मात्र से ही अपने कर्त्तव्य की इतिश्री समझ ले और स्वयं 5 वर्षों के लिए कम्बल ओढ़कर सो जावे। निश्चित ही लोकतंत्र के लिए यह स्थिति अनुचित एवं आवांछनीय मानी जाती है।

इस प्रकार लोकतंत्र की इस आवश्यकता की पूर्ति हेतु लोकतंत्र के द्विनमूना स्वरूप की आवश्यकता होती है। इसके आधार पर उच्च स्तर अर्थात् राष्ट्रीय और प्रान्तीय स्तर पर अप्रत्यक्ष (प्रतिनिधियों द्वारा) शासन तथा निचले स्तर अर्थात जिला खण्ड एवं ग्राम स्तर पर प्रत्यक्ष लोकतंत्र को अपनाया जाता है। भारत जैसे विशाल आकार उवं जनसंख्या वाले राष्ट्रों में विशेष रूप से यही पद्वति सफल व व्यावहारिक मानी जाती है। पंचायती राज संस्थाओं द्वारा जिला व इससे निचले स्तरों का प्रत्यक्ष प्रजातंत्र के अभ्यास के अवसर उपलब्ध कराते हुए कार्य सम्पादन संबंधी सहभगी प्रजातंत्र को सम्भव बनाया जा सकता है।[22]

लोकतांत्रिक शासन प्रणाली में स्थानीय स्वायत्तशासी संस्थाओं की अपनी महत्त्वपूर्ण भूमिका एवं आवश्यकता होती है। ये संस्थायें देश की लोकतांत्रिक भूमि में बीज-स्वरूप होती है, जिन्हें आवश्यक पौष्टिक तत्व उपलब्ध कराये जाकर ही पल्लवित एवं पुष्पित किया जा सकता है। अतएव देश में स्थानीय स्वशासन की पंचायती राज संस्थाओं का अभ्यास और क्रियाशीलता प्रजातंत्र के सर्वश्रेष्ठ विद्यालय की भांति है और ये संस्थाएं ही सफल प्रजातंत्र की सबसे अधिक प्रतिभूति है।

इस प्रकार देश में लोकतंत्र को सुदृढ़ और स्थायी बनाने एवं निश्चित सफलता हेतु आश्वस्त होने के लिए पंचायती राज संस्थाओं को समुचित संसाधनों से सम्पन्न करके सक्षम एवं गतिशील बनाया जाना पहली आवश्यकता है। इस प्रकार इन संस्थाओं की क्रियाशीलता के आधार पर ही भविष्यवाणी की जा सकती है कि देश में प्रजातंत्र और नागरिक स्वतंत्रता सदैव के लिए सुरक्षित रह सकेगी।

स्वाधीनता के पश्चात् भारत सरकार द्वारा घोषित लोक-कल्याणकारी नीति के अन्तर्गत शासन की सम्पूर्ण गतिविधियों का लक्ष्य अधिकाधिक जनकल्याण निश्चित किया गया। जनकल्याण स्वयं में एक विस्तृत एवं व्यापक कार्य-क्षेत्र का द्योतक है। फलस्वरूप राज्य के कार्य-क्षेत्र में स्वाभाक्त वृद्वि हुई। राज्य के कार्य-क्षेत्र में और अधिक व्यापकता को देखते हुए केन्द्र अथवा राज्य सरकारों के लिए यह सम्भव नहीं हो सकता और न ही आशा की जानी चाहिये कि वे उन सभी दायित्वों को अकेले वहन कर सकें।

समाजवादी ढंग से समाज के गठन के आधार पर पंचायती राज का वास्तविक विचार है कि उच्च सरकारें उन कार्यो के बोझ से मुक्त रहें, जिन्हें राज्य सरकारें पूरा कर सकती है तथा राज्य सरकारें उन दायित्वों से मुक्त रहें, जिन्हें जिला, विकास खण्ड एवं ग्राम पंचायत जैसी स्थानीय शासन की संस्थायें कर सकती हैं। इस व्यवस्था से सभी सरकारें अपने-अपने दायित्वों को और अधिक सुचारू रूप से सम्पादित कर सकेगी।

इस प्रकार यह एक अनिवार्य आवश्यकता अनुभव की गई कि स्थानीय स्तर पर अधिकाधिक लोगों को उनके स्वयं के कल्याणकारी कार्यो की योजनाएं बनाने, निर्णय लेने तथा लिए गए निर्णयों को क्रियान्विति में उन्हें ही लगाया जावे। निश्चय ही पंचायती राज संस्थाएं ही देश की ग्राम विकास की समस्या का समुचित समाधान हैं, जो स्थानीय व्यक्तियों द्वारा अनुभव की गई दिन-प्रतिदिन की स्थानीय समस्याओं और कठिनाइयों को स्थानीय स्तर पर हाल किया जाना सम्भव बनाती है, ताकि ग्रामीण भारत का विकास सरल एंव सुलभ हो सके।

हमारा देश विकासशील देशो में से एक है, जिसे निरन्तर अवाध रूप से विकास पथ पर अग्रसर होते रहना है। हमारा ग्रामीण जन-समुदाय निस्संदेह आशानुरूप शिक्षित और सुस्कृत नहीं है। प्रशासन के क्षेत्र में विकसित राष्ट्रो की तुलना में हमारा अनुभव न्यून है। यहां तक कि हमें

स्वयं के अधिकार और कर्त्तव्य के वास्तविक ज्ञान की भी कमी है, ऐसी स्थिति में इस विशाल देश के प्रशासन और विकास की समस्या और अधिक जटिल हो जाती है।

इस प्रकार देश के ग्रामीण जनसमुदाय को प्रशासनिक अनुभव उपलब्ध कराये जाने हेतू समुचित प्रशिक्षण की आवश्यकता होती है। ऐसा प्रशिक्षण किसी एक स्थान अथवा संस्था में दिया जाना सम्भव नहीं हो सकता है। अतएव ग्रामीण स्थानीय सवायत्त संस्थाओं अर्थात् पंचायती राज संस्थाओं के द्वारा ही ऐसा प्रशिक्षण इतने विशाल स्तर पर बड़ी शीघ्रता व सरलता के साथ उपलब्ध कराया जाना सम्भव हो सकता है, क्योंकि प्रशासनिक अनुभव प्राप्त करने की सर्वोत्तम विधि इसमें भाग लेकर सीखना ही है। यह अनुभव किया गया है कि संसार के उन देशों में जहां स्थानीय स्वशासी संस्थाओं का विस्तार व्यापक क्षेत्रों में किया गया है, उन देशों में जन सामान्य द्वारा प्रशासनिक प्रशिक्षण भी बड़ी तेजी से ग्रहण किया गया है।

भारतीय ग्रामीण जन यद्यपि आधुनिक तकनीकी ज्ञान में अपेक्षाकृत न्यून होने से पिछड़े हुए माने जाते है, फिर भी उनकी अपनी अनुभव की गयी आवश्यकताओं के वे सर्वश्रेष्ठ निर्णायक है। इस प्रकार उनके द्वारा उन्हीं के स्थानीय स्तर पर गठित पंचायतों संस्थाओं द्वारा ही इस वास्वविकाता को स्वीकर करते हुए स्थानीयजनों को ऐसा सुअवसर उपलब्ध कराया जाना सम्भव बनाया जा सकता है।

यह एक सर्वमान्य सिद्वांत है कि किसी भी विकास योजना में सर्वाधिक रूचि लाभान्वित होने वाले पक्ष द्वारा ग्रहण की जानी चाहिए। तात्पर्य यह है कि ग्रामीण विकास परियोजनाओं में ग्रामीण समुदाय की ओर से अधिक सक्रिय रूचि ली जानी चाहिए तभी आशानुकूल परिणाम प्राप्त किये जा सकते है। सामुदायिक विकास कार्यक्रम को वांछित सफलता प्राप्त न होने के अनेक कारणों मे से एक प्रमुख कारण ग्रामीणजनों की सक्रिय भागीदारी का अभाव व अरूचि रहा था। सामुदायिक कार्यक्रम शासन द्वारा ऊपर से लादा हुआ, शासकीय प्रशासनिक यंत्र प्रणाली द्वारा संचालित, जन सहयोग के आधार पर विकास के लक्ष्य पर आधारित था, किंतु ग्रामीणजनों द्वारा कभी भी इसे अपना कार्यक्रम नहीं समझा गया, फलस्वरूप वांछित परिणाम प्राप्त नहीं हो सके। सामुदायिक विकास कार्यक्रम के मार्ग को अवरूद्व करने वाले कारणो की जांच के बाद मेहता समिति की अनुशंसाओं के फलस्वरूप पंचायती राज का उदय हुआ है।

इस प्रकार निश्चित रूप से कहा जा सकता है कि पंचायती राज सामुदायिक विकास कार्यक्रम से कहीं अधिक व्यावहारिक व ग्रामीण जनों की सक्रिय सहभागिता पर आधारित कार्यक्रम है, जो देश के बहुसंख्यक ग्रामीण जन-समुदाय को स्वयं अनुभव की गई आवश्यकताओं की पूर्ति हेतु आयोजना एवं उसकी क्रियान्विति के अवसर उपलब्ध कराता है। भारत जैसे विशाल विकासशील देश के त्वरित आर्थिक विकास कि लिए बड़ी-बड़ी केंद्रीकृत परियोजनाएं ही पर्याप्त नहीं हैं। देश के औद्योगिक विकास में लघु परियोजनाओं एवं ग्रह उद्योग-धन्धों की एक महत्वपूर्ण भूमिका होती है। गृह उद्योग धन्धों द्वारा देश के कोटि-कोटि जनों को राष्ट्र के विकास में हाथ बंटाने का समुचित अवसर प्राप्त होता है। पंचायती राज संस्थायें इन लघु उद्योगों के संगठित करने की यंत्र प्रणाली उपलब्ध कराती है।

केन्द्रीयकृत प्रशासन के अधिकांश दोष जैसे लालफीताशाही और अक्षमता आदि दोषो को दूर करने की दिशा में स्थानीय स्तर पर गठित मुक्त प्रतिनिधियों से मुक्त एक लोकप्रिय संस्था (पंचायत) ही एकमात्र कारगर कदम है। स्थानीय स्तर की ये ही छोटी-छाटी संस्थायें नौकरशाही के दोषो से ग्रामीण-जनों को छुटकारा दिलाने में महत्वपूर्ण भूमिका निभा सकती है।

स्थानीय स्वशासन की पंचायती राज जैसी संस्थाओं का आर्भिभाव एक भिन्न सरकारी इकाई के रूप में कई तथ्यों के एक साथ सलंग्न होने का ही एक परिणाम है। ऐतिहासिक, प्रशानिक एवं वैचारिक दृष्टियों से स्थानीय स्वशासन का अस्तित्व पड़ोसी राष्ट्रीय, प्रान्तीय अथवा अन्य किसी भी शासन से पूर्व रहा है। ऐतिहासिक दृष्टि से मनुष्य ने सबसे पहले अपने पड़ोसी गांव अथवा कस्बे के शासन को विकसित किया होगा, बजाय इसके कि उसने इससे पूर्व कभी भी बहुत दूर के राष्ट्रीय अथवा प्रान्तीय शासन को देखा हो, अथवा उसके अधीन रहा हो। प्रशासनिक दृष्टि से यह महत्वपूर्ण माना जाता है कि किसी समुदाय के लोग जिस क्षेत्र में निवास करते हैं उस क्षेत्र के क्षेत्र के लिये नागरिक सेवाओं को नियोजित एवं समन्वित करने में स्थानीय व्यक्तियों से गठित संस्था की बड़ी आवश्यकता होती है, क्योंकि स्थानीय सरकार क्षेत्रीय आधार पर कार्यो के विभाजन में सन्निहित होती है।

इस प्रकार स्थानीय स्वायत्तशासी (पंचायती राज) संस्थाओं की ऐतिहासिकता सिद्घ करती है कि ये संस्थायें आदिकाल से मानव जीवन

का अभिन्न अंग रही हैं। दूसरे शब्दों में कहा जा सकता है कि मानव की प्रथम कृति के रूप में स्थानीय सरकार अन्य किसी भी सरकार से कहीं अधिक मौलिक एवं बोधगम्य रही है। प्रशासनिक दृष्टिकोण से आधार पर आवश्यकताओं एवं समस्याओं के अनुरूप उनका निदान पंचायती राज जैसी स्थानीय स्वायत्तशासी संस्थाएं ही उपलब्ध कराती है। ये संस्थाये राज्य की नौकरशाही के लक्ष्य के विपरीत प्रशासन की एक रूपता को प्रतिबन्धित करती है।

पंचायती राज जैसी स्थानीय स्वायत्तयाशी संस्थायें जिस देश में विधिवत स्थापित होकर क्रियाशील हों, उस देश की प्रगति यद्यपि धीमी हो सकती है, जिसके द्वारा अपनाई गई विधियों में बड़ी-बड़ी त्रुटियां भी हो सकती हैं, किन्तु वह देश ठोस प्रगति वाला, राजनैतिक स्थिरता प्राप्त ईमानदारी वाला देश होगा। तात्पर्य यह है कि स्थानीय स्वशासन (पंचायती राज) की विधिवत क्रियाशीलता द्वारा देश में उच्च स्तरीय राजनैतिक और नैतिक चरित्र निर्मित किया जा सकता है।

स्थानीय स्वशासन के अन्वर्गत पंचायती राज जैसी संस्थाएं राजनैतिक अनुभव के विभिन्नीकरण को प्रोत्साहित करती हुई, स्वयं को रचनात्मक क्रियाविधि का अन्य केंद्र संस्थापित करके प्रजातांत्रिक अर्थ द्वारा प्रजातंत्र को विश्वास, शक्ति एवं सम्पन्ता प्रदान करती हैं। अनुभव से सिद्व है कि उन देशों में जहां स्थानीय स्वशासन के अंग केंद्रीय सत्ता के अंगूठे के नीचे अर्थात पूर्ण नियंत्रित रहते है, वहां यद्यपि प्रशासन में बड़ी दक्षता हो सकती है, किन्तु लोगों का राजनैतिक चरित्र संतोषजनक नहीं होता है। फलस्वरूप केन्द्रिय सरकार में खतरनाक ढंग से भ्रष्टाचार और अस्थिरता आ जाती है।

इस प्रकार पंचायती राज संस्थाओं जैसी स्थानीय स्वशासन की इकाइयों की आवश्यकता प्रतिपादिव करते हुए निस्संदेह रूप से कहा जा सकता है कि किसी भी राष्ट्र द्वारा स्वतंत्र सरकार की स्थापना सरलता से की जा सकती है, किन्तु बिना स्थानीय स्वशासी संस्थाओं की विधिवत स्थापना किए हुए, नागरिकों में स्वातंत्र चेतना जागृत नहीं की जा सकती है। पंचायती राज जैसी संस्थाएं ही राज्य और राष्ट्रीय स्तर के नेताओं का प्रशिक्षण स्थल है। अतएव कहा जा सकता है, कि स्वतंत्र राष्ट्र की शक्ति स्थानीय संस्थाओं में निहित होती है।

जनतांत्रिक विकेंद्रीकरण एवं स्वशासन की कल्पना को मूर्त रूप, पंचायत राज व्यवस्था द्वारा ही दिया जा सकता है। ग्रामीण क्षेत्रों में

स्वायत्त सरकार का ढांचा ग्राम पंचायतों से प्रारम्भ होता है। भारत की पंचायत प्रणाली इतनी प्राचीन मानी जाती है, जितना कि भारत का इतिहास। ग्रामीण भारत पहले से ही 'स्वनिर्मित' और 'स्वशासित' ग्रामीण समुदाय में रहता आया है। इस चिरकालीन प्रणाली का समादर मध्यकालीन शासकों ने भी किया। इस संस्था को सबसे अधिक क्षति अंग्रेज शासकों ने पहुंचायी। परन्तु अंग्रेजों के शासनकाल में ही भारतीय राष्ट्रीय कांग्रेस ने इसे पुनजीर्वित करने का प्रयास किया।

गांधीजी का स्वराज और स्वतंत्रता आन्दोलन मात्र एक राजनीतिक आन्दोलन ही नहीं था। इसने महिलाओं, बच्चों, किसानों, औद्योगिक मजदूरों, समाज के कमजोर वर्गों और दूसरे लोगों को भी प्रभावित किया। इसी कारण यह आन्दोलन एक सशक्त आन्दोलन प्रमाणित हो सका। गांधीजी 'ग्रामीण स्वराज' की बात कहते थे। उनकी दृष्टि में गांव को अपने में पूर्ण, आत्मनिर्भर और स्वशासित इकाई होना चाहिए। गांव की सुरक्षा विकास और नियंत्रण किसी बाहरी अभिकरण द्वारा नहीं खुद ग्रामीणों द्वारा ही अपने आप किया जाना चाहिए। यही कारण था कि गांधीजी ने स्वतंत्रता आन्दोलन के साथ ही सार्थक आयोजन द्वारा ग्रामीणों की सामाजिक तथा आर्थिक दशा सुधारने तथा पंचायत को पुनर्जीवित करने की वकालत की। इसी कारण भारत सरकार के तत्वावधान में 'एक्ट 1935' के अनुसार अप्रैल 1937 के चुनाव के बाद ग्यारह प्रांतो के संयुक्त मंत्रिमंडल ने शासन के साथ सभी प्रांतो में जनसेवकों की सहायता से ग्रामीण विकास करने के लिए फंड की व्यवस्था करने एवं पंचायतों के संदर्भ में विशेष रूचि प्रदर्शित की थी।

ये जो कदम उस समय उठाये गये उनका प्रभाव अधिक समय तक न रह सका। इसका कारण स्पष्ट था कि अंग्रेज शासक ग्रामीण विकास में रूचि नहीं रखते थे। जब 1939 में द्वितीय विश्व युद्ब प्रारम्भ हुआ तो भारतीय जनता को विश्वास में लिए बिना भारत सरकार उसमें सम्मिलित हो गयी। परिणामस्वरूप जनप्रिय सरकार ने खंड-खंड में त्याग पत्र दे दिया। इसके राष्ट्रीय नेता शीघ्र 'स्वराज' प्राप्त करने में लग गये और 15 अगस्त 1947 को प्राप्त भी कर लिया। स्वतंत्र भारत के लिये संविधान निर्माण करने वाली प्रतिनिधि सभा ने राज्य-नीति के दो निर्देशक सिद्धांतों को स्वीकार किया। अनुच्छेद (38) के अनुसार राज्य (अ) ऐसी व्यवस्था करने का भरसक प्रयास करेगा जिससे राष्ट्रीय जीवन की सभी संस्थाओं में लोगों को सामाजिक, आर्थिक और

राजनीतिक न्याय मिल सके। साथ ही प्राचीन स्वशासन व्यवस्था को पुनजीर्वित करने के लिए अनुच्छेद (40) ने राज्यों के लिए यह आवश्यक कर दिया कि (ब) राज्य ग्राम पंचायतों को पुनर्जीवित करने के लिए कदम उठाये और उन्हें इस प्रकार शक्ति सम्पन्न करने की व्यवस्था करे जिससे कि वे 'स्वशासन की एक इकाई के रूप में कार्य कर सकें।

बहुत दिनों से विदेशी शासन में शासित और प्रताड़ित होने से थकी-हारी भारतीय जनता अनेक प्रकार के अन्धविश्वास, कुरीतियां, अशिक्षा और गरीबी का शिकार हो चुकी थी। इन सारी वियोग्यताओं और बुराइयों की जड़ वह अपने भाग्य को मानती थी। इसीलिए स्वतंत्रता प्राप्ति के बाद सबसे महत्वपूर्ण कार्य यह था कि उसमें यह विश्वास पैदा किया जाये कि मनुष्य अपना विकास स्वयं कर सकता है भाग्य उसमें कहीं आड़े नहीं आता है। भारत सरकार ने 2 अक्तूबर, 1952 को महात्मा गांधी के जन्म दिन पर सामुदायिक विकास कार्यक्रम (सी.डी. पी.) का शुभारम्भ किया। इसका उद्देश्य गांव के अर्ध विकसित लोगों में अपना विकास स्वयं करने के लिए विश्वास पैदा करना तथा गांव का सर्वांगीण विकास जनसहयोग के माध्यम से करना था। सरकार इसमें केवल कुछ आर्थिक और तकनीकी सहायता ही कर सकती थी।

इस योजना के प्रारंभ काल में ही अनेक कमियों (जैसे योजना के कार्यान्वियन में रूचि की कमी, अनावश्यक व्यय तथा आवश्यकता से अधिक स्टाफ आदि) के चलते जनवरी, 1957 में बलवंत राय मेहता की अध्यक्षता में इसकी व्यापक जांच और सुझाव के लिए एक समिति बनायी गयी। समिति के विचार में जनता का सहयोग प्राप्त करने कि लिए योजना में आवश्यक प्रयास नहीं किया गया जिससे लोग इसे अपनी योजना नहीं मान पाये और अपेक्षित सहयोग भी नहीं प्राप्त हो सका। इससे व्यय तो आवश्यकता से अधिक बढ़ गया परन्तु अच्छे परिणाम सामने नहीं आये। इन दुष्परिणामों से बचने के लिए समिति ने उपर्युक्त अनुच्छेद (40) के प्रकाश में प्रशासन के क्षेत्र के अन्तर्गत जनतांत्रिक विकेंद्रीकरण की प्रक्रिया को लागू करने की संस्तुति की। इस अनुशंसा द्वारा जिले का सम्पूर्ण प्रशासन तीन स्तरों - ग्राम पंचायत, पंचायत समिति और जिला परिषद में विभाजित किया जा सकता है। इस अनुशंसा को संसद में विचारार्थ प्रस्तुत किया गया और पंचायती राज के नाम से इसे स्वीकृत प्राप्त हो गई। राज्यों को इसे अपनी सुविधाओं और स्थितियों के अनुरूप लागू करने के लिए निर्देश जारी किये गये।

देश में राजस्थान एवं आन्ध्र प्रदेश ये दो राज्य थे जिन्होंने पंचायत राज को सबसे पहले लागू किया। इसे लागू करने की स्वतंत्रता के कारण कुछ राज्यों ने एक, कुछ ने दो और कुछ ने तीन स्तरीय पंचायती राज व्यवस्था को लागू किया। पंचायती राज व्यवस्था सर्वप्रथम दो अक्तूबर, 1959 को पं. जवाहरलाल नेहरू द्वारा राज्स्थान राज्य में प्रारम्भ की गयी।

अपने प्रारम्भिक दौर से जिस लोकप्रियता से लोगों ने इसे अपनाया, इन लोकतांत्रिक संस्थाओं में नेहरूजी की मृत्यु के साथ ही पंचायती राज व्यवस्था में भी ठहराव आ गया जो सन् 1969 तक बना रहा और फिर 1969 से 1977 तक इसके पतन का समय रहा। इस बीच गुजरात एवं महाराष्ट्र में ही अपवाद के तौर पर ये संस्थाएं बनी रहीं। 1977 में पंचायती राज व्यवस्था के विकास के लिए गठित अशोक मेहता समिति ने इन संस्थाओं को पुनः सक्रिय बनाने के लिए महत्वपूर्ण सुझाव दिये। इसके बावजूद पंचायती राज संस्थायें 1977 से 1987 तक उपेक्षित रहीं। यही कारण है कि खरबों रूपया ग्रामीण विकास कार्यक्रमों में खर्च करने के बाद भी गरीबी का अन्धकार मिटाया नहीं जा सका और न ही ग्रामीण विकास कार्यक्रमों के आशातीत परिणाम प्राप्त हुए।

पचास के दशक से ही देश में पंचायती राज व्यवस्था पर बल दिया गया था जिसके पीछे यह आदर्श था कि सत्ता जनता के हाथों में रहे। एक धारणा यह भी थी कि भारत एक बहुत बड़ा देश है और इस कारण विकास के कार्य मात्र सरकार नहीं चला सकती। पंचायती संस्थाएं जनता के करीब होने से विकास की प्रक्रिया में एक महत्वपूर्ण भूमिका निभा सकती हैं। लेकिन अब तक पंचायती राज संस्थाओं की कई कमजोरियां और असफलताएं रही हैं। आर्थिक व सामाजिक दृष्टि से प्रभावशाली लोग इन संस्थाओं में हावी रहे। राजनीतिक दखल, प्रशासनिक अकुशलता, नियमों की अवमानना व स्वार्थी हितों के शक्तिशाली होने से कमजोर वर्गो को पंचायती राज का लाभ नहीं मिल सका।

पंचायती राज व्यवस्था की कमजोरियों व असफलताओं को दूर करने की दिशा में 64वां संवैधानिक संशोधन विधेयक ऐतिहासिक क्रांतिकारी कदम कहा जा सकता है। पी. वी. नरसिंह राव सरकार ने राजीव गांधी सरकार द्वारा तैयार पंचायती राज संस्थाओं से संबंधित (64वें) विधेयक को 73वां संवैधानिक संशोधन अधिनियम के रूप में दिसम्बर 1992 में संसद से पारित करा लिया। 24 अप्रैल 1993 को राष्ट्रपति के हस्ताक्षर के बाद संविधान (73वां संशोधन) अधिनियम 1992 के रूप में इसे अंतिम रूप मिला।

पंचायतों के तीनों स्तरों - ग्राम, जनपद एवं जिला के प्रत्येक 5 वर्ष के बाद नियमित निर्वाचन, अनुसूचित जाति एवं अनुसूचित जनजाति के लिए स्थानों का आरक्षण (सभी स्तरों पर पंचायत प्रमुख के पद के आरक्षण सहित), 33 प्रतिशत स्थानों पर महिलाओं को आरक्षण (सभी स्तरों पर पंचायत प्रमुख के पद के आरक्षण सहित), विकास योजनाओं के लिए शक्तियां तथा वित्तीय संसाधन, पिछड़े वर्गो के लिए आरक्षण देने हेतु राज्यों को छूट तथा राज्य निर्वाचन आयोग के गठन की प्रावधान 73वें संवैधानिक संशाधन द्वारा किया गया।

मध्यप्रदेश विधान सभा ने 73वें संविधान संशोधन को ध्यान में रखकर पुराने अधिनियम में संशोधन करने की बजाय नया अधिनियम पास किया।

मध्यप्रदेश पंचायत राज अधिनियम 1993 में अनुसूचित जातियों, अनुसूचित जन जातियों, अन्य पिछड़े वर्गो और महिलाओं का प्रतिनिधित्व किए जाने की दृष्टि से पर्याप्त उपबंध किए गए। इन उपबंधों का मुख्य उद्देश्य स्थानीय नेतृत्व का विकास हो सके और अनुसूचित जाति एवं अनुसूचित जनजाति तथा पिछड़े वर्ग एवं महिला वर्ग को लोकतांत्रिक प्रक्रिया की भागीदारी में सम्मिलित करना है। उन्हें कार्य रूप में उस प्रक्रिया में भाग लेकर अनुभव प्राप्त कराया जा सके तथा उसके योग्य प्रशिक्षण शिल्प में उन्हें ढाला जा सके। साथ ही विकास के कार्यो के अन्तर्गत स्थानीय प्रशासन में पचांयती राज संस्थाओं को भी प्रभावी रूप से शामिल किया जा सके।

ग्राम पंचायत का अब महत्व बहुत बढ़ गया है क्योंकि ग्रामीण अर्थव्यवस्था पर ही देश की अर्थव्यवस्था निर्भर करती है। ग्रामीण क्षेत्र यदि उन्नति के पथ पर अग्रसर हों तो देश भी उन्नति के पथ पर अग्रसर होगा। यदि ग्रामीण क्षेत्र पिछड़े हो तो देश की प्रगति की आशा करना निरर्थक होगा। पंचायती राज अधिनियम के अन्तर्गत ग्राम पंचायतों को विकास के लिए उचित अधिकार प्रदान किये गये है। गांवों में विकास की योजनाएं निर्माण करना, योजनाओं को पूर्ण करना ग्रामसभाओं का दायित्व है। ग्राम विकास की योजनाओं की स्वीकृति के लिये शासन को भेजा जाता है। शासन तदनुसार विभिन्न ग्राम्य विकास योजनाओं के लिए धनराशि स्वीकृत करता है। ग्रामसभा की बैठक में वर्ष भर का लेखा-जोखा तैयार किया जाता है। आय व व्यय का हिसाब रखा जाता है। विकास कार्यो के संपादन व उनकी प्रगति पर विचार विमर्श होता

है। पंचायतों को पंचायतराज कानून के अन्तर्गत कर आदि लगाने व कर वसूल करने का अधिकार प्राप्त है। पंचायतें ऐसे प्रस्तावों पर विचार करती है। करों व शुल्कों से प्राप्त धनराशि को ग्रामीण विकास कार्यो में ही व्यय किया जाता है।

व्यापक अधिकार

भारतीय कानून के अन्तर्गत ग्राम पंचायतों को प्रदत्त अधिकार कम नहीं है। ग्राम पंचायतें अपने-अपने क्षेत्र में विकास कार्यो से सम्बन्धित अधिकारियों पर वांछित अंकुश रखती है। ग्राम पंचायतें विकास कार्यो की उपेक्षा पर किसी भी अधिकारी व कर्मचारी को दण्डित करा सकती है। ग्राम पंचायतों का कार्यक्षेत्र बहुत व्यापक होता है। पंचायतें सड़कों व नालियों का निर्माण पुल बनाने, ग्रामीण क्षेत्रों में प्रकाश की व्यवस्था व चिकित्सा सुविधायें उपलब्ध कराने, पेयजल सुलभ कराने, शिक्षा, कृषि, व्यापार, यातायात, सार्वजनिक निर्माण संबंधी कार्यो को संपादित कराती है। पंचायतों को प्रशासनिक अधिकार भी प्राप्त है।

ग्राम पंचायतों को पंचायतराज अधिनियम के अन्तर्गत व्यापक अधिकार प्राप्त है। इसके बावजूद ग्राम पंचायतें सक्षम ढंग से कार्य नहीं कर पा रही है। पंचायतों को विकास कार्यो कार्यो को सम्पन्न कराने के लिये पर्याप्त धनराशि उपलब्ध नहीं हो पा रही है। पंचायतों के पास आर्थिक स्रोतों की कमी है। नगर क्षेत्रों में नगर पालिकायें नगर पंचायतें भवनकर, तहबाजारी, जलकर, सीवर कर व लाईसेंस शुल्कों के माध्यम से आय अर्जित कर रही है। नगर पालिकाओं व नगर पंचायतों के पास आय के कई स्रोत हो जाते है, लेकिन ग्राम पंचायतों के पास आय के जो स्रोत है, अत्यल्प है। ग्रामों के किसान व निर्धन वर्ग के लोग अधिक संख्या में रहते है। ग्रामीण पंचायतें विकास कार्यो को सम्पन्न कराने के लिए सरकारी धन पर आश्रित है। शासन द्वारा ग्राम सभावार, धनराशि पंचायतों को आवंटित होती है। धनराशि ग्रामों में खड़न्जें बनाने, पुल व नालियों के निर्माण करने, अन्य सार्वजनिक निर्माण कार्यो में खर्च की जाती है। इन निर्माण कार्यो के लिये आवंटित धनराशि बहुत थोड़ी होती है। हर ग्रामसभा को इतनी कम राशि आवंटित हो जाती है जिनमें निर्माण कार्य संभव नहीं हो पाते। विद्युत, पेयजल व सिंचाई की व्यवस्था करना पंचायतों का उत्तरदायित्व है, लेकिन सरकारी अधिकारियों की उदासीनता

के कारण ग्रामीण क्षेत्रों में न तो विद्युत आपूर्ति व्यवस्थ्ति है और न ही पेयजल आपूर्ति सुनिश्चित है। जिन ग्रामीण क्षेत्रों में कुएं व हैण्डपंप नहीं है, वहां पेयजल का भी गंभीर संकट है। पर्वतीय ग्रामीण क्षेत्रों में ग्रामीण नहरों व नदियों के पानी पर आश्रित रहते है व सिंचाई के लिये पानी नहीं है। नहरें टूटी-फूटी हुई है, नहरों में पानी न होने से खेतों में पानी नहीं पहुंचता, जिससे खेत सूखे पड़े रहतै है। पंचायत की बैठकों में अधिकारीगण गोल मोल जवाब देकर अपना पल्लू झाड़ लेते है। पंचायत प्रतिनिधि विकास के आंकड़ो में ही उलझकर ही रह जाते है।

आर्थिक अभाव

गांव पंचायतों को कानूनों द्वारा अधिकार सम्पन्न तो बना दिया गया है किन्तु आर्थिक संसाधनों के अभाव में ग्राम पंचायतें सक्षम ढंग से कार्य नहीं कर पा रही है। धनाभाव में विकास कार्य सम्पन्न नहीं हो रहे है। संबंधित सरकारी अधिकारी अमूमन ग्रामीण विकास कार्यो में खास रूचि नहीं लेते। ग्रामीण क्षेत्रों में अशिक्षा, अंधविश्वास, व अज्ञानता का साम्राज्य है। कई पंचायत प्रतिनिधि अल्पशिक्षित हैं व अपने अधिकारियों के समक्ष अपनी समस्यायें उचित ढंग से प्रकट नहीं कर पाते। ग्रामीण विकास के लिये जो धनराशि आवंटित की जाती है, उसका कम ही उपयोग हो पाता है। ग्रामीण विकास से संबंधित धनराशि का दुरूपयोग अधिक हो रहा है। जो महिलाएं पंचायतों में चुनकर आयी है, उनमें से अधिकतर केवल 'रबर स्टैम्प' बन कर रह गयी है। पंचायतें, पंचायतराज कानून के संरक्षण में उन्नति नहीं कर पा रही है।

आरक्षण

पंचायती राज में साधारण सदस्यता तथा पदों हेतु आरक्षण की व्यवस्था को एक क्रान्तिकारी कदम माना जा सकता है। इस संवैधानिक गारंटी के माध्यम से, अनुसूचित जाति, जनजाति, पिछड़े वर्ग एवं महिलाओं को चुनाव में भाग लेने के पर्याप्त अवसर दिये गए है। ग्रामीण शक्ति ढांचे में समाज के कमजोर वर्गो की हिस्सेदारी कानूनी रूप से सुनिश्चित की गई है तथा इस प्रकार व्यवस्था के सामाजिक आधार का विस्तृत बनाने का प्रयास किया गया है।यह कहना अतिश्योक्तिपूर्ण न होगा कि 73वें संवैधानिक संशोधन से पूर्व पंचायती राज ढांचे में शक्ति

नियंत्रण समाज के आधिपत्यकारी वर्गो के हाथ में था। शक्ति समीकरण में समाज के कमजोर वर्गो की पहुंच न के बराबर थी। आरक्षण की नीति ने इन वर्गो को, विशेषकर महिलाओं को अपनी बात कहने का अवसर दिया है तथा सहभागी निर्णय करने की प्रक्रिया के माध्यम से उनकी समस्याओं को हल करने में सहायता की है। सत्य तो यह है कि आरक्षण ने पंचायतों को ग्रामीण समुदाय का समुचित प्रतिनिधित्व करने वाली संस्था बना दिया है।

अब तक पंचायती राज संस्थाओं में स्थित ग्रामीण शक्ति ढांचा पुरुषों एवं उच्च जाति के व्यक्तियों के हाथ में केन्द्रित था। पंचायती राज संस्थाओं में आरक्षण के प्रावधान के फलस्वरूप महिलाओं को 33 प्रतिशत स्थान प्राप्त हुए है तथा उन्होंने विभिन्न स्तरों पर पद भार ग्रहण किया है। शक्ति समीकरण में परिवर्तन दिखाई देने लगा है। पंचायती राज संस्थाओं में उनके प्रभाव की उपेक्षा नही की जा सकती। उनकी आयु, पूर्व में विभिन्न संगठनों में उनकी हिस्सेदारी, दलीय सम्बद्वता, स्थानीय नेतृत्व से निकटता के कारण निर्णय की प्रक्रिया में उनकी भूमिका अहम होती है। पंचायती राज संस्थाओं में निर्णय को प्रभावित करने की उनकी क्षमता उनके द्वारा इस प्रक्रिया में प्रदर्शित रूचि, तथा क्रियान्वन पर दृष्टि रखने की इच्छा से स्पष्ट होती है।

परन्तु इस क्षेत्र के वास्तविक अनुभव सकारात्मक की अपेक्षा नकारात्मक अधिक रहे है। विशेषकर अनुसूचित जाति, अनुसूचित जनजाति या पिछड़े वर्ग की महिलाएं सरपंच है। आमतौर पर इन समुदायों की महिलाएं निरक्षर, अनुभवहीन तथा कम चतुर है। विशेष रूप से महिला नेतृत्व काफी हद तक अपने पति या पिता की बुद्वि पर निर्भर है। पंचायतों के संचालन में इस कारण कठिनाईयों का आना स्वाभाविक है।

उपयुर्क्त स्थिति को देखते हुए पंचायत राज के कार्यकताओं, राज्य शासन के विभागों, बुद्विजीवियों तथा आम जनता में यह धारणा बल प्राप्त कर रही है कि पंचायत के सदस्यों के चुनाव में कुछ शैक्षिक मापदंड होने चाहिए। जो इस दृष्टिकोण के पक्षधर है उनका मत है कि 7वीं कक्षा या 10वीं कक्षा उत्तीर्ण प्रत्याशियों को ही चुनाव लड़ने का अधिकार होना चाहिए। जो इस दृष्टिकोण से असहमत है उनका मानना है कि भारत जैसे प्रजातंत्र में प्रत्येक नागरिक को राष्ट्रीय या स्थानीय स्तर पर कोई भी चुनाव लड़ने का पूर्ण संवैधानिक अधिकार है। अत: आवश्यक है कि राज्य सरकारें समाज के वंचित वर्गो के लिए विशेष प्रशिक्षण कार्यक्रम प्रारम्भ करें। जिससे उन में पंचायती राज व्यवस्था एवं प्रक्रिया के बारे में चेतना विकसित हो, नेतृत्व क्षमता का विस्तार हो।

प्रशिक्षण की आवश्यकता

सभी राज्यों में पंचायती राज संस्थाओं के निर्वाचन के फलस्वरूप लगभग 34 लाख प्रतिनिधि है। इनमें से अधिकांश इस क्षेत्र में नए है विशेषकर कमजोर वर्गो से तथा महिलाएं। यह आवश्यक है कि आर्थिक विकास तथा सामाजिक न्याय के कार्यक्रमों के निर्धारण तथा क्रियान्वन हेतु उनमें क्षमताओं का विकास किया जावें। अतः पंचायती राज संस्थाओं को अधिक प्रभावकारी बनाने के लिए एक समयबद्व प्रशिक्षण कार्यक्रम की आवश्यकता पर इस बैठक पर बल दिया गया। संघीय सरकार के निवेदन पर दसवें वित्त आयोग ने सन् 1999-2000 की अवधि के लिए 4382 करोड़ रूपये का प्रावधान पंचायती राज संस्थाओं के प्रतिनिधियों के प्रशिक्षण एवं शोध परियोजनाओं के लिए किया है।

निहित संदेह

1. विगत के अनुभव के आधार पर यह देखा गया है कि संस्थाओं का गठन केवल एक सीमा तक अपेक्षित है। जब कभी ऐसे संस्थाएं जन्म लेती है तो इससे सरकारी क्षेत्र में भ्रष्टाचार स्वतः ही बढ़ता है, अब यह स्वशासन की इकाइयों में भी फैलेगा। भारतीय परिप्रेक्ष्य में यह कहा जाता है कि अधिक शक्तियां देने का अर्थ है अधिक भ्रष्टाचार।
2. यह सही है कि अनुसूचित जातियों, जनजातियों और महिलाओं के लिए आरक्षण से पंचायत के सभी स्तरों में कमज़ोर वर्गो का प्रतिनिधित्व स्थापित होगा। लेकिन एक सार्थक प्रतिनिधित्व के लिए पंचायतों के चुने हुए सदस्यों के लिए कुछ न कुछ योग्यता निर्धारित करना अनिवार्य है, अन्यथा उनकी निरक्षरता उनके समुदाय को कोई लाभ नही दे सकेगी। वे पंचायतों की बैठकों में एक कठपुतली की तरह बैठेंगे और अध्यक्ष और अन्य समुदायों के प्रतिनिधियों का निर्णय लेने के बारे में पूरा नियंत्रण होगा।
3. खंड विकास अधिकारियों और प्रधानों के बीच सदैव कुछ न कुछ मतभेद रहा है। पंचायतों की बदलती हुई तस्वीर में प्रधान द्वारा स्थिति को और गंभीर बना दिये जाने की सम्भावना है। ऐसी ही स्थिति गांव और जिला स्तर के सम्बंधों के बीच भी उत्पन्न हो सकती है।

4. योजनाएं बनाने और उन्हें कार्यान्वित करने के लिए विशेषज्ञता आवश्यक होती है। एक बड़ा प्रश्न यह है कि पंचायतों को ऐसी तकनीकी जानकारी से किस हद तक सुसज्जित किया जाएगा। इस प्रकार की तकनीकी विशेषज्ञता का जिला स्तर पर योजनाएं बनाने में पहले से ही काफी अभाव है। सरकार और स्वशासन के बीच योजना बनाने और उन्हें अमल में लाने के उत्तरदायित्वों के बंटवारे में यह समस्या और भी विकट हो जाएगी। केंद्र तथा राज्य स्तरों पर स्वशासन के संस्थानों की अनुपस्थिति से भी एक विभिन्न स्थिति उत्पन्न होगी।
5. सरकारी एजेन्सियों में आपस में और बैंकों तथा सरकारी एजेन्सियों के बीच तालमेल पहले ही एक समस्या है। एक योजना को कार्यान्वित करते समय यह समस्या और भी विकट हो जाएगी क्योंकि यह भूमिका जिला पंचायतों द्वारा भी अदा की जाएगी।
6. यह प्रायः देखा गया है कि हमारे विकास कार्यक्रमों के लाभ निचले स्तरों तक नहीं पहुंचते। विकास निधियों का एक बड़ा भाग अधिकारियों द्वारा खा लिया जाता है। इस बात की क्या गारंटी है कि सरपंच, उप-सरपंच, प्रधान और जिला प्रमुख ऐसे दुरूपयोगों में शामिल नहीं होंगे। पहले मामले में केवल सरकारी और बैंक अधिकारी ही ऐसे कामों में लगे हुए थे अब इनमें इन संस्थाओं के अध्यक्ष भी शामिल हो जाएंगे।
7. एक राज्य का विधान मंडल कानून बनाकर एक पंचायत को निधियां जुटाने के लिए कर, शुल्क चुंगी जैसे प्रभार लगाने और उन्हें वसूल करने के लिए प्राधिकृत कर सकता है और राज्य की समेकित निधि में से उन्हें अनुदान सहायता प्रदान कर सकता है लेकिन यह कार्य पंचायतें किस हद तक सही कर सकती हैं और राज्य इस संबंध में उनकी क्या सहायता कर सकता है। ये सभी गंभीर मसले हैं। वर्तमान कानूनों में पहले ही बहुत सी कमियां है जिनकी वजह से वे पूरी तरह प्रचलन में नहीं आये हैं। जब सरकार ही बहुत से कानून बनाने में असफल रही हैं तो पंचायतें उस काम को सफलता से कैसे कर सकती हैं? और वे अपने ही समुदाय पर अधिक कर लगाने के विचार से कैसे सहमत हो सकती है? इसलिए इस बात पर विशेष ध्यान दिये जाने की आवश्यकता हे कि लोगों पर करों का अत्याधिक भार न बढ़े

ताकि सरपंचों और समुदाय के बीच अवांछित तनाव पैदा न हो और समुदाय अपने चुने हुए प्रतिनिधियों का समर्थन करने के बजाए उनका विरोध न करने लगे।

8. केंद्र राज्य संबंध प्रायः चर्चा का विषय रहा है। पर्याप्त वित्तीय सहायता देने और पंचायतों के नियमित चुनाव कराने में राज्य सरकारों की विफलता ने अनेक बार समस्या को अधिक जटिल बनाया है। यदि पंचायतें अपेक्षित सीमा तक अपने संसाधन जुटाने में असफल हो जाती है तो वित्तीय सहायता के मामले में वे अधिकाधिक केंद्र पर निर्भर होती चली जाएंगी। इससे केंद्र को पंचायतों के तीनों स्तरों के साथ सीधे सम्पर्क स्थापित करने का अवसर मिलेगा।

9. स्थानीय स्तर पर लोग अपने हितों को जानते हैं और अपनी सचस्याओं को हल कर सकते हैं बशर्ते कि उन्हें साधन उपलब्ध कराये जाएं और राजनीति से दूर उन्हें अपनी स्वतंत्र और निष्पक्ष पंचायतें चुनने का मौका दिया जाए।

10. पंचायतों के क्षेत्राधिकार और स्थानीय प्रशासकों के बारे में विशेष रूप से वित्तीय मामलों में भी समस्याएं सामने आएंगी। प्रणाली को सुदृढ़ आधार दिये जाने के बाद शीघ्र ही इन समस्याओं का समाधान भी खोजना होगा।

11. हमारा प्रशासनिक ढांचा ऐसा है जिस पर भारी मात्रा में धन का दुरूपयोग होता है। प्रशासन के कुल खर्च में योजनाओं और कार्यक्रमों के कुल परिव्यय का अंश अनुपातिक दृष्टि से अधिक होता है। कई अन्य प्रकार से निधियों का दुरूपयोग होता है। लोग निस्सहाय होकर देखते रहते हैं और उनके प्रतिनिधि आवाज नहीं उठाते क्योंकि जो कुछ हो रहा होता है उस पर उनका नियंत्रण नहीं होता। लेकिन चूंकि विकास का उत्तरदायित्व उनका नहीं होता, इसलिए उन्हें इस बात की चिंता नहीं होती कि संसाधनों में रूकावटों के बारे में चिंता की जाए, काम को करवाने में कड़ी मेहनत की जाए और कामों का चयन किया जाए। इस सब तथ्यों को पंचायत कहां तक पूरा कर पायेगी यह नहीं कहा जा सकता। आखिर व्यक्ति तो वहीं है चाहे सरकार में रहें या स्वशासन में। जब स्वशासन को विकास की सभी प्रकार की जिम्मेदारियां दे दी जाएंगी तो तीनों स्तरों पर सरकारी एजेन्सियों की भूमिका क्या

होगी? पंचायत में उनका समावेश किस प्रकार किया जाएगा? यह मानना कि किसी संगठन में समस्याएं बाहर के लोग उत्पन्न करते है तर्क संगत नहीं है। उसी समुदाय के लोग भी उतनी ही समस्याएं उत्पन्न करते हैं।

12. पंचायतों द्वारा शुरू किए गए कार्यक्रमों के प्रति एक सम्मान का भाव होना चाहिए। उन्हें किसी दल या व्यक्ति विशेष की मनमर्जी से बदला नहीं जाना चाहिए। यदि किसी सरपंच ने पंचायत द्वारा किए गए निर्णय के अनुसार एक छोटी सी सड़क पर काम शुरू किया है तो यदि पंचायतों के चुनाव हों, तो यह काम अधूरा न छोड़ा जाए। अगर क्रियान्वन उचित ढंग से नहीं होता तो कार्यक्रम में लगाया गया सारा पैसा बेकार ही चला जायेगा और पंचायतों का एकदम नया स्वरूप बनाने में जितने भी प्रयास किए जावेगें तथा लोगों की आकांक्षाएं व्यर्थ चली जायेगी।

13. हम राजनीतिक निकाय को एक ऐसे निकाय में बदलने का प्रयास कर रहे हैं जो आर्थिक विकास या विकास कार्यक्रम को सफलतापूर्वक चला सकें। गांव के स्तर पर निर्वाचित इस निकाय को यह भूलना पड़ेगा कि कोई हार गया, कोई जीत गया यह भूलना पड़ेगा क्योंकि पराजित व निर्वाचित दोनों ही व्यक्तियों के लिए साझा कार्यक्रम गांव में उनकी प्रतीक्षा कर रहा है। अत: हम जिस लोकतांत्रिक अनुशासन की अरसे से बाते करते आए हैं जो चुनाव लड़ने में ही निहित है चुनाव को स्थाई झगड़ों की जड़ बनाने में नहीं वह महत्वपूर्ण है। यदि चुनावों को स्थाई झगड़ों में बदल दिया गया तो पहला शिकार तो पंचायतें ही होगी।

14. पंचायत अधिनियम में सूचना का अधिकांश देकर पंचायती राज संस्थाओं को पारदर्शी बनाने का प्रयास प्रशंसनीय है। अब जनता पंचायतों से वांछित जानकारी प्राप्त कर सकते है। संस्था के सूचना पटल पर कार्यक्रमों, योजनाओं तथा इनके अन्तर्गत प्राप्त सुविधाओं, शासकीय आदेश, परिपत्र तथा जनता के लिए अपयोगी सूचना दी जाती है। साथ ही यह कहना भी अनुचित न होगा कि कुछ पंचायतें इस पर कोई ध्यान नहीं देती।

विकेंद्रीकरण से विकास कार्यक्रमों के कार्यान्वन में लागत में कभी आयेगी ऐसी आशा आमतौर पर की जाती है। निर्वाचित प्रतिनिधियों स्थानीय संगठनों तथा जनता की सक्रिय भागीदारी से कार्यक्रमों की

लागत में कमी तथा उनसे अधिकतम लाभ का उद्देश्य सर्वोपरि होना चाहिए। परिणामस्वरूप भ्रष्टाचार में कमी आएगी। सामाजिक व्यवस्था से प्रत्येक नागरीक को अधिकार होगा कि वह योजना व्यय के अनुमानों, हितग्राहियों की सूची, देयकों, रसीदों तथा लेखा की प्रतिलिपी मांग सके। पंचायती राज में जवाबदेही और खुलेपन का इस प्रणाली से बल मिलेगा।

महिलाएं केंद्रीय स्थिति में

ग्रामीण विकास में महिलाओं के योगदान का सिद्धांत स्वीकार किये जाने के फलस्वरूप अब बहुत सी गृहणियां लोक प्रतिनिधि निर्वाचित होंगी। महिलाएं रोजगार कार्यक्रमों, वानिकी कार्यक्रमों, भूसंरक्षण, मत्स्य विकास, रेशम कीट पालन, स्वास्थ्य केंद्रों और ग्रामीण विद्युतीकरण आदि क्षेत्रों में काम करने के और अधिकारों की मांग करेंगी। ये महिलाएं 'छोटे कामों' को पसंद करती है - ऐसे काम जिनका वे बिना किसी मध्यस्थ के पूरा लाभ उठा सकें। पंचायतों के तीनों स्तरों पर, सीधे चुने जाने वाली कुल सीटों का 33 प्रतिशत महिलाओं के लिए आरक्षित हैं। इस प्रकार महिलाएं पंचायती राज संस्थाओं में एक तिहाई से अधिक प्रतिनिधित्व करती है।

महिलाओं के लिए इस आरक्षण का तर्क यह है कि पंचायतें विकास की कई योजनायें लागू करेंगी - जैसे आर्थिक विकास और सामाजिक न्याय के लिए योजना बनाना और इन योजनाओं को लागू करना। आंगनवाड़ी, समन्वित ग्रामीण विकास कार्यक्रम, जवाहर रोजगार योजना, ग्रामीण जल आपूर्ति कार्यक्रम, प्रौढ़ महिलाओं के लिए शिक्षण, महिला मंडल, इंदिरा आवास योजना जैसे कार्यक्रमों का उद्देश्य ग्रामीण महिलाओं की भी स्थिति सुधारना है। लेकिन इनके लाभ महिलाओं तक पूर्णरूप से नहीं पहुंच रहे है। बैंकों द्वारा महिलाओं को दिये जाने वाली ऋणों की संख्या और मात्रा भी बहुत कम है। यही बात समन्वित ग्रामीण विकास कार्यक्रम के बारे में है। विकास प्रक्रिया में महिलाओं की स्थिति हाशिए पर है हालांकि उत्पादन या पारिवारिक आय में उनका योगदान एक तिहाई है।

महिलाओं को आरक्षण प्रदान करके उन्हें विकास प्रक्रिया के केंद्र में लाने का प्रयत्न किया गया है। वे अब गूंगी गुड़िया नहीं रहेंगी। बल्कि

अपनी शक्ति और उपस्थिति दर्ज करा सकेंगी। हम इस पवित्र उद्देश्य में कितना सफल हो पाते हैं, यह हमारे सामाजिक ताने-बाने, संस्थागत व्यवस्था और सामाजिक व्यवहार पर निर्भर करेगा। फिर भी यह प्रयोग स्वागत योग्य है। लोकसभा और विधान सभाओं को मिलाकर देखें तों इनमें महिलाओं का प्रतिनिधित्व 7 प्रतिशत बैठता है। पंचायती राज विधेयक आ जाने के बाद महिलाओं का प्रतिनिधित्व एक तिहाई से अधिक हो जाता है।

भारतीय संविधान के 73वें संवैधानिक संशोधन द्वारा पंचायतों को संवैधानिक दर्जा प्रदान कर राज्यों से इसी अनुरूप विधायन पारित करने की अपेक्षा की गई। मध्यप्रदेश शासन ने इस संशोधन अधिनियम के अनुसार उपबंधों को सुसंगत करके 1993 में मध्य प्रदेश पंचायत राज अधिनियम पारित किया। इन उपबंधों का मुख्य उद्देश्य यह है कि स्थानीय नेतृत्व का विकास हो सके और अनुसूचित जाति एवं अनुसूचित जनजाति तथा पिछड़े वर्गों के साथ महिला वर्ग को भी लोकतांत्रिक प्रक्रिया की भागीदारी में सम्मिलित किया जा सके, उन्हें कार्यरूप में उस प्रक्रिया में भाग लेकर अनुभव प्राप्त कराया जा सके तथा उसके योग्य प्रशिक्षण शिल्प में ढाला जा सके। इन वर्गो के लिए त्रिस्तरीय पंचायतों में पद आरक्षित कर 1994 में पूरे प्रदेश में पंचायती चुनाव कराये गये। ग्रामीण क्षेत्रों को राजनीतिक प्रदुषण से दूर रखने की दृष्टि से पंचायतों के चुनाव दलीय आधार पर नहीं कराये गये। इन चुनावों के परिणामस्वरूप प्रदेश में नये ग्रामीण नेतृत्व का जन्म हुआ है। देश की कुल महिला पंचायत प्रतिनिधियों में से एक चौथाई मध्य प्रदेश से है।

यह नया महिला नेतृत्व कैसा है जो पंचायती राज संस्थाओं के माध्यम से विकसित हुआ है? मुरैना जिले की 153 महिला सरपंचों की पृष्ठभूमि एवं कार्यक्षमता के आधार पर किये गए अध्ययन से निम्न निष्कर्ष निकाले जा सकते हैं -

अधिकांश महिला प्रतिनिधि ऐसे परिवारों से हैं जिनका जीवन यापन मुख्यत: कृषि पर निर्भर है या मजदूरी पर आधारित है। पारिवारिक कार्य में कुछ की भूमिका सक्रिय एवं कुछ की सहायक की है। लगभग सभी महिला सरपंच विवाहित है तथा कम आयु में ही उन्हें पारिवारिक उत्तरदायित्वों का निर्वाह करने का अवसर प्राप्त हुआ हैं। उन्हें दोहरे दायित्वों का निर्वाह करते समय अपनी प्राथमिकताओं को निश्चित करने में कठिनाई का सामना करना पड़ता है। यह उन्हें सार्वजनिक जीवन के

कर्त्तव्यों का पालन करने में परिवार के सदस्यों की सहायता लेने के लिए बाध्य होना पड़ता है तो यह आश्चर्यजनक नहीं हैं।

महिला सरपंचों का शैक्षणिक स्तर अधिक ऊंचा नहीं हैं। कुछ केवल साक्षर हैं या मिडिल परीक्षा उत्तीर्ण हैं। ग्रामीण क्षेत्रों में बालिकाओं की साक्षरता के प्रति सामाजिक उदासीनता चिन्ता का विषय हैं यद्यपि बालिकाओं के साक्षर होने के आंकड़ों में प्रतिवर्ष वृद्धि होती जा रही हैं। साक्षरता का सीधा प्रभाव महिलाओं की कार्यक्षमता पर पड़ता हैं। पंचायती राज के नियम कायदों को समझने के लिए उनका शिक्षित एवं प्रशिक्षित होना नितांत आवश्यक है।

यह कहना अतिश्योक्ति पूर्ण न होगा कि पंचायतों में महिलाओं का प्रवेश उनके परिवार के सदस्यों पर निर्भर करता है तथा वे ही उनके चुनाव की कमान संभालते हैं। ग्रामीण क्षेत्रों में राजनीति में महिलाओं के प्रवेश का उद्देश्य भले ही औपचारिक रूप से ग्रामीण विकास की इच्छा बताया जाता है परन्तु वास्तविकता कुछ और है।

अधिकांश महिला सरपंच प्रथम बार निर्वाचित होकर आई है अत: उन्हें पंचायती राज का अनुभव नहीं हैं। अत: ऐसी महिला प्रतिनिधियों के प्रशिक्षण की आवश्यकता और भी अधिक हो जाती हैं। परन्तु प्रथम बार निर्वाचित होने का अर्थ यह नहीं है कि उनमें राजनीतिक चेतना का पूर्ण अभाव हैं। यद्यपि अधिकांश को पंचायती राज संस्थाओं के बारे में अधिक जानकारी नहीं है।

पंचायतों में आरक्षण के कारण ग्रामीण शक्ति ढांचे के पारंपरिक प्रतिनिधित्व स्वरूप में परिवर्तन हुआ है। महिलाओं के प्रवेश में ग्रामीण शक्ति ढांचे में उच्च जाति के लोगों के नियंत्रण को ढीला कर दिया है तथा कुछ सीमा तक निर्णय निर्माण को भी प्रभावित किया है। पंचायती राज संस्थाओं में निर्णय व्यक्ति की उनमें स्थिति, आदर तथा वास्तविक शक्ति के प्रयोग पर निर्भर करता है। विविध प्रकार के संगठनों से जुड़ी हुई महिला प्रतिनिधियों के विचारों को असंगत नहीं माना जा सकता।

महिलाओं को आरक्षण प्रदान कर उन्हें शक्ति प्रदान करने की आलोचना करने वाले प्राय: महिलाओं में निर्णय लेने की दक्षता पर ध्यान केंद्रित करते हैं। उनका कहना है कि महिलाओं को शक्ति देने से पंचायतों की भूमिका या कार्यशैली पर कोई विशेष प्रभाव नहीं पड़ेगा क्योंकि पंचायत के फैसले वास्तव में पुरुष सदस्यों द्वारा ही लिये जायेगें। इन आलोचनाओं की सत्यता पंचायत की बैठकों की कार्यवाही का

परीक्षण करने पर ही ज्ञात हो सकती हैं। परन्तु इस तथ्य से इनकार नहीं किया जा सकता कि महत्वपूर्ण विषयों पर विचार के समय लगभग सभी महिलाएं उपस्थित रहती है। ऐसे सभी मामले जिनसे गांव के सभी वर्गो के व्यक्ति किसी ने किसी रूप में प्रभावित होते है, को पंचायत में जब महिला सदस्यों ने उठाया तो पुरुष सदस्यों ने उनका समर्थन किया। इन समस्याओं पर विचार विमर्श में दलीय या व्यक्तिगत राजनीति का स्थान नहीं था।

पंचायती राज के संदर्भ में जनसहभागिता की अंतरकड़ियों में महिलाओं की भूमिका को आज भी संशय की दृष्टि से देखा जा रहा है। इसकी वजह पुरुष की अपेक्षा उसमें भावुकता का प्रतिशत अधिक होना है। कभी कुछ न कर पाने की अविश्सनीयता का सामना भी उसे करना पड़ता है यही कारण है कि वह दासता की लम्बी दूरी तय करने के बाद आत्म विश्वास का अलख जगाने में कमजोर सिद्व हुई है। आज जब सारा विश्व विकास के दौर से गुजर रहा है तब नारी को पीछे रखना एक कलंक ही है।

संदर्भ ग्रन्थ सूची

प्राथमिक स्रोत -

रिर्पोट, अधिनियम, नियम, एवं एनसाइकलोपीडिया

1. मध्य प्रदेश पंचायत राज अधिनियम 1993
2. मध्य प्रदेश पंचायत राज निर्वाचन नियम 1994
3. मध्य प्रदेश राजपत्र, असाधारण भोपाल 30-5-1994
4. जिला सांख्यिकी पुस्तिका, 1999, सांख्यकी कार्यालय मुरैना
5. जनपद पंचायतों से संबंधित जानकारी - कार्यालय जिला पंचायत मुरैना
6. पंचायती राज समिति की रिर्पोट (अध्यक्ष : अशोक मेहता), ग्रामीण विकास विभाग, भारत सरकार
7. दि एल. एम. सिंघवी रिर्पोट आफ पंचायती राज, ग्रामीण विकास विभाग भारत सरकार, 1986
8. रिर्पोट आफ दि टीम फार दि स्टडी आफ कम्यूनिटी प्रोजेक्ट्स एंड नेशनल एक्स्टेंशन सर्विस (उध्यक्षः बलबंत राय जी मेहता) 1957
9. Panchayti Raj in India, Status Report, 1999, Task Force on Panchayati Raj, Rajiv Gandhi Foundation, March 2000.
10. The Encyclopaedic District Gazetteers of India, Morena, pp.209-214

द्वैतयिक स्रोत

(i) पुस्तकें

1. डा. महीपाल : पंचायती राज, अतीत वर्तमान और भविष्य, नई दिल्ली, (1996)

2. डा. बसन्ती लाल बावेल : पंचायती राज एवं ग्रामीण विकास योजनाएं, जयपुर, (1998)

3. आर. डी. जैन : मध्य प्रदेश पंचायती राज अधिनियम एवं निर्वाचन नियम, 1994

4. अरूण श्रीवास्वत : भारत में पंचायती राज, जयपुर, (1994)

5. अरूण कुमार शर्मा : भारत में स्थानीय शासन (सत्ता जनता के हाथ) (1995)

6. बी. एम. शर्मा, ब्रज भूषण शर्मा, आशीष भट्ट : जिला सरकार, अवधारणा, स्वरूप एवं संभावनाएं, जयपुर (2000)

7. एम. के. गांधी : पंचायत राज, नवजीवन प्रकाशन, अहमदाबाद, (1949)

8. बल्लभ शरण : नई पंचायती व्यवस्था - संवैधानिक संशोधन और राज्य अधिनियम, नई दिल्ली (1994)

9. मंगलाराय : प्राचीन भारत में जिला शासन, पटना (1983)

10. महीपाल व अन्य : राज्यों में पंचायत अधिनियम, एक आलोचनात्मक समीक्षा, नई दिल्ली (1995)

11. राधाकृष्ण चौधरी व अन्य : भारत में स्थानीय शासन, पटना (1982)

12. वरयाम सिंह : भारत का प्रशासन (1956)

13. विद्यासागर शर्मा : पंचायती राज, इलाहबाद, (1956)

14. जवाहर लाल नेहरू : सामुदायिक विकास और पंचायती राज, सस्ता साहित्य मंडल प्रकाशन, दिल्ली (1965)

15. प्रभुदत्त शर्मा : ग्रामीण स्थानीय प्रशासन, जयपुर, (1986)

16. मीनाक्षी पंवार : मध्य प्रदेश में पंचायती राज विकास के बढ़ते चरण, बड़वानी (1995)

Books

(1) George Mathew : Status of Panchayati Raj in India, New Delhi (1994),

(2) R.B. Jathar : Evolution of Panchayati Raj in India, Dharwad.

(3) H.D. Malviya : Village Panchayat in India, AICC, New Delhi,

(4) S.K. Dey : Panchayati Raj - a Synthesis, Bombay,

(5) G. Ram Reddy : Patterns of Panchayti Raj in India, New Delhi.

(6) H.I. Khan : Government in Rural India, Bombay, (1969).

(7) Austin Granville : The Indian Constitution; Corner – stone of a Nation, Delhi, (1972)

(8) Henry Maddick : Panchayati Raj: A study of Rural Local Government in India, Longman, (1970)

(9) Shiviah et al. : Panchayati Raj: An Analytical Survey, NICD, Hyderabad, (1976)

(10) Shiviah, M. : Panchayti Raj: A Policy Perspective, NIRD, Hyderabad, (1986)

(11) Venkatarangaiah, M. and M. Pattabhiram : Local Government in India: Select Readings, New Delhi, (1969)

(12) J.P. Narayan : Panchayat Raj as the basis of Indian Polity, New Delhi.

(13) Rajeshwar Dayal : Panchayti Raj in India, Delhi

(14) Dr. K.P. Jayaswal : Hindu Polity, Delhi, (1943)

(15) Rajni Kothari : Rural Local Government in India (1978)

(16) S.C. Jain : Community Development and Panchayati Raj in India (1967)

(17) B. Mukherjee : Community Development in India, Orient Longmans, 1962.

(18) Nirmala Buch : Panchayats after the 73rd Amendment: A study of the Panchayti Raj Institutions in Madhya Pradesh, Bhopal (Dec. 1996) (Mimeo)

(19) Nirmala Buch : From Oppression to Assertion – a study of Panchayats and Women in M.P., Rajasthan and U.P. (New Delhi) 1999

(20) Janadhar, Samarthan And Action Aid. : A study of women in Panchayati Raj Institutions in M.P., November 1996, (mimeo)

(ii) लेख

1. महीपाल : ''आखिर किसको सशक्त बनाएगा पंचायती राज'', राष्ट्रीय सहारा, 8-5-1994

2. *महीपाल* : *''नई पंचायती राज व्यवस्था : तब और अब''*, कुरूक्षेत्र, *अप्रैल 1995, पष्ट. 8-10 एवं 20*

3. *शिव कुमार अग्रवाल* : *''पंचायत राज का अर्थ''*, समाज सेवा, *भोपाल अप्रैल 1971*

4. *विजया पाठक* : *''पंचायतों में महिलाओं की भागीदारी''*, मध्य प्रदेश पंचायिका, *मार्च 2000, पष्ट, 39*

5. *Mahipal* : *"Madhya Pradesh Panchayati Raj Adhiniyam 1994"*, Panchayati Raj update. *(9) Sept. 1994, pp.5-7.*

6. Mathew, George and *Nayak, Ramesh C.* : *"Panchayats at work: what it means for the oppressed"*, Economic and Political Weekly, *31 (27). 6 July 1996, pp.1765-71.*

7. *Vithal, C.P.* : *New Panchayati Raj dispensation in Madhya Pradesh : an analysis",*

Kurushetra. 46 (7) April 1998, pp.5-10.

8. *Sharma, Kamlesh* : *"Women in Panchayats of Madhya Pradesh", Kurushetra, 47 (6), March 1999, pp.33-35.*

9. *Manor James* : *"Madhya Pradesh Experiments with direct democracy", Economic and Political Weekly, 36(9), 3 March, 2001, pp.715-16.*

10. *Behar, Amitabh* : *Madhya Pradesh : Gram Swaraj experiment in direct democracy, Economic and Political Weekly, 36 (10), 10 March 2001, pp.823-26.*

11. *Dr. J. Bhagyalakshmi* : *A Panchayati Raj, "Empowering the People", Yojna July 1998, pp.21-24.*

12. *Mahipal* : *"Empowering women through Panchayati Raj Institutions," Kurukshetra, June 1994, pp.29-34.*

13. *Iqbal Narain* : *"The Concept of Panchayati Raj and its Institutional Implications in India", Asian Survey, vol.5, 1965, pp.456.*

14. *S.K. Dey* : *"Faith in Panchayati Raj", Kurukshetra, January 1961*

15. Snehlata Panda : "*Decision Making in Panchayats, Role of women*", *Yojna*, July 1998, p. 11-15